◆ 接见来访的日本著名女作家、长篇小说《华丽家族》作者山崎丰子（1982 年，辽宁宾馆）

◆ 会间休息时与王向峰（左一）、王充闾（右一）交流（2004 年，大连）

◆ 与辽宁省文联原主席、著名诗人、书画家牟心海同志合影（2007年，沈阳加州花园）

◆ 在呼伦贝尔学院作学术报告。作者曾任呼伦贝尔市政府顾问，被聘为呼伦贝尔
学院名誉院长（2005年，海拉尔）

◆ 在文化讲座上授课（1994年，东北大学文法学院）

纪念辽宁省文学艺术界联合会成立五十周年

彭定安 同志

繁荣文艺特殊贡献奖

辽宁省文学艺术界联合会
二〇〇四年九月

◆ 繁荣文艺特殊贡献奖奖状

◆ 与著名编辑家、三联书店编审
戴文葆先生合影（1984年，
广东从化）

18

文艺理论与评论集

彭定安文集

彭定安/著

东北大学出版社
·沈 阳·

ⓒ 彭定安　2021

图书在版编目（CIP）数据

彭定安文集.18，文艺理论与评论集/彭定安著
—沈阳：东北大学出版社，2021.8
　ISBN 978-7-5517-2358-9

　Ⅰ.①彭… Ⅱ.①彭… Ⅲ.①社会科学—文集②文艺
评论—文集 Ⅳ.①C53②I06-53

中国版本图书馆CIP数据核字（2020）第030478号

出 版 者：东北大学出版社
　　　　　地址：沈阳市和平区文化路三号巷11号
　　　　　邮编：110819
　　　　　电话：024-83680267（社务部）　83687331（营销部）
　　　　　传真：024-83683655（总编室）　83680180（营销部）
　　　　　网址：http://www.neupress.com
　　　　　E-mail:neuph@neupress.com
印 刷 者：辽宁一诺广告印务有限公司
发 行 者：东北大学出版社
幅面尺寸：170 mm × 240 mm
插 　 页：4
印 　 张：18
字 　 数：295千字
出版时间：2021年8月第1版
印刷时间：2021年8月第1次印刷

责任编辑：李　佳
责任校对：刘　泉
封面设计：潘正一
责任出版：唐敏志

ISBN 978-7-5517-2358-9　　　　　　　　　　　定价：81.00元

目录

CONTENTS

代序1　文学研究：思想与叙事的广阔领域

——关于文学研究意义的思考

　　文学研究是一种三相结构：文学史、文学理论与文学批评。因此，它是一个思想与叙事的广阔领域。在几十年的研究过程中，我深深体会到这一点，并且领略到它的意义、力量、功能和效应。当然也从中体认到一种思想与叙事的情趣。这是一种精神生活的乐趣、生存方式的意义，也是一种社会效力的责任感的实现与成果。在20年的专业研究生涯中，这种感受就更深了。不过，无论是我自己的研究，还是文学研究所的整体工作，对此都有一个认识的发展过程。20年前，文学研究所成立之初，即确立了"现当代文学"和"地方性"两个重点与特点，发起并牵头开展了东北现代文学研究与《东北现代文学史》的撰写，以后，又有《东北现代文学通览》的编撰、东北解放区文学和沦陷区文学的研究，对东北作家群萧军、萧红、舒群、端木蕻良、马加、梁山丁等作家的研究，以及对辽宁当代作家的研究，以至于王占君研究中心的建立，都表现了这一特点和功用。鲁迅研究是另一特长，在文学所集中了一批从事鲁迅研究的力量，编印了具有影响力的《鲁迅学刊》，先后出版了多部专著、发表了大量论文，并且带动了全省的鲁迅研究工作，在全国鲁迅学界有一定的地位和影响。同时，开展了比较文学研究、近代文学研究及文学理论研究。这些，已经是相当广阔的探索与叙事的领域了。文学所全体同志在这个相当广阔的叙事领域中，做了许多工作，取得了可喜的成绩，这对于全省的文学学科和文化建设、社会主义精神文明建设，都是有一定作用的。

我自身的研究领域主要集中在鲁迅研究和艺术心理学研究方面。我主要在"家族、历史、社会、时代、世界"的广阔的视野中和"中国、世界""文学、艺术、文化"的广阔语境中来认识和诠释鲁迅，并在这一研究架构中从艺术心理层面，来诠释鲁迅的思想和作品。《创作心理学》一书，从创作心理的形成过程、艺术特质、功能机制与实践发挥等多方面，揭示创作奥秘。我对鲁迅研究循着"中国现代文学—中国现代文化—文化学—中国文化现代化"这样的路径，进到文化学、文化社会学、人类文化学及我国传统文化向现代转换的研究，并结合职务的需要，对经济、社会、文化发展战略与现实规划，作理论研究与决策咨询。这是一个从理论到实践的广阔领域；也是一个理论与实践结合的广阔领域。其理论的、思想的、文化的思考、探索与叙事的范畴是非常广泛的。从理论上讲，以这样一个文学-文化的视角和在这样一个领域中，为现实服务的天地是非常广阔而又实际的，如果存在缺陷和问题，那是主观上的能力与努力均不够，而不是学科本身的问题。

理论越来越成为一种叙事，它是一种理论形态的叙事。它作为文学、文化文本的意义揭示系统，具有一种启迪人们思想与认知的功用。在高科技发展的今天，在人类文化正从高科技型向高科技-人文型转型与重构的过程中，科技的人文性与人文文化的发展，都在强化。而在这一"人文文化强化"的过程中，文学研究的思想与叙事和它的广阔领域，都显示了它的社会与实践的功能与作用。1994年，我在国际比较文学学会第14届年会（加拿大，埃德蒙顿）上，听到法国学者在发言中提到，从文学叙事中可以了解一个时代的社会状况和人民心态的原生的、真实的状态。因此，文学研究在这里提供了年鉴学派的心态史与社会史的学术文化资源。由此，我们也可以看到，文学研究的实践的、现实的、社会的及文化的功用。这正是文学-文化研究以至于社会科学研究的实践的、现实的、社会的及文化的功用。这正是文学-文化研究以至于社会科学研究的社会功能的表现与证明。它是可以服务于社会实践的。所谓"批评时代的结束"的说法，是错误的；文学研究不能为现实服务、于现实无补的认识，则是一种不了解情况的误解。

1998年6月10—11日

代序2　美丽地写作！

文学作品应该是美丽的。

它的产生过程、创作主体的创作激起和"生产感受"、流泻而出的语言和形象、联想和意境等，都应该是美丽的。这样，给读者的，读者能够接受的，也才会是美丽的。产生的效果也是美丽的。

这里说的是：应该的和可能的。

事实上，有许多时候，在某些作品里，在某个或某几个环节是非美丽的，以至于总体上是不美丽的。即审美素质为零。

作家创作，就是要追求美丽，要美丽地表现生活、刻画人物、描写场景，美丽地讲述故事。讲述痛苦和悲哀，揭露丑恶和卑鄙，那笔墨也应该是美丽的，——笔锋有力、笔底生风、一针见血。如果叙事是非美丽的，那么再美丽的故事和人物，也不会是美丽的。

这不是唯美主义。唯美主义，唯美是从，美丽就是一切，美丽盖过一切，美丽排除一切。

美丽不能单独存在，它自身要有所附丽。故事、情节、细节、人物、环境、意义、意蕴、意境，如此等等，是美丽所要、所能附丽于其上的"载体"。这些"载体"可能自身就是美丽的，但仍然需要美丽地去表现，美丽地表现美丽的对象，锦上添花；但它们也可能是"非美丽"，但仍然可以也需要美丽地去揭露、揭示、批判，并美丽地去展望理想中的美丽，这就是"雪中送炭"。

最浅白地说，美丽地写作，就是使作品具有高的审美素质，具有可读性，具有吸引力。

但文学作品更应该具有审美素质，具有审美理想，那就越过了可读性，而具有了诱惑力，具有了思想的和艺术的力量与魅力。美丽成为魅力。

优秀的、杰出的、不朽的文学作品的美丽是永恒的，具有永恒的魅力。我们熟悉并记得那些中外文学名著的魅力，它们是多么美丽啊！

然而，现在有的作品是不够美丽甚至不美丽的，"不讲究"。但于故事和人物性格的描写，却没有关系。文字也不讲究：不规范，不通顺甚至不通，更不美丽。也有时是为了，或者说是要表现"现代性"，但却不顾语文通例，产生怪异，不免失之偏颇。文学首先应该是文学。鲁迅说：好比刀，要锋利才行。文学的语言要陌生化，要有个性，要特别。萧红的散文和小说的语言皆如此，以至于有时候不合语法甚至欠通，但美丽。不能为了前者，而忘记甚至丢掉美丽。

美丽地写作吧！

新世纪文学理论、批评新走向①

20世纪是文学的理论世纪。从1917年开始，以俄国形式主义为滥觞，世纪性理论跋涉和创造，就展现其熠熠风采，既突破此前理论上的传统和领域，又不断总结和升华现代主义创作的实践，同时吸取力量和智慧于众多人文科学，而发展壮大自身的理论容量；又将自己的理论、思想智慧辐射、反馈于这些学科。在这一理论与批评的进展过程中，一个又一个文学的学说、学派相继产生、发展。接续勾连，各立门户，各领风骚；俄国形式主义、精神分析、文学社会学、马克思主义批评理论、英美新批评、文学符号学、结构主义、后结构主义、解构主义、阐释学、接受美学、读者反映批评、女权主义批评、西方马克思主义批评理论等。70—90年代，经过时间的考验、创作实践的检验和推动，以及人文、社会科学的交汇，逐渐历史性地留存、显现、突出几种文学理论派别和批评原则。它们或将显现其思想、审美之风采，发挥其文坛导引之作用，并展现其指导公众阅读之威力于新的世纪。

早在70—80年代，文学理论实践就处于急剧变化的进程中。那种重视文学"内部研究"，将文学作品作为一个封闭体加以解析，形式、语言、符号、技巧分析居于主导地位的理论-批评开始演变。形式主义、结构主义、解构主义、新批评式的阅读，让位于各种阐释学的解释，注重文学的外部关系，注重语言、文学同自然、社会、历史、自我这些"外在事物"的关系。这种理论、批评兴趣的转移，增强了马克思主义、社会学和心理学等文学理论的影响。从而社会-历史理论-批评，又受到重视和广泛应用。但这不是"理论"的复旧，而是更新和发展。因为"旧理论"在重新活跃时，从新理论吸取了营养和智慧，有了

---

① 原载《辽宁日报》2001年2月8日。

发展和创新，包括马克思主义和西方马克思主义理论–批评在内，都是如此。"镜与灯"（艾布拉姆斯）比喻所概括的"反映论"和"（作家心灵之光）照射论"，两种理论–批评原则与模式在这个新"潮流"中汇合了。"镜子与七巧板"，这种"反映"与"技巧"两个批评领域和范型，也结合起来了。加拿大思想家、文论家诺斯洛普·弗莱的这样的重要论证，受到重视和应用："文学是社会进程的一部分"，社会进程是文学的真正背景，"每部文学作品都是一件思想文献，是人类生活整个过程中特定的社会和历史的产物。"沃尔夫冈·伊塞尔强调"文学对于历史和社会的索引价值"。他所参与创立的接受美学理论，强调了作为"社会人"的读者参与创造作品"意义"的作用。文学对于社会心态史的反映和其认识与研究价值，更扩大和加深了文学的社会–历史–认识价值。每个重要历史时期的重要文学作品成为当时社会心态史的真实而生动的记录，也成为后世认识、研究和获益的重要依据。并且，文学人类学的产生，更加增强了文学的向外扩展与向内吸取的力量，增加了它的多方面的价值。这一理论发展势头，还将继续下去并得到强化。值得注意的是，我们在长时期几乎唯一使用政治、社会、历史批评标尺，甚至发展到严重庸俗社会学的低谷之后，短期内学习20世纪各种理论–批评并加以使用，到现在，不仅理论、批评界中不少人（尤其所谓"先锋"人物），而且不在少数的作家，也昧于世界总体发展态势，犹步他人后尘，忽视甚至否弃"文学社会性与社会作用"。更有评论者搬用外论，将"理论"强加于作品，作"六经注我"式评论，令人不知所云。

接受美学和读者反映批评的发展，表现了批评的民主性和公众的参与。对于历时性垂直接受和共时性水平接受的注意和研究，对于公众反应与对"专家批评""学院派批评"的同样尊重，肯定公众认知与突破"评论家垄断"，反映了广大群众文化水平与认知能力的普遍提高和权利增长。在信息社会和知识经济时代，这种文学理论–批评趋势仍将强化。因此，对话批评将更进一步受到重视。评论家的"裁判官"与"吹鼓手"的两种角色将转换为与作家和公众的平等对话者。

文学的审美与文化底蕴的探寻和研究，还会受到进一步的重视，得到深入的发展。文学作品不是单纯的社会读本，虽然它具有深厚的社会性；它首先必须具有审美素质，是一种美学构成和实体。同时，它作为一种社会、历史、民族文化文本，其外显的和潜在的文化意识，以至于时代性意识形态，都会融于故事、情节、人物、语言之中。揭示、解读和诠释这些内涵，既是对作品的解释，也是一种社会阅读导引和美学-文化研究。我们现在还很缺乏这种文论研究和文学批评。文学人类学与文本人类学的"介入"，和它们作为思想-文化资源被吸纳为文学理论、批评的内涵，窥探文学作品隐含的文化深层内容与社会潜意识，不仅深化了文学理论、批评，而且使它成为一种社会文化参与，并促使作家也更明确这种"社会参与"责任。

"21世纪将是社会科学的世纪"，这一预言可能偏颇，但新世纪人文-社会科学的兴盛发展和科技人文性的加强，则是可以肯定的，现在已经势头显露。文学理论-批评将会从中获得新的思想-文化资源，发展自身也是肯定的。至少从哲学、社会学、人类学、语言学、心理学中将可直接获得新的源泉。

文学理论-批评自身的叙事与范型也将改变，它将成为一种独立文本，"理论写作随着其结构的改变不但能具有认知功能，而且还能具有审美功能"（拉尔夫·科恩）。

新理论产生于"理论的空白、对过去理论的质疑和新观点的出现"这样的"文化场"，21世纪将提供一个更加广阔的这种思想-文化-理论空间，文学的新的理论世纪将会出现。

文学世界面临着多重挑战①

——在高学历作者座谈会上的讲话（节选）

文学的挑战来自何方？有什么表现？

一个方面是来自理论体系。

理论体系不只是指文学理论，还包含着文学创作。理论体系就是关

---

① 原载《文学信息》1985年第7、8期。

于文学的性质、文学的功能的一些新的发现。我认为文学是生活的镜子，这个提法是不尽科学的。文学是人学，这个提法也是不完善的。我们说，文学要写人，是写人的命运。但是，文学是人学这个概念就不完善了。因为有的文学虽然写了人，但并不是真正的文学作品。现在出现了很多的文学作品，它并没有真正地写人、写情绪、写心理，人物形象也是模糊的，但是，它可以是一个很好的文学作品。文学并不仅仅是生活的或者客观生活的反映。它具有多维系统质。文学是一个四维的系统的结合体。四维就是：人、自然和社会、作品、读者。这四维的每一个方面，都有它独立的系统质。

第一项，人，即创作主体（作家）。按照马克思主义的观点，人是社会关系的总和。人有它的社会系统质。作为创作主体来讲，他的社会系统质包含着他的社会生活、他的感情生活、他的理论生活、他的心理生活。我们现在对于作家的创作心理研究得很不够。我认为，一个作家、一个作品的成败从创作主体上讲，是决定于作家的创作心理的。一个作家从小的生活经历、学识经历、人生的经历、生活环境以及他的爱好等，形成了他的创作心理。还有一个"临战心理"：就是提笔写作时的心理，这也是很重要的。例如，鲁迅的小说都是写的死亡（而且是不正常的死亡）、丧葬、不幸的婚姻。他没有写幸福的，只有一个小说叫《幸福》，恰恰写的是不幸福，这和鲁迅的创作心理是有关系的。鲁迅的家世、他的不幸的婚姻、不幸的兄弟关系等，形成了他的创作心理。鲁迅小说的最大特点是悲剧色彩。鲁迅的这个心理，是和他的创作心理有关的，同时，和他的临战心理也是有关的。作家的创作是一种倾诉，是一种求得心理平衡的过程。一个作家非常兴奋，非常高兴，不写就不可以，就像郭沫若讲他写《女神》，简直像发疯了一样，写完了达到他心理的平衡、感情的平衡，这种创作心理是促进创作成功的一个因素。如果是很勉强地坐在那里写，是接受任务而写，这个创作心理也可能写出好作品，但却不是最佳状态。

再有一个从创作心理来讲，构思一个作品，应该越细越好，但是在写作过程中间，如果每一个细节都写得很清楚，没有灵感发挥的余地，这个作品的成功率也要降低。这是创作的灵感思维的问题。

第二项，自然和社会。这又是一个多维的、多层次的系统。

首先说自然。我们现在的自然，用马克思的话来讲，是人化的自然，是经过人改造的自然，已不是原来自然的面貌：现在有人已经提到这个问题，就是作者也要懂得一点生态学。我们现在描写大自然，如果还是用中世纪的，或者是用过去的牧歌式的眼光来描写自然，事实上是脱离了社会的。所以，作家写生活中的问题，就不用纯自然的观点来写，因为这个自然是社会的自然、人的自然。这里面牵涉很多问题。

至于社会，牵扯的问题就更多了。政治、经济、思想、文化、社会心理、社会思潮，这也都牵涉文学的系统质的问题。现在我们有的作品，所描写的社会不是当今中国的社会，就是说，没有准确地描述这个社会。我看到几位女作家的作品，对我们现在这个社会的系统的质，没有准确地判断，没有一个系统的认识，没有很丰富的内涵。

第三项，作品。一个作品是怎么构成的，这也具有它的质系统。我们现在对于文学作品的构成的认识也是狭隘的。情节、故事、人物、典型、性格、语言构成了文学作品。是不是就这些?不止这些。

首先，语言的心理效应，我们没有研究。还有节奏和韵律的效应，我们也没有很好地研究。这些当然不是文学作品的主要方面，但也是一个不可忽视的方面。

还有就是语言的"意象性"，或者叫"暗示性"。语言具有"暗示性"，语言的内涵就丰富，文章就会有读头，有分量，经得起咀嚼。

结构、人物、性格，情节、故事、语言，从系统论的观点来讲，这些是构成小说的因素。那么，因素之间的结构就有很大关系了。铜、铁、锡、水，每个分子都有不同的结构方式。同样的元素，不同的排列组合，会变成不同的物质。同样的两个作家，到同样的一个地方去生活，一切都是同样的，但是写出来的作品，高下之差是很大的，至少在组织素材的结构方式上，就有许多东西值得研究。这方面过去我们也是研究不够的。我看了西方研究鲁迅的文章，称鲁迅是结构大师。西方研究家评论说：几乎鲁迅的每一篇小说，都有一个独特的结构。

第四项，读者，也就是欣赏者。我们在这方面的研究就更差了。西方现在的文学作品，已经由研究作家怎么写，转到研究读者怎么读这个角度。西方新产生了接受美学。接受美学里头有很多问题值得研究。

在欣赏研究方面有两个大题目：一个题目是欣赏者如何接受文学，另一个题目就是欣赏者对于文学的反馈。现在通俗文学一下子崛起了。这个信息反馈告诉我们：现在广大读者中间接受通俗文学的面很大，接受雅文学的面小，所以，反馈到作家这方面，就是通俗文学增加。预计通俗文学还有一个发展的势头，但是，现在已经提出了通俗文学的提高问题。现在，通俗文学在分化，有的在邪路上走，少量的在提高。从读者这方面研究，又有很多值得研究的东西。

还有一个认识就是创作心理的研究。我觉得对于作家的创作心理的研究是一个很有研究意义的问题。是否我们有了生活，有了思想，就能成为作家呢?我说不是。每一个作家应该有他自己的艺术思维和艺术世界，这个艺术思维和艺术世界是由他的特殊的创作心理形成的。

另外，作家成功与否，一个很重要的因素就是作家进入创作准备阶段的创作心理如何。我这里讲的是作家提笔创作时的创作心理。我管它叫作家的竞技状态。像运动员临场比赛时的竞技状态一样，作家写作的过程同样有这个东西。所以，对文学创作的新的认识，这里面有许多新的问题可以研究。对于这个方面的研究，我们还刚刚开始，所以，也遇到严重的挑战。

再一个方面叫欣赏系，就是对文学的要求和审美的新的境界。现在的广大群众，对文学作品有了新的认识、新的态度和新的要求，所以，我们对读者群和他们的审美心理的研究，提到议事日程上来了。西方称为传播学。从美学来讲，就是接受美学。这个也是可以研究的。

还有就是对欣赏的指导。这方面我们是很缺乏的，我们几乎没有欣赏指导。我们的作品也不注意这个东西。西方现在是把文学评论从研究作家怎么写，转到研究读者怎么读这上来了，这也就是欣赏指导。欣赏者的心理，我们要研究它，同时可以改变它。欣赏者的欣赏习惯可以改变，事实上，现在欣赏者的欣赏习惯已经变化了。如何研究我们作品的对象，研究我们作品的欣赏者的心理，这方面也向我们提出了挑战。

作家与时代①

时代是我的财富，时代是我的田园！

——歌德

艺术……是对……被遗忘的存在的勘探。

——米兰·昆德拉

近读叶灵凤的《读书随笔》（二集），其中有一篇《高尔基的信》，记叙了一些这样的事情：1926年春，高尔基住在意大利奈勃尔斯，正写他的巨著《克里姆·萨姆金》，这时，他在给苏联一家工厂的文学团体写信时，谈到这部正在创作的长篇小说。他写道：我现在又在写一本书，是很长的一部书。我想从其中表示俄罗斯群众，从八十年代到一九一九年，怎样在这时代中生活、思想、而且行动，并且想显示他们内在的世界。高尔基在另一封写给他称为"伟大而且有才能的人物"的戏剧家斯坦尼斯拉夫斯基的信中，则称赞说："你的心是一面镜子""你多么伶俐地捉住了生活的微笑，在她脸上的那种忧郁的微笑。"关于俄国杰出的短篇小说家契诃夫，高尔基则说："好比许多小玻璃瓶，容积虽小，里面装着的却尽是从生活中提炼出来的酒精。"

在这些信里，高尔基随手写下了他的艺术评论，看起来平凡，文学理论著作中大都说过，但是，他却是通过自己对他的评论对象的艺术特征和特出贡献，又用自己的体察和语言表达出来，具有一种真知灼见的卓越性，是平凡的灼见。这也许是叶灵凤的有意挑选，三封信正好递进式地表达了三层意思：（一）文学艺术作品，要表达人民群众，在一定的时代里，怎样地生活和思想，并且不是表面化地描绘，而是要显示其

---

① 原载《辽宁日报》1997年12月28日。

"内在的世界";（二）这种反映，固然要成为一面镜子，但这面镜子要非同凡响，要伶俐地，捉住"生活脸上"的"微笑";（三）还要从生活中提炼出"酒精"来。

第一层次是宏观的、基本的要求：反映以人民群众为主体的、时代的生活与思想，外在的与内在的世界；第二层，则进一步从外到里，再从里到外，用艺术的形式表现出来，即写出"生活脸上的微笑"，也就是生活的底蕴、情感、思绪所凝聚成的"情绪表现";第三层，再进一步，还要像从粮食中酿制出酒来一样，提炼出"生活的酒精"来，这就是思想、哲理、人生体验等。这种酿制的酵母则是作家的思想、情感、艺术思维、创作意识所融会成的"艺术心灵"。我知道，我的这种层次划分，是带有机械论和形而上学味道的，但这不过是为了说明问题才勉强为之。实际上，这三者是三位一体的、融会贯通的，是一种整体的创作心理的实际的物化表现。

一部世界文学史和中国文学史，都在证明，那些经得起历史的大浪淘沙，而存留在人类文学与文化积淀之中的，至今为人喜爱，在塑造人类精神世界过程中发生作用的文学艺术作品，到底不是什么别的"玩意儿"，而是那些反映了一定时代的、以人民群众为全体的生活和思想、"内在的世界"和"脸上的微笑"的，以及酿造了、提炼了"生活的酒精"的作品。

米兰·昆德拉在他的《小说的艺术》中，在谈到"欧洲危机"时曾指出由于伽利略、笛卡儿等的"科学的片面性"，使人们进入"专业学科的隧道里"，而产生了海德格尔所说的"存在的被遗忘";但米兰·昆德拉却补充说，艺术却对这个"被人遗忘的存在"进行了勘探。欧洲四个世纪被科学和哲学抛弃的主题，却为欧洲的小说所揭示、表现和说明。"小说以自己的方式、自己的逻辑，一个接一个发现了存在的不同方面"，这也就是表现和说明了社会-人类不同时代的不同存在。米兰·昆德拉接着便列举了几位欧洲文学大师及他们与其所处时代的关系和他们的小说作品所揭示、说明和表现时代的特征："与塞万提斯的同代人一起，它询问什么是冒险；与萨姆埃尔·理查德森的同代人一起，它开始研究'内心所发生的事情';与巴尔扎克一起，它揭开了人在历史中的生根；与福楼拜一起，它勘察了到那时为止一直被人忽略的日常生活的土地；与托尔斯泰一起，它关注着非理性对人的决定与行为的干预。

它探索时间。与马塞尔·普鲁斯特一起,探索无法捉住的过去的时刻;与詹姆斯·乔伊斯一起,探索无法捉住的现在的时刻。它和托马斯·曼一起询问来自时间之底的遥控着我们步伐的神话的作用"。昆德拉最后总括性地指出,自现代一开始,小说就"忠诚地伴随着人","探索人的具体生活",并且"把'生活的世界'置于永恒的光芒下"。这也就是说用一种哲学的、科学的与文学艺术的永恒的光芒,去照耀人的生活:人类在某个时代的具体的生活即"存在"。而他所列举的那一作家谱系,正是贯穿着一种各自以自身的文学形态、艺术特征和美学素质去揭示、说明和表现不同历史时期即时代的生活和气质的红线。这是文学史也是文学的光荣与存在的价值。那些离开了时代,未曾去表现时代的具体生活的作家和作品,包括那些在当时风行过、有过轰动效应的作家和作品在内,则都是历史过客、文学的萤光,消逝在时间的流逝中,泯灭在照耀"生活的世界"之艺术的光芒之中。

我们看到我国文学的"现世的表现",当代不少作家包括那些名家"大师"的作品,是那么迅速地流逝和泯灭在时间与人的记忆之流中;还包括那些自视为批评大家、理论新进权威的少年气盛的高深而令人费解的理论批评吹捧得天花乱坠的作品,也连同那些"批评大家"的桂冠一同逝去了。这原因,在根本上就是他们的作品与评论、思想和生活、情感和理性,都隔时代太远了,他们在某种程度上疏离了时代,而自赏自得于疏离时代的"自我"之中。他们背弃时代,时代必然抛弃他们;甚至等不到"现时代"过去、"历史老人"来做评断和选择,时代之流已把他们冲刷而去。

在这里,我还由高尔基而勾起了对俄罗斯三大批评家的怀想。这就是我们过去惯称的"别、车、杜"即别林斯基、车尔尼雪夫斯基和杜勃罗留波夫。遥想当年,在俄罗斯黑暗王国里,整个19世纪直到20世纪初,从普希金、果戈理到托尔斯泰、屠格涅夫,到契诃夫、高尔基,形成了一个俄罗斯的文学高峰,也是世界文学的峻岭,至今许多作品仍然辉煌,其思想与艺术光芒闪耀于世界文坛和人们的文学阅读圈中。而这一伟大成就,同"别、车、杜"的理论批评活动和理论-美学建树,是分不开的。许多伟大作家,都曾直接或间接受惠于他们的理论批评,或受其保护、扶植、指导而健康发展。

无论是这批俄罗斯文学巨匠,还是三位理论批评大师,其永恒的文化价值，正都在于他们拥抱了、结合了、反映了并服务于他们生活于其中的那个"现时代"。

　　我们也许可以说，俄罗斯艺术文化学派是"社会／历史、艺术／审美"理论批评而更偏重于"社会/历史"，欧美文学理论与美学学派则更侧重"艺术／审美"维度，而忽略以至于不计"社会-历史"之维。用法国文学理论家茨维坦·托多洛夫的分法来说，也可以一者称为"外在批评"，注意文学与社会的关系，一者则为"内在批评"，强调的是文学性、艺术性。用我国比较文学家杨周翰教授的比喻来说，可比为"镜子"与"七巧板"：一者是"镜子"，发挥反映社会-历史的功能；一者是文学的"七巧板"，以多种"拼接"法构造了艺术之果。我国在新时期以来，打破了"社会-历史"理论批评框架一统天下的狭隘格局，引进多种西方文学理论、美学学说，"七巧板""内在批评"的理论资源被吸取应用。或两种学说精神结合运用，或单独运用某种学说，而仍以"镜子-社会/历史批评"为主流与正宗，这自然是一种进步。然而，我们却也常见一些新进的、自奉的"先锋"理论批评大家，常常以一种自恃高深，却是半生不熟或生搬硬套的理论为骨，而以作品为其附庸材料、实证例子，挥洒宣扬、颐指气使，"评"的是作品，"讲"的全是自己的"高论"。无论其理论或批评，一律皆悬空的、脱离时代的、"不问苍生"的。这同俄罗斯理论批评大师的充满社会-历史内涵的时代评论和那种炽盛的爱国拯民的热情相比，实在苍白，而与确有理论建树和美学真知的欧美理论批评相比，又显得无学而高傲。这种评论于创作与理论之发展都是有害的。

文学寻"根"与文化去向^①

　　文学的寻"根"意识，来源于文化寻根，而其走向与归宿，则是民族文化的去向。文学创作从"伤痕文学"经反思文学到改革文学，大体上适应了和反映了我们民族的历史步伐：从揭批"四人帮"经拨乱反正到城乡经济的改革。当改革的浪潮带着蓬勃的朝气、宏伟的气魄席卷中华大地时，特别是当改革在探索中前进时，人们很自然地思考着我们应当怎样向着既定的目标——建设具有中国特色的社会主义——前进。在这种时候，文学以至于文化上的寻"根"问题，就引发出来了。因为在外在的接受力和内在的驱动力两个方面，都碰到了也提出了民族的文化-心理结构问题，主要的是它的传统的优劣与变异问题。尤其在开放政策实行之后，西方的文化涌入，从十九世纪末到二十世纪八十年代的东西，统统被当作新的科学文化介绍。而由于过去的闭锁和怠慢，接触到这些外来文化之后，新鲜感、新奇感便油然而生。在理论上和实践上（理论的运用上）都加以吸收、使用，检验本民族的传统文化，思考当今的问题，探索发展的前景，表现出一种向上的民族文化自省的悟性。然而，这期间，中西两种文化的渗透与交流，也就发生碰撞，迸出火花。这火花映照着人们立足当今，而返顾传统文化，又瞻望文化前景。五四运动以来，又一次民族文化的反省与自新，这"第二次"是"第一次"的继续、提高和发展。

　　这便是文学寻"根"的来因与文化背景。文学作为文化的一个组成部分，而且是最敏感和处于"前哨"地位的部分，比较敏捷和明确地提出寻"根"问题，是很自然的。首先是在创作的风格上，在艺术的"体态"和韵味方面，显示出民族的气派和在这种民族气派中表现出的自

---

①　原载《鸭绿江》1986年第9期。

强、自立、自信的精神风貌。紧接着是在题材、背景到内容上，作为文化内涵，描写自然风貌、民情风俗、历史状态、性格特征，表现了从地理人文到文化-心理结构的深沉的民族性格。在这两个方面，都灌输着对于我们民族的固有性格的执着探求和解释（形象的阐述）。几乎与此同时，在理论上，也在高文化层次上探讨寻"根"的意义、归宿和"根"之所在、之所以然及其历史与现时的价值，并且从创作的成败得失上进行了探讨。应该说，文学上的这番理论与创作上的寻"根"活动，是与文化、科学上的这种景观相伴而生的：以新的眼界、新的眼光、新的手段、新的方法，去整理、探究、反思我们的民族传统，并且仿佛发现了一个新的文化世界，重新发现了自我，我们的祖先曾经以何等高的智慧、热情和执着精神，一以贯之地探索宇宙的奥秘、人世的真理和人生的真谛，并且熔铸和凝聚在浩瀚的哲学、美学、文学、史学、文化学的典籍之中，形成了世无其匹的独特思想文化体系。这种文化反思和所得，映入文学世界，便是从这种寻"根"意识，以这种民族自信心，以这种文化内涵的精神和实际，去反思、描写、表现这"根"之自然表现（人化的自然）、物化与人格化状貌。

在文化的寻"根"中，人们在中西文化的第二次撞击面前，提出了种种自己的思考与见识。大而化之地归纳，有两种：一种意见认为儒文化是高超的文化，是我们的"根"，当今之世是儒文化的第三次复兴。另一种则提出了"西学为体，中学为用"的见解。这种意见大约又分两类：一则以马克思主义作为"西学"来说明"为体"的含义；一则以"全盘西化"为依归。这就不免触及中国文化向何处去的深刻的历史课题了。学术上的讨论仍在进行。作为历史实践的折射和直接反映，种种意见都有它的生活的因由和实际的来源，不会凭空而生。因此，实践会对意见做出取舍的结论。但一些意见的偏颇之处，现在都已明显地看得出来了。

在大文化背景下发生的文学的寻"根"，也不得不面临这种取舍的抉择，应当考虑力避偏颇的发生。如果对于"根"之所在、所以然，全部肯定，凝固地看待，或者对其整体不进行分析剥离，好坏优劣不分，或更以落后为可取，歌颂之、保留之，那就不能不深思在文化的发展趋向上，是向前还是向后，是"返璞归真"还是向现代化发展了。在现代化进程和现代化生活方式发展中，人们的观念价值体系和行为方式开始发生变化。这种变化，是在传统文化的根基上，既传接又变异，辩证地向前发展的。有的文学作品，以对此怀疑不满甚至抵制的态度，由此而进入传统文化的追寻，肯定那种蛮荒、悖谬和原始性。不能不使人发生"意下以为中国文化应向何处去"的担心和疑问。

无论是文化上还是文学上，寻"根"只是一种手段、一个过程，目的是从现实进入历史，又从历史返回现实，同时面向着未来。

同时，寻"根"也是开放的一种反映、一种反射，是从本民族出发、向着国外、把手伸向国外，取而用之，又回到本民族。这是一个三阶段循环往复螺旋上升的文化发展过程。立足于民族，又面向世界。如果寻"根"而止，就与现代化不无抵牾了。

因此，在文学的寻"根"中，无论是在理论上还是在创作上，在马克思主义指导下，将世界意识、现代观念、民族感、历史感与时代感，融会而成整体文化意识，作为自己的创作意识和创作心理的根基，是必需的、重要的。而历史的、民族的与社会的责任感，则应是我们"文学寻根"的动力。

法制文学散论①

近几年法制文学在兴起，而且其发展势头犹未衰。这一文学新潮，可以说是应运而起。这"运"是什么？就是历史的运动、社会的运动、文化的运动和文学的运动。我们有过一个时期，没有诗歌、没有戏剧、没有小说、没有美，连爱美之心和审美的需要，都遭到遏抑了。一切中外古今的文学，都被"资""封"二字封存起来、扼杀下去了，人民处于一种美的饥渴之中。当极"左"的专制被冲破之后，文学的压制和美的禁锢，也随之被冲破了。文学浪潮兴起来了，而且比过去更丰富多彩

---

① 原载《中国法制文学》1986年第2期。

了，法制文学之花的开放，便是这种"良辰美景艳阳天"中的一景。这便是历史的运动的一种表现。从文学的历史传统看，我们有创作和欣赏法制文学这种文学样式的悠久历史传统。宋代话本小说四大品种中的"说公案"，庶几近之；而"胭粉"类的作品中，也有些篇章含有这种因素。可以说，我们除了一般的民族文化传统之外，还有法制文学或准法制文学因素的传统存在。几年来，我们加强了对于这种社会犯罪行为的打击。这种斗争是尖锐、激烈、复杂的，往往带有惊险的、曲折的、吸引人的故事与情节，其生动性，往往超过人们想象的、编造的故事。这当然是法制文学最好的素材和土壤了。在这种斗争中，产生出了许多英勇机智、忠诚坚强的英雄模范人物，这些英雄人物和英雄事迹，也为法制文学提供了最好的先进的人物典型和性格典型的原型。几年来，法制教育的普及和加强，也要求运用文学的形式和手段进行工作。这自然也作为一种力量推动和支持了法制文学的发展。既然这些都作为一种社会现象存在着，那么，社会各阶层人民，也就会注意它，想要了解它，或者被它的富有吸引力的内涵吸引。

近几年，我国的文学事业有了很大的发展，其特点之一，是创作的繁荣，其主要标志之一就是题材空前的广泛，人物类型丰富多样，文学样式和描写的技巧手段也大大发展，呈现出丰富多彩之姿。而法制文学的发展和法制文学本身的多样化发展，便是这种丰富多姿的表现之一。

"社会审美"需要是复杂的、多方面的、多层次的。最普及的层次，自然是通俗文艺。法制文学在很大程度上属于这个层次。这个层次接触的群众最多，影响面最广泛，要说社会效应，其广度、深度和作用的力度都是万万不可忽视的。鲁迅和瞿秋白都说过，旧中国的"老百姓的世界观是在说书馆、茶馆里形成的"。现在按照我国文化普及的程度来说，绝大多数的审美群众不是在最普及的层次上去获得这样的美的享受和享受这样的审美对象。而他们的世界观，包括政治的、经济的、伦理的、道德的、社会的、历史的、审美的观点，包括价值观念和行为准则，也在对于通俗文艺作品的审美活动中，受到影响，获得思维素材和接受引导。当然，他们也还从其他许多渠道去得到这些，但通俗文艺是一条重要渠道。

在这个审美层次和这条渠道中，法制文学居于重要地位，按照我们长期以来自然形成的对于"法制文学"的概念所做的界定范围，它所涉及的题材范围，都是情节比较复杂曲折、变化多端、富于悬念的，带有惊险性、行动性和斗争性（斗智和斗勇）的；它的许多生活又带有隐蔽性且为许多人所乐于了解——无论是出于好奇还是由于想要了解罪犯阶层的特殊性格与社会心理，因此，它也是最具有吸引力的，最具有可读性的，为相当大多数的读者，特别是青年读者所喜爱。这也是法制文学兴起的重要原因。

这里虽然是从审美领域进入问题的实质的探讨，但我们立即发现，在它的效应范畴中，很快又突破了审美的局限而进入社会政治领域，本来，真与美就是不可分的。

这里不仅证明了，我想就不止于法制文学的重要，以及它的作用力与范围之大且广，而且还证明了法制文学应该受到重视和应该得到发展。

通俗文学与"纯文学"、雅与俗，并没有绝对的界限、固定的范围。通俗文学样式，同样可以产生雅文学的作品。鲁迅曾以美术作品做比较，认为连环画中也可以产生米开朗琪罗这样的伟大画家。美国的流行长篇小说《飘》，也是被视为通俗文学的一种。《水浒传》不也是以口头通俗文学为基础而形成的吗？写得好的通俗文学可以登入"大雅之堂"，这不仅在理论上是讲得通的，而且在事实上也已经屡见于文学史上了，中国的话本小说，源于宋代的"勾栏瓦舍"里的"说话"，那是城市居民们，五行八作、三教九流的人们的宠儿，是他们欣赏的"玩意儿"，俗得很。而且，其中也不乏"公案"类的作品，可以说是那时的法制文学吧，但是，在长久的流传中，经过艺人们和观众（听众）们的共同的创造，经过书手们整理成文，便从口头文学成为文学作品，经过千锤百炼的再创作，有的就成为出色的短篇小说，而且登上雅文学的楼台了。"三言二拍"中的不少名篇佳作，不是已经成为我国古典短篇小说的范本么？而且我以为，它们较之世界优秀短篇小说，并不逊色，是可以进入世界文学殿堂的。

雅与俗之间并无不可逾越的鸿沟，问题在于我们要去努力逾越。

一个文学作品，具有三个审美层次。这是它的艺术魅力、美学信息的储存的三个层次。而对于欣赏者来说，也有三个层次（或叫三个阶段），这是集中而进入上述三个层次的过程和阶段。如果我们把这三个过程当作一个审美流程来看，便可见：浅层（初级）、中层（中级）、深层（高级）三个层次。浅层（初级）——形象、信息的储存，通过形式美的传播与接受；中层（中级）——形象意蕴（历史内容）的储存与理解、掌握；深层（高级）——象征意蕴的蕴藏与破译、挖掘（注：参阅林兴宅编著：《艺术魅力的探寻》）。如果从这个角度来称量和评品我们目前的法制文学作品，我们便可看到，绝大多数处在初级阶段的，而正是因为这个原因，它能为广泛的读者层所接受。即我们所说的社会群体审美层的第一层次，正与法制文学作品的这个第一层次（群体与个体、客体与主体）之间汇合了。这应该看作我们现在社会审美活动的好现象。这里，我们有必要从审美活动的角度稍说几句。

满足社会审美活动的第一层次的需要是很重要，也很有意义的。生活水平的普遍提高和文化程度普遍提高，使我们当前这个阶层的人数越来越多了，而且他们听、读、看的需要也越来越迫切了，因为闲暇时间的增多和闲暇心情增强，提高了、强化了他们这方面的要求。在他们的这种要求中，绝大多数属于审美活动的第一层次（阶级）。精神的得以松弛，心理的得以平衡，注意力的得以集中和转移，好奇心理的得以满足，性爱心理的得以正当的宣泄与满足，以及跃动的、紧张情节与节奏的进行（这与生命力的旺盛和由此产生的心理素质相适应）都能通过形象的（人物活动与场景等的形象）传输与接受，而获得审美的愉悦。这种愉悦，只要我们的法制文学作品是健康的而非污秽的，那么，它就是有益的。

但是我们的法制文学又不能只满足于这种对两个第一层次的审美要求的满足，而要努力使作品的内涵具有历史内容，象征意蕴的信息储存与产生艺术魅力的素质。这样，就不仅能够满足第一层次之外的两个层次的审美需要，而且可以引导、培养第一层次审美群体的逐渐升高的审美需求，这就是马克思所说的艺术品的"客体产生主体，主体也产生客体"的过程和效应。它会发生"水涨船高"的结果，而法制文学自身，也就由此从"俗"向"雅"前进了。这就是法制文学的发展与提高。

为了这种发展与提高，我们一方面要求法制文学的广大作者不断在思想上、艺术上提高自己；另一方面，也希望有更多的作家加入到法制文学的创作队伍中来，共同推动法制文学由"俗"向"雅"前进。

谈小说描写的视觉形象性^①

小说描写是否应该具有视觉形象性？

过去，几乎所有论到电影剧本特性的文章，没有不提到它的视觉形象性的；而且都是和小说创作的特性对比着提出来。它们都举出例证来说明，在小说中所容许的、经常运用的描写、叙述，作为小说是精彩的篇章，而作为电影剧本，却是没法表现的。这原因，就在于电影是看的，视觉形象是它的特性，而小说是读的。这就不免使人误以为小说描写完全可以不需要做视觉形象性的刻画。我们目前小说创作中的问题之一，正是在描写中缺乏视觉形象性。有些作品，不能说没有做形象性的描写，但是，这种描写，无论是对环境的，还是对人物的，往往是一般化的，随意勾勒几笔，说阴晴雨雪，交代胖瘦老少而已，或者是一些零乱的、模糊的、缺乏特征的描写，构不成鲜明的、有层次的画面（环境描写），看不清面貌，形不成"立体感"，与人物的性格、内心活动没有有机的联系（人物描写），这就不能不影响作品的艺术质量，减弱其艺术效果。

有的外国电影艺术家举出过例证，说明从未见过电影的普希金、托尔斯泰等大师的小说创作，如何具有电影文学剧本的特性。他们举出的《黑桃皇后》和《战争与和平》中的一些章节，分析、说明可以不经改动，就可以照着作者的描写拍成影片。我国也有人曾经举出《水浒传》中"智取生辰纲"一回，来说明它是如何具有电影创作的特性。从未见过电影、在电影剧本这个文学形式产生以前的作家写的小说，却写成功了出色的电影文学剧本片段，这说明了什么呢？难道不是说明小说创作的视觉形象性描写，是获得成功的因素吗？有人说过，与其说电影文学

---

① 原载《春风》1982年第1期。

剧本与戏剧剧本接近，不如说跟小说更接近，这是很有道理的。我们从许多著名的长篇、短篇小说中可以看到，视觉形象性描写在小说创作中占有一个很重要的地位，它是小说创作的一个重要艺术手法。

　　鲁迅在论到人物对话的重要性时指出："作者用对话表现人物的时候，恐怕在他自己的心目中，是存在着这人物的模样的，于是传给读者，使读者的心目中也形成了这人物的模样。"在这里，鲁迅指出作者要先在心目中有他所要表现的人物的模样，然后便把他传给读者，使读者的心目中也形成了这人物的模样。我们都会有这样的经验：在读每部小说时，都根据作者的描写，想象出某个人物的模样来。作者所描写的人物的模样越具体、越细致、越具有视觉形象性，我们也就能够越准确和清晰地想象出人物的模样来，而人物给我们留下的印象也就越深，越能经久不忘。如果是相反的情形，作者对于人物没有视觉形象性的描绘、把他的外貌清晰地写出，那么，因为没有把人物的模样传给读者，无论他对于人物性格的刻画是如何的生动、深刻，读者却难于在脑子里形成这个人物的形象。读者知道这个人物是怎样一个人，理解他，但不"认识"他。所谓把人物的模样传给读者，就是为人物做肖像画。这可以说是"小说创作法"的基本常识。但是，学问不在于是否知道这一条，而在于如何去画肖像，如何画得准确、生动、清晰、有特征，从外形来表现人物的内心，表现他的出身、经历、职业特点、社会地位及性格特征。总之，具有视觉形象性，"可见度"大，使读者如见其人，并且知其人。当然，这一切，还必须简练、精致。在这方面，我们可以从许多著名小说家那里学习到很多东西。他们都是肖像画大师，总是能够用精练的、准确的、传神的笔触，勾勒出人物的肖像，使他们带着自己的特征、自己的音容笑貌，出现在读者面前，并以清晰难忘的面貌，长期活在读者的印象中。鲁迅小说中的人物，阿Q、闰土、祥林嫂、孔乙己……，便是这样。我们只要闭上眼睛，他们的生动形象便会出现在面前。我们不仅知道他们的身世、思想性格，清楚他们的灵魂，而且能想象出他们的模样来。鲁迅说过，他的人物都是"拼凑"的，往往嘴在浙江，眼在山西。这不是谦辞，他笔下的人物确是一个综合体。他向来主张"不只用一个模特儿"。但是，这些人物的外貌——他的脸型、神情、体态等，却不是像用人体五官的石膏模型拼成的，而是经过作者的孕育，同人物的整个身世、经历、社会地位、精神状态结合在一起，成为这一切的外在表现。这种人物肖像首先清晰地存在于作家的头脑中，然后又被用精确的文字描写出来，栩栩如生地传达给读者。这里，值得注意的有两点：第一，首先作家要让人物清晰地存在于自己的脑子里。这当然不是凭空想象得出来的，而必须有深厚的生活基础，观察了许多原型，然后才能加工制作出典型人物的具体外形来。第二，还要准确、生动地描述出来，传达给读者。这又要求有艺术功力。这两点，是我们应该注意向鲁迅学习的。

如果说前面两条是属于艺术技巧方面的问题，那么，还有一条，也许是更重要的一条，即态度问题，也是应该向鲁迅学习的。

鲁迅画人物的肖像，是采取十分认真的态度的。比如阿Q，连他头上的一顶帽子，也不是随手拈来、任意戴上去的。他说："只要在他头上戴一顶瓜皮小帽，就失去了阿Q，我记得我给他戴的是毡帽。这是一种黑色的、半圆形的东西，将那帽边翻过来一寸多，戴在头上的……。"事情就是这么严重：一顶瓜皮小帽，就会失去阿Q。阿Q只能、只应该戴那种黑色毡帽，这是由他的阶级地位、社会环境，他的性格、精神状态等决定的，因此是不能随意更改的。鲁迅在这里，把人物外形的描写，提到了为人物性格的刻画不可分割的高度。在他看来，对人物的外形的视觉形象性的描绘，不仅是把人物的模样传达给读者的重要艺术手法，而且，是刻画人物性格，使其具有恰当的、具体的表现形式所必需的。

然而，我们看到，有些作者，对于他所描写的人物的衣着打扮、面形神态，是比较随便的，给予一个一般化的描述就得了，最多是说几句有关职业、年龄、性别的一般特征而已。

艺术大师们在给作品中的人物，特别是主要人物做肖像画时，其认真的态度，表现在从内在到外在进行深入的琢磨推敲，力图使外形体现他们的灵魂，表现他们的经历和性格。托尔斯泰为了准确地描绘《复活》中的女主角马斯洛娃的外形，曾经一次再次地修改，先是写她长得很丑，后来又把她写成很美，但最后改定的，却是现在的这个模样：

> 她是"一个低矮的、胸脯丰满的、年轻的女人"，"这女人满脸是久被监禁的人的脸上的那种特有的苍白，白得令人想起地室中甘薯的芽。小而宽的手，和大衣宽领上所露出的白而胖的颈子也是这

样的颜色。在这个脸上，尤其是在面部的惨白中，是一双动人的、很黑的、发光的、有点儿肿但很生动的眼睛，有一只是微微斜视的。她站得很直，挺起着丰满的胸膛。"

这个外形不是随便确定的。它是人物的身世、不幸的遭遇、社会地位和性格的具体体现。她的苍白（这是被作家着意描写的），是长期的监禁生活的证明；她的丰满的胸膛，是她被所到之处的男人追逐而逼使她堕落的"祸根"；而她的黑得发光的、很生动的一双动人的眼睛，则说明着她在少女时期的美貌，正是这一点，勾起了少爷涅赫留道夫的邪恶欲火；而如今的"有点儿肿"和一只眼"微微斜视"，又说明她已经失去往昔的风韵，留下了堕落生活和牢狱生活的深深的痕迹。再看安娜·卡列尼娜，托尔斯泰是怎样描写她的外形呢？

> "她那迷人的脸上的表情带着几分特别的柔情蜜意。当他（指安娜的情夫渥伦斯基——引者）回头来看的时候，她也掉过头来了。她那双在浓密的睫毛下面显得阴暗了的闪耀着的灰色眼睛亲切而注意地盯在他的脸上，……在那短促的一瞥中，渥伦斯基已经注意到了有一股被压抑的生气在她的脸上流露，在那亮晶晶的眼睛和她的朱唇弄弯曲了的轻微的笑容之间掠过。仿佛有一种过剩的生命力洋溢在她的全身心，违反她的意志，时而在她的眼睛的闪光里，时而在她的微笑中显现出来。她故意地竭力隐藏住她眼睛里的光辉，但它却违反她的意志在隐约可辨的微笑里闪烁着。"

这是一个感觉自己是樊笼中的小鸟的贵族少妇的形象。她和马斯洛娃不同。后者是一个被少爷玩弄后又被抛弃了的婢女，以后又过了一段堕落的生活。在关于安娜的描写中，她的热情、她内心的热烈与冷酷的生活之间的矛盾，她的不安于现在的生活和被压抑的、然而又掩饰不住的祈求新生活的强烈愿望，这一切，不都在她的外形、她的面貌中表现出来了吗？她的美丽的、富于表情的面孔，她的眼睛，透露了她内心的秘密，灵魂的不安。这就是安娜·卡列尼娜。她只能是这样，而不能是别样。读过《安娜·卡列尼娜》的人，是很难忘掉安娜第一次出现时的这个动人形象的。

为了人物肖像画更具有视觉形象性，更能吸引人和打动人，不少作家常常采用"电影手法",而用作品中某一人物的眼睛来看出另一人物的模样,就像电影里摄影镜头代替了某一剧中人来看别的人物或景象一样。闰土和祥林嫂的令人激动和不安的形象,都是在小说中的"我"的眼中看出的。这就比纯粹的客观叙述更带有情感色彩,使人物肖像更具动人神情。贾宝玉形象的第一次出现,是由林黛玉的眼睛瞧见的;而林黛玉的美貌,也是通过宝玉的眼睛来反映的。安娜·卡列尼娜的美丽、动人、富于表情的面貌,第一次是从渥伦斯基的眼中反映出来的。"情人眼里出西施",从情人的眼中看出的对方,自然更美丽、更动人,更富于魅力,也更具有个性。

精确的肖像描写,只有对人物从灵魂到外形都极其熟悉,才能做到。"例如画家画人物,也是静观默察,烂熟于心,然后凝神结想,一蹴而就"。没有长期的静观默察,没有达到烂熟于心的程度,是决不能把人物的形象写到清晰生动如见其人的精确程度的。托尔斯泰对《战争与和平》中的主要人物(如安德莱、彼埃尔等人物)的胖瘦程度,他们的面部特征与神态,也是烂熟于心的,因此,他对该书的插图作者对这些人物的稍微不确切的造型,都感觉得出来,并提出细微具体的意见和建议。鲁迅对他的小说的插图作者,也提出过类似的具体意见。

"回眸一笑百媚生""怎敌她临去秋波那一转",这是在诗中出现的美人的眼睛,诗人赋予她以迷人的魅力。这种画眼睛的手法,正如鲁迅所说是活画人物的简便方法。人们常说"眼睛是灵魂的'窗子'",艺术大师们画人物眼睛的时候正是不仅当作一个最具灵性的五官来描写,而且透过这面"窗子"让读者看到他们的灵魂。末路上的祥林嫂,在"瘦削不堪的脸上",连"悲哀的神色"也已经"消尽"了;她"仿佛是木刻似的",这张脸上,只剩一对眼珠还能"间或一转"。这仅仅间或一转的眼睛,正表现了祥林嫂的灵魂的不安和战栗,她对冷酷的命运之神的绝望挣扎。范爱农则常常翻着他那多眼白的眼睛,表现出他那"白眼看鸡虫"的愤世嫉俗的态度。在孤独者魏连殳那"蓬松的头发和浓黑的须眉占了一小半"的脸上,"两眼在黑气里发光"。他的孤散、冷峻、悲哀和愤怒,他的性格,集中地体现在这黑气里闪光的眼睛里了。吕纬甫那"又浓又黑的眉毛底下眼睛也失了精彩,但他缓缓四顾的时候,却对废园忽地闪出在学校时代常常看见的射人的光来"。这眼神,"说"出了许多事情:他透露了一个失意知识分子的灵魂,他曾经是一个有着"射人的光"的眸子的英俊志士，但如今"消失了光彩"，因为他已处于"岂有豪情似旧时"的心境中；但他却并未完全失去生命力，在一定时候，他居然还能闪出"逼人的光来"。

托尔斯泰也经常非常巧妙地运用这种"画眼法"。他把人物的眼神清晰地、细致地描绘出来，透过那被写得"能说话"的眸子，让读者看见人物的活灵活现的神态，看进人物的内心，看透他们的灵魂。前面我们已经谈到他如何着意描写安娜·卡列尼娜那动人的、透露她的灵魂秘密的眼神。他写少女时代的马斯洛娃，当她和涅赫留道夫初恋时，总是用她那有一只斜视的眼睛，"从下向上地望着"她的意中人，这种从下向上地望，不仅表现了她少女的娇羞，而且体现出她那半是养女、半是婢女的地位。因为是养女，她敢于正视来做客的少爷；又因为仍然是女奴，所以只敢从下向上看。她的身份、她的心理状态都在这眼神中表现出来了。对于堕落以后在风尘中潦倒了多年、并被监禁了的马斯洛娃，托尔斯泰则用这样的眼神来表现：依然是"动人的""发光的"，但"有点儿肿"了，这是长期不幸生活的印迹。《战争与和平》中的彼埃尔·别素豪夫公爵，总是用眼睛从眼镜外边看人、看周围的景象。他的总是心不在焉的、精神涣散而且举止笨拙的神态，都在这眼神中透露出来了。安德莱·保尔康斯基公爵对贵族生活十分厌倦和不满，因此对喜好在交际场中活动的妻子也不满意，他内心的一切，也总是透过他的眼睛表达出来：一走进盛大的贵族夫人的宴会厅，他与众不同地皱蹙着面孔，然后，"眯着眼，看了看全体的人"，毫不掩饰自己的厌倦。而当他回家时，他和妻子一起来到衣帽间，他没有像上流社会的绅士们习惯做的那样帮助怀孕的妻子穿衣，而是"眼睛闭着"，"显得那么疲倦而有睡意"，然后说："'您准备好了么？'——他把目光看着别处问他的妻子。"他的冷淡、厌倦、不满，都在这眼神中活灵活现地表露了。还有那个被父亲桎梏在乡间，与彼得堡、莫斯科的交际场绝缘的少女玛丽亚公爵小姐，更多地过着一种内心生活，她的眼睛简直可以说比她的嘴所说的还多。当她兴奋、激动的时候，"她的大眼睛里发出善良的、羞怯的光芒"，这对眼睛有时甚至"照亮了她病容消瘦的脸"，使她的面容由丑"变美了"。这是一对多么生动、"会说话"的眼睛！托尔斯泰笔下的人物，差不多都是这样善于用眼睛说话的。对《战争与和平》中的人物，如库图佐夫、巴格拉齐昂、爱仑、娜塔莎等，他都着意描写了他们的眼睛，通过他们的眼睛来表现他们在特定情况下的内心活动和性格特点。从上述情况可见，托尔斯泰把"画眼睛"当作对人物做精确的视觉形象性描写的重要手法之一而经常使用。

恩格斯曾经指出，文艺作品要把人物写得更鲜明。这一点怎么能做到呢？做精确的、清晰的人物肖像画和描绘人物的眼睛，是两个重要的手法。

小说创作是语言艺术。它与戏剧、电影及造型艺术不同，是一种读的艺术形式。因此，它有一个方便之处，也是它的优点，这便是可以做长篇的、细致的心理刻画，作者可以从旁做详细的解释和说明，使读者知道那些看不见的人物的心理变化、感情起伏、思想活动等。但是，要使人物活灵活现、栩栩如生，仍然需要描写、刻画人物的行动，使读者不仅知道人物在做什么，而且看见人物怎么做。这种形体动作，受人物的思想感情和心理活动支配，因此，对其做视觉形象性的描写与刻画，有时与抽象的、叙述性的心理描写相配合，可以收到相得益彰的效果。有时，这些动作抵得上笔墨很多的心理描写，把人物的思想灵魂揭示出来。鲁迅在《故乡》中，对杨二嫂和闰土都做了这样精练、准确、"可见度"大的动作描写，具有很强的视觉形象性。

在《红旗谱》中，有一段关于春兰的描写，那种对于动作的视觉形象性的细腻描绘，达到了无须改动就可直接搬上银幕的程度。当运涛南下参加北伐军，很久没有消息的时候，一天，贵他娘到春兰家来推碾。她是特意为春兰、运涛的婚事而来的。她看见了春兰，一见面，春兰说了句寒暄话，就"**尽低了头，眼睛也不抬一抬，只是看着手罗面**"。当贵他娘告诉她运涛来信了的时候，"**春兰浑身一冷怔，绷紧嘴，瞪得眼珠像锤子一样，盯着前面。**"以后，"看了看院子里没有别的人，趑趄过去问：'有信？……'才想说下去，又抽身走回来，低下头说：'咳，来不来的吧！'再以后，她终于想：到了这刻上，还怕的什么羞？她抬起头，抖着头发，噗地笑了，说：'婶，你可说呀，运涛在哪儿？他受苦哩吧？'……"当贵他娘说运涛当了军官，"革命军"要打到咱的脚下了的时候，"**春兰一听，霍地笑了，**说：'婶，会说的！'她又**抬起头，看着远处树上的叶子**，在急风中摇摇摆摆、忽忽晃晃，像她的心情一样。"（黑体为引用者所加）在这段描写中，那一个接一个动作，活现了一个农村少女在特定环境中的形象：她由惊喜到羞怯，由羞怯到鼓起勇气来探问却又欲问还休，后来终于打消顾忌，勇敢地、坦率地探问，最后得到好消息，激动不已。这一连串思想活动、情感起伏、心理变化，作者几乎没有做什么说明，却只是以细微的动作来表现。人物就凭这些细微的动作描写而跃然纸上。这是一个活泼的、不停地在动作着的人物。

在《红楼梦》中，我们还可看到一段对于林黛玉的出色的对动作的视觉形象性描写。人尽皆知：林黛玉好哭，她有流不尽的眼泪。但是，在一般人都禁不住要哭的两个场合下，她却不但没有哭，而且微笑了。一次是，当她垂危之际，贾母来看她，她喘吁吁地说："老太太，你白疼了我了！"贾母听了"十分难受"，便说道："好孩子，你养着，不怕的！"在这种生离死别的时候，好哭的林黛玉却没有哭，"黛玉微微一笑，把眼又闭了。"她为什么竟没有哭呢？这是因为，她已经知道自己是没有希望了，贾母说"不怕的！"正是对情况不妙的掩饰不住的掩饰，黛玉对此早有思想准备，她已经哭完了。同时，更重要的是，她在此之前已经问过宝玉"为什么病了？"宝玉的回答是："我为林姑娘病了。"黛玉得到了满意的回答。她已经知道了宝玉的真心，从某种意义上说，她死而无憾。因此她微微地笑了。这一笑，好像是在说："老太太，你是在哄我，你当我不晓得？如今我已经知道了宝玉的心，死复何憾？"另有一次是：黛玉弥留之际，只有紫鹃在她身边。紫鹃劝她，说："姑娘放心吧，意外的事是再没有的。"所谓意外的事，就指正在热闹地进行的事——宝玉成婚。这当然是哄黛玉。其实黛玉深知这一点。但她没有哭，却又是"微微一笑，也不答言！"这微微一笑，好像是说：紫鹃妹妹，还哄我做什么？我什么都知道了。但一切都无可挽回了，我悲哀、伤心、痛苦都毫无用处，我的泪已干、心已死。所以，她微微一笑。这一笑，比哭更痛苦、更悲哀、更凄惨，也更打动人。正是这两次反常的笑，才真正深刻地表现出了黛玉当时的心情和灵魂，它抵得上连篇累牍的心理描写。

在那些小说名篇中，我们常常可以看到出色的环境描绘。这也是小说描写的视觉形象性的一个方面。有的长篇小说，如《红楼梦》和托尔斯泰的著名长篇小说，对环境的描绘精雕细刻，像是细腻入微的工笔画或铜版画，山山水水、楼台亭阁、鸟兽虫鱼、树木花草，宴会大厅、舞厅、战场、庄园、监狱、法庭、车站，等等，都是图画般呈现在我们面前。有的作品，如鲁迅的短篇小说，则是另一种风格。鲁迅说过，他不愿对景物做过多的描写。但是，对必要的描绘他却从不忽视。他用的是大笔触，画的是"写意画"。泼墨点染，寥寥几笔，就创造了一幅意境深远的图画。这些不朽的作品，真正是"文中有画"。这些艺术大师真正是"语言版画家"。他们熟练地、认真细致地使用那生花妙笔，就像版画家运用刻刀一样，雕刻出一幅幅生动的画面。这些环境描写，不仅给人物提供了清晰可见的活动天地，使人物和他们的活动更生动、更真实，而且，这些画幅，也反映了当时的时代风貌，社会生活，各阶级、阶层的生活状况，反映了民族特点、地方色彩。在鲁迅的小说中，未庄、鲁镇、咸亨酒店、江南水乡临河土场的黄昏……展现出一幅幅画面，从中我们可以窥见20世纪初期中国破败的农村风貌。从《红旗谱》的许多环境和景物的描绘中，我们看到滹沱河流域的农村风土画；读《创业史》，我们就像到了陕西渭河平原的农村；而《三家巷》则把我们带到亚热带的南国天地中去了。

对环境的视觉形象性描写，可以使读者如身临其境。托尔斯泰的名著总是对人物活动的地方做清晰明确的描绘。《复活》中的监狱，《安娜·卡列尼娜》中的风雪交加的车站、渥伦斯基与安娜的邂逅，《战争与和平》中的宴会、舞会、大会战，等等，都是一幅幅出色的图画。监狱、火车站、战场、舞厅、溜冰场，在这些地方，活动着皇帝、元帅、将军、战士、外交官、绅士淑女、爵爷和仆人。场面、人物、活动融为一体，像动画片似的在我们面前掠过。

在鲁迅的小说中，我们还可看到，写景物与写人物的有机联系。《故乡》中对于鲁镇的除夕景象的描绘，《在酒楼上》对于酒店旁的废园的描绘，这些场景同故事情节、人物命运都有紧密的联系。在这里，写景同时就是写情、写人。在这方面，《药》的结尾的描写特别出色。它描写了一幅清晰的荒凉坟地的景象。而且，坟顶上一圈红白的花，钢丝般直立的枯草，铁铸一般站着的乌鸦……都不仅给这景色增添了风采，而且给小说增添了富于感染力的情绪和深意。

对于环境的视觉形象性描写，也往往采用一种"电影手法"：由作品中某一人物的眼睛来通观全局，这样，一切就显得清晰可见，而且有中心、有秩序，由近及远、由此及彼，某一人物的眼睛就成了读者的眼睛，替我们把一切看个清楚。鲁迅往往用作品中的"我"，结合着内心活动、感情起伏来看周围的环境，这样不但重点突出、勾勒清晰，而且情景交融，使自然环境具有感情色彩。在托尔斯泰的小说中，大会战的场面，是由巡行战场的总司令的副官安德莱公爵的眼睛来介绍的；通过罗斯托夫的眼睛，我们看到了拿破仑和俄皇亚历山大的会见；彼得登高四望，便使群众争看沙皇的大场面成为一览无余、有条不紊。彼埃尔在失陷后的莫斯科游荡，使我们借他的眼睛，看到了法军占领后的种种情景。

在对环境景物的描写中，往往可以通过对具有特点的景或物的描写，来表现环境的特色，人物的心理活动、情绪变化，既给读者以具体的、形象的感受，又收到情景交融的效果。鲁迅的《故乡》中，写到阴晦的天气，冷风吹进船舱发出"呜呜"的响声，"苍黄的天底下，远近横着几个萧索的荒村"，轻描淡写的几笔，就把20年代旧中国凋敝的农村景象勾勒出来了。而后面，写到"瓦楞上许多枯草的断茎当风抖着"，更是只通过一个很富江南特色的细节，表现了环境和人的心境。《祝福》开头几节，用"灰色的沉重的云"、满天飞舞的梅花那么大的雪花、烟霭、已经雪白的瓦楞等具体景物，布置了一个祥林嫂活动的凄凉环境。《战争与和平》中，对于老橡树的两次细微的描写，也是很好地表现了安德莱公爵的前后截然不同的心情。

从以上的简略探讨中，我们看到，对人物、对环境做视觉形象性的描写，是小说创作的基本的、重要的艺术手法。这是许多艺术大师的实践所证明了的。在理论上重视这一点，在实践上学习前人的经验并在创作上运用这一艺术手法，这是我们小说创作中值得注意的一个方面。

成功的选择：社会视角与"叙述"方式

从叙事学上讲，叙事的"视角"是成败的关键，而如何以正确的叙述方式来叙事，又是保证"视角"这个"关键"能够取得成效的关键。《辽宁日报》（沈阳新闻）第12版，在这两方面做出了成功的选择，也可以说是采用了符合其特性的叙事策略。记得在国外第一次看到时，便有这样的感受，现在它出满100期了，更加深了我的"第一印象"。

报纸的一块版，就是一个"叙事整体"。《辽宁日报》（沈阳新闻）第12版所取的是一种比较广泛开阔的叙事视角。它没有从社会案件、奇闻轶事、家庭婚恋这些报纸正刊之外的附刊或晚报所习用的视角去与人争胜，而是从社会生活、社会发展、现代生活进程这种社会学角度的"正常状貌"方面去着眼与着手。从100期所发表的样品来看，它正是以这种视角给读者提供了一个了解、观察、认识辽沈地区（及由此扩展到全国）社会现代化过程的窗口。在全力奔赴现代化目标、全力建设中国特色社会主义的当代，社会生活日新月异地发生变化，工业化、城市化、商品化、社会化的进程日日进展，社会的产业结构、消费结构、家庭结构在改变，人们的理性世界到情感世界也在变化，各个社会阶层的命运都在变化，在总体上表现为"社会变迁-社会进步"。这里充满了"有意味"的生活情景、悲欢离合、喜怒哀乐、人生故事、人物命运，产生许多的新闻、故事、事件。把这些有选择地加以报道，就是当日的可读的材料、今后的社会档案、日久的历史文献。这便成为一种很好的、有趣的、有益的社会读物。可以说，在这里"社会-时代-历史-文化"广阔视角，取代了比较单纯的"社会新闻"视角。这是一种正确的选择。

为了体现和完成这种视角的选择，需要有准确的叙事策略。《话题》《春秋》《放眼》《星座》《追风》等专题-专栏的确立，构成了一个个叙事板块，也成为"叙事整体"的一个个"词汇"，它们从不同的角度，来叙述不同的事和不同的人物，其中不乏立足现实和个人而涉及历史与时代、社会和群体、国内和国外的记事。在报纸上展开了社会画卷，使人感受社会前进的足音、时代跳动的脉搏。

在具体的叙事上，则是一种大板块：组合式的方式，并且注意到每一篇的可读性。尤其是每篇都配发照片、图画，并且"舍得版面"，大幅刊用，显出气势。

此外，在每期的固定地方，还配发与文章内容相结合，又有"展开评说"、"补充申述"或"画龙点睛"的"小评论"，它们又写得生动活泼，不是一般评论模样。这样，主体文章、图画、照片、评论，构成了一个叙事整体，每一项都是一种"词汇"，都在叙事，共同完成着整体叙事。

我希望百尺竿头，再进一尺，将视角再放开、再深入一些，从研究我国社会的亘古未有的深刻变化及其表现的现实出发，从掌握人类社会-文化双重转型的趋势出发，再深入浅出地选取日常的又是比较典型的，有趣的又是有意义的，可感动又是可思索的人和事，以生动、活泼、有吸引力、有表现力的语言来叙述。

小说：符码组建的叙事楼阁①

这里所写的，是一些对小说的认识和对进行这种文学样式创作的看法，并且试图"输入"一些新的概念和认识。它不是"讲义"，也不打算以一种传授的姿态来强人接受，更多的是探讨，是提供一些思路，以供参考。鲁迅向来反对小说做法之类，也从来没有靠这种东西成功的作家。不过，在开始的时候，在进行到一定阶段的时候，想到一些问题、遇到一些问题、对一些问题朦胧中有些认识、体察，又有一些迷惑：这时候，找来一些这方面的文章看看，"看看你怎么说、怎么看"，以启发自己，拿来一个对照系，以参照比较，这是可以的，或者可以有所得。

这篇东西就是为此而作的。

当然，要谈的远不止这些，不过只是我平日体察，感到有这么一些问题，现在应该并可以提出探讨，计十题。

一、一个作家内心世界的形成：创作心理的成型

创作需要有客观生活的基础；也要有一个"自我世界"的基础。这是一个从生活到思想（人的内心世界）的发展序列：**生活**（任何世界观

---

① 原载《辽西文学》1991年第3、4期。

的客观基础，它包含客观实际和主观实践两个方面）—人的主观对于"生活"的接受与吸收—对生活的反思（人生体验）—自我世界的形成。

这里，生活，也就是客观世界和人类整体与个体（本人）的实践，是**起点**，是动力源，人的思想、内心世界，从这儿开始；但，人的主观能动性也不是无所作为的，**反思**，就是作用的起点和内涵。经过反思，取得自己的体验，便形成了总括于世界观、人生观中的各种思想、观念、情趣、意志、心理，以及总体上可以称为人生体验的思想观念和心理状态。

当然，在这个过程中，并非个体的、独自的、封闭的内心活动，而是包括社会的、环境的影响和教育与训练的推动、提高的。——这整个的内涵和作用，对于作家来说，可以统称为生活和体验生活。

生活有两类，一是作家自己每天都在过着的生活（日常的劳动、工作、休息、家庭生活等），我称它为"自在的生活"。许多作家，把这种"自在的生活"变成"自为的生活"，即把生活中的某些事情提炼、转变成为创作的素材，形成情节、故事，写成了小说。这是一个用思想的汁液，把生活素材加以酶化之后，发酵、生发、结晶、提炼而成的。但作家仅仅靠自在的生活显然不能维持长久的创作，而必须去体验生活，在这种有目的（创作目的）的、有计划的自为的生活中，补充已有的、增加缺乏的、收集新鲜的生活的素材。

不过，这样一个过程，同样不是封闭的，也不是自发的。而是向社会开放的，接受社会的各种影响（包括群众的艺术接受意识、审美心理和"接受屏幕"的影响）；当然，这又是受自己的内心世界影响的。这是一个外部世界"内化"的过程。正是在这种内化的过程中，作家在"生活"上打上了自己的印记。反映在作品之中，就是独创性、个人风格。

因此，作家的这个内心世界，就是他的创作的内在基础，**有什么样的内心世界，就有什么样的作品**。性质和水平皆决定于此。

这内心世界，就是创作心理的核心。作为"内心世界"来讲，还是一个共性的"世界"，即人人都会形成这样的"世界"。作为作家，他的"内心世界"要不同于一般人；否则，"就不可称其为作家"。这个不同的地方，就是他以"内心世界"为核心，加以扩充、丰富、深化、"专业化"，形成自己独特的**创作心理**。这种"创作心理"一经形成，它就成为一种"过滤器""筛选机""加工器""发酵器"，把作家心中留存的种种记忆，变成素材，形成构思，产生腹稿，最后形成符码，表达出来，成为作品。同时，这个创作心理，又在作家的"自在生活"和"自为生活"中，成为"筛选机""过滤器""捕捉机"，不断获取新的生活素材，开掘生活的源泉。

这种创作心理的构成内涵、发展序列和一般作用机制，我在《创作心理学》（中外文化出版公司1991年版）中曾经用几个图表述，现在附列如下。如果稍微耐心一点看下去，我想会大体了解一点这方面的情况。这对于从事创作，推动向自觉性发展，或许有一定的帮助。

```
┌──────┐      ┌──────────┐
│  心理 │ ───→ │ 创造心理  │
└──────┘      └──────────┘
```

1. 一般心理 ──→ 2. 创造心理 ──→ 3. ┌────────────┐
                                    │ 文学创造心理 │
                                    └────────────┘

图1

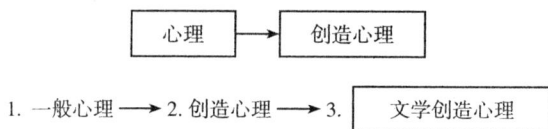

┌──────────────┐
│ 文学创作心理 │
└──────────────┘

1. 创作心理形成期 ──→ 2. 创作心理成型期 ──→ 3. ┌──────────────┐
   （创作预备期）   （前期创作）   │ 创作心理活动期 │
                                             │ （写作期）   │
                                             └──────────────┘

图2

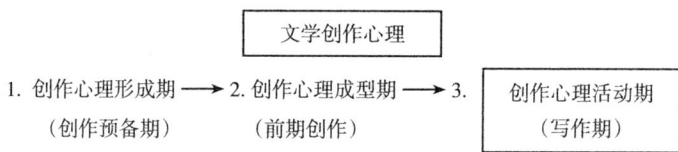

┌──────────────────┐
│ 创作活动期（写作期） │
└──────────────────┘

┌──────────┐   ┌──────────┐   ┌──────────────────────┐
│ 酝酿构思期 │ ───→ │ 创作活动期 │ ───→ │ 艺术表达期（具体写作期） │
└──────────┘   └──────────┘   └──────────────────────┘

图3

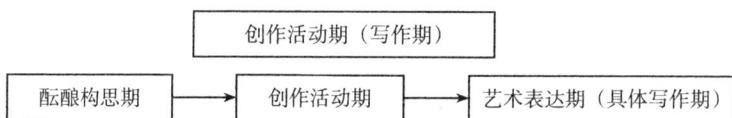

┌──────────────────────┐
│ 艺术表达期（具体写作期） │
└──────────────────────┘

1. 诸心理能力的活动 ──→ 2. 忘记的检索与调动 ──→ 3. 想　象

创作动力系统的活动
感觉→知觉→表象→
意象→情绪→情感→
意识→思维

联想
思维　　想象
灵感

图4

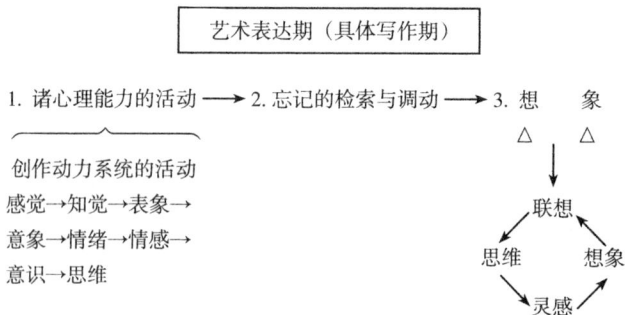

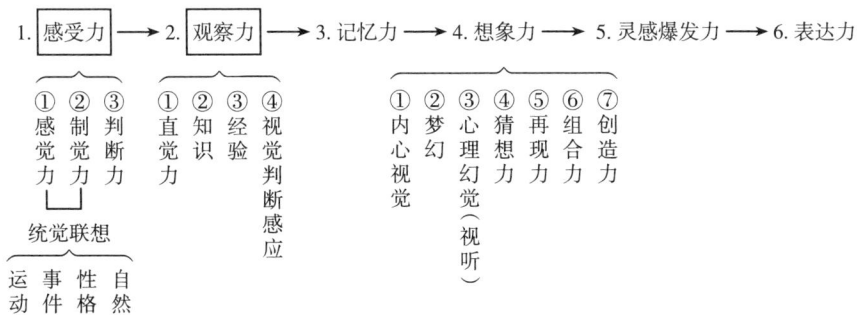

1. 感受力 → 2. 观察力 → 3. 记忆力 → 4. 想象力 → 5. 灵感爆发力 → 6. 表达力

① 感觉力 ② 制觉力 ③ 判断力　　① 直觉力 ② 知识 ③ 经验 ④ 视觉判断感应　　① 内心视觉 ② 梦幻 ③ 心理幻觉（视听） ④ 猜想力 ⑤ 再现力 ⑥ 组合力 ⑦ 创造力

统觉联想

运动　事件　性格　自然

图5

前面的几个图，基本上把心理——创造心理和创作心理，概括图示出来了。作家就是在这样的心理基础上来进行创作的。

二、小说是用艺术手法表现的人生体验

"叙事学是给人生经验套上一种形态"。这样一个对于小说的艺术视角的定义（小说还可以从各种视角去加以界定，比如从社会学角度去界定，就不是这样去规定和表述），大体上是可以接受的。但不够完备。我们不妨加以补充，称为：小说是用艺术手法表现的人生体验；而且在表现中，在整体上具有审美内涵；在内涵上具有社会、历史、思想、文化素质；在艺术上是有可感性、生动性、可阐释性和启迪性的。

H. 加登纳在《艺术与人的发展》中，又把艺术（自然包括小说在内）定义为一种人际交流的手段。他说："艺术即包含一种交流的要求。它是有目的的、蓄意的，艺术家制作了对其他人有效应的东西。"[1]就是说，为了一种目的而去写小说，即把自己的见闻、感受、见解、意见、心情等告诉读小说的人。为什么要说、要写、要发表？不是希望有人看、有人喜欢、有人接受、有人倾听吗？这就是人际交流。

因此，加登纳还说："艺术家制作了对其他人有效应的东西。"这就是说，不仅制作艺术品（创作小说包含在内）是一种交流，而且预期在这交流中，要对读的人产生效应。

作家的这种"人生体验"，有"大"有"小"，有"总体"和"分部"。有的评论家把某个作家的总体人生体验归纳为某一点，以标示其特点，这当然不是说他仅止于此，而是说此点特别突出、成功。比如有

---

[1] H. 加登纳：《艺术与人的发展》，光明日报出版社，1988年，第41页。

的国外的鲁迅研究文章指出，鲁迅的短篇小说多写死亡、丧葬，屠格涅夫写"多余人"，契诃夫写"庸俗"，加缪写"荒诞"，等等。当然，这是提炼之后的表述，作品本身决不那样简单浅薄，而是有许多铺垫、许多曲折、许多人生内涵，是汁液包容着的，并且是美丽地表现出来的；绝不是单刀直入、直奔主题、传声筒、传话式。

部分人生体验或"小"体验，即在某部（篇）作品中或某时期作品中表现出来的。最近读到《读书》，有人分析，叶兆言《夜泊秦淮》中几篇系列中篇分别表现的是，"《状元境》写性，《十字铺》写官场，《半边营》写女人，《追月楼》写气节，《桃叶渡》写禅。"

总之，小说不仅叙述故事，更要在故事中体现自己的人生体验。

为了这个目的，就又涉及小说的两个方面：一是内容；二是表达技巧。

（1）内容——人生体验，必须是有意义的、深刻的、独到的、对人能产生效应的；（2）表达技巧，必须是好的、上乘的，这样才能达到目的。这就是作品的审美素质。加登纳是这样概括的："创作者或艺术家是一位具备了充分运用媒介的技能、使之通过对符号对象的创造而达到交流的个体。"他在这里则侧重讲的是技巧问题了。这方面我们在后面专节讲。这里只需指出：在确定了，或者说"解决了"内容问题，即有了人生体验之后，紧接着（实际上是同时）就提出一个技巧问题了，必须表达好，才能完成交流的目的。

我这里说的"人生体验"，是一个广泛的说法，它包含作家的一切认识和生活感受在内，作家对于历史、社会、政治的观念、观点、见解及他的倾向，都包括在内的。前几年，有一些人提出"表现自我"，好像可以有一种完全孤立的、封闭的"自我"，这是不可能的。无论怎样地执意只表现自我，但这个"自我"仍然是历史的、时代的、社会的、环境的、阶段的、家族的和家庭的产物；是这一"个体"自身整个生活史的产物。无论怎么超脱，都是既"超"不了，也"脱不开"的。

古今中外的文学名著，无论长、中、短篇，都含着作家的这种广义的人生体验。《红楼梦》《安娜·卡列尼娜》写了各自深邃丰厚的人生体验。鲁迅、契诃夫、莫泊桑的短篇小说，都从某一个角度，写出了某种人生体验。

我们可以说，作品的高低优劣，就看这种人生体验质地如何，以及表达得如何。我们只要仔细品味那些名著佳篇，就可以体会到。

需要简单说明一下，这里的"人生体验"是一个从文学视角来采用的概念，它的历史-社会内涵是很丰富的。作品的思想内容、社会意义、教育作用、审美价值，统统包括在内。这绝不是一种抽象的个人之情，而是**通过个体表现出来的历史、社会、文化之情、之意、之义**。

三、找到最佳叙述方式

叙述方式，这是一切文学艺术的形式和活动面临的"先决"课题。它首先提出的问题是：谁来叙述？叙述谁？站在什么立足点、用何种艺术视角来叙述？用什么话语、什么"语法"、什么风格来叙述？然后才是，叙述什么事、什么人？在何时何地何种情况下发生、发展这故事？以及其他。叙述的最高要求是要在最小空间、在最短时间内，容纳最丰富的内容。节约是一个基本原则，精练是一个基本指标。

为了表达一种人生体验，必须寻找到一种最合适的叙述方式，把故事讲好，讲得达到前面所说的那些要求，达到交际的目的，达到使人感应、接受你所要传输的内涵。

所谓叙述方式，包括言语、结构、风格、叙述角度、"叙述者身份"之确立等。这些，既需要个体的考虑，又需要系统的、综合的考虑。

鲁迅写《狂人日记》，为了要能发出振聋发聩的作用，要用激越惊世之调，"使吾人出于畏寒"，唤醒快要闷死的"铁屋子里的人们"，所以采取了狂人日记的叙事方式，叙述角度是第一人称，"我"（狂人）被确立为全知全能的观察者和评断者；语言则是"疯人的语言"，颠倒、错位、离奇、神经质、非常态；风格是沉重而激越、深邃而富象征意味。这些，都是同鲁迅对之做了借取的果戈理的同名小说，大不一样的。

1982年诺贝尔文学奖获得者、哥伦比亚著名作家马尔克斯，当他还是一个18岁大学生时，便想写小说，但他一直没有找到一种合适的方式，所以未曾动笔。有一天，他读到卡夫卡的《变形记》，一开头就是"一天早晨，格里高尔·萨姆沙从不安的睡眠中醒来，发现自己躺在床上变成了一只巨大的甲虫"。他顿然而悟，心里想道：原来可以这么写，这倒可以试试。后来，他又发现，外祖母在他小时候给他讲故事，就是同《变形记》的叙事方式一样的。于是，他就用"外祖母讲故事的叙事方式"来写了他的世界名著、魔幻现实主义的杰作《百年孤独》。

考虑叙述方式，有几方面的因素，是进行选择时的"标准"。它们是：

（一）题材的特点；

（二）所要传输的"人生体验"的性质；

（三）小说人物的特点；

（四）本人的素质、特长、短处。

这里说一点我自己的体验。我的生活颠沛坎坷，所经历的事情不少，所见所闻所感，时时在心中翻搅，呼之欲出，总想写小说，表达传输，就素材来说，我私心甚感充实而有特点，但我对自己这方面的才能，很怀疑，很没有把握，特别是，始终没有找到我自己认为合适的叙述方式。所以迄未动笔。近年，得知国外有所谓"理论小说""知识型文本""学者小说"，我读过一点这类作品，甚感也许这是我可以考虑的叙述方式。的确有某些同我的知识结构、气质和训练契合之处，但我不能照搬。还要根据自己的各方面的"个性"，来选择和"创造"。我还没有充分获得，所以不敢动笔。

叙述方式，有总体方式和分体方式之别，首先要确定的是在总体上，如何来叙述。其次，考虑在这个总体设计的基础上，各个分体如何来确立叙述方式。

每个作家有自己的独立叙述方式，但不是每篇作品完全一样，而是大同中有小异和中异；也不是每一个时期都一样，而是各个时期有各个时期的方式，也是大同中有小异的。同时，叙述方式也是不断在变化和发展的。

叙述方式中最重要的一点是"叙述者身份"的确定选择。这大体有三种类型。

（一）作者以全知全能的叙述者出现，不仅叙事，而且"知心"，人物的任何心思他都了如指掌，一一道来，细密处毫发不爽；而且做出评断。这种方式是最普遍使用的。

（二）间接叙述。叙述者是小说中的一个人物，他是讲故事者。但作者时时介入。这里是两重叙述。

（三）对话叙述。作者和人物是两个"体系"，各说各的，但交叉渗透、互相对话。这是陀思妥耶夫斯基的基本手法，即巴赫金指出的"复调小说"的叙事法。

这种复调，自然不是陀氏独占的。巴赫金也说，车尔尼雪夫斯基曾经设想一种小说的写法，即复调性的。（我发现，鲁迅的小说也有这种复调因素）巴赫金还说，陀思妥耶夫斯基是总结和继承了欧洲小说的"对话路线"，从而创建了复调小说的，并且发展成为一种复调思维。

四、叙述方式的三个"支柱项"："语法""结构""功能单位"

所谓"支柱项"就是指构成一个完整的叙述文本的主要"项目"，它们像支柱一样支撑一个"叙事大厦"。这里，我还有意"漏掉"了一个"项目"，这就是"语言-言语"。因为我打算单独讲讲这个"项目"，它对于叙事文学太重要了，所以单独"立项"。

（一）"语法"。这里不是指普通语言学上所讲的语法，那可以称为"小语法"。这里所讲，是"大语法"，也就是在整个叙事框架中，"语言单位"——这里不是指词、语汇，而是指故事、情节、人物等——如何做有序排列，按照什么规则排列，取一个什么样的总体模式。比如"英雄故事"型，就是"英雄诞生→遭挫→中兴→胜利→（或遭难）"。还有"罗曼史"型："美人→公子（英雄）→相遇→定情→波折（往往是第三者插入、有力者干预）→破灭（或成功）"。此外类型还有很多。最近有人分析钱钟书的《围城》是"引诱与追求"型的罗曼史。作者解析其完成这种类型罗曼史的基本"语法"是：

将西洋爱情故事"**交错求情**"格式嫁接于中国"**外心**"说（吕洞宾肚里有仙姑，仙姑肚里更有一人）。取其反仿形式，自称"**连锁变幻交错单相思**"。……使书中人物依甲乙丙丁之序逆接遥应，交相制动，阴错阳差。其次，更引入明清小说**人物分身正副法**，把男女二人已足够的主角，暗折作四个矛盾反衬的"**自我与异我**"……。

每位作家都会在创作每部（篇）作品时，确立一种叙事"语法"，而且在长期的创作生涯中，形成自己的叙事"语法"结构。

（二）"结构"。作家在确定叙事方式时的结构意识很重要。结构决定性质和质量。结构同"语法"的关系很密切。"语法"是一个**基本框架**和叙事单位的大体配置方式、方法；结构则首先是体现和完成这种"语法"意图和规划；其次，则是根据基本"语法"来调兵遣将安排情节、确立故事线索的进行方式与"路径"，摆放各种"因子"，并且，确定所有这些"项目"的结构关系，形成一个网络。

结构不仅体现"语法"，完成"语法"意图，而且完成和体现作品的主旨。一个平铺直叙的结构或一种熟套的结构，就会使作品流于平淡无奇。

七巧楼台，全凭结构；同样的材料，不同的结构安排可以成就完全不同的形态，不同质地的物体或建筑。运用之妙，存乎一心。重要的是作家要有自觉的结构意识。

（三）"功能单位"。这里我想简介叙事学中很有意义的、由 V. 普洛普提出的"功能单位"这个命题和概念。一篇小说的故事要演进，完成作家所要诉说的内容，必须有"功能单位"，它是动力源、是前进的推动力。普洛普认为"功能单位"是"人物的行为"，而人物的行为之发挥功用，就看它在整个故事发展中所起到的作用。认识这一点，对于小说创作很重要。因为，有的蹩脚的作品，作者把自己的意旨当成了功能单位由此推动故事的演进。这就是主观主义的产物了。我们试想一些世界名著，就可以理解这一理论的意义。《水浒传》中号称一百单八将，主要人物也就在十人左右吧，宋江、李逵、武松、鲁智深等，哪一个不是"自己独特的思想所决定的独特的行为"成了其被逼上梁山的动力，成为小说的一个功能单位？

《三国演义》中的刘备、关羽、张飞、诸葛亮、曹操、周瑜诸人，哪个不是以其行为推动了故事的发展而成为小说中的功能单位？《红楼梦》自然更明显。如果不是宝玉的"怪戾"、黛玉的"刁钻"、宝钗的"乖巧"，和由此而来的他们各自的行动和彼此之间的纠葛，又何能构成一部大悲剧？

不过，我认为"人物行为"也只是小说作品中"功能单位"的一项，虽然是最主要的，但不是唯一的。除此之外，作家还可以"设计"种种"功能单位"来推动故事的发展。有些传统小说，喜欢弄出一个物体来作为"功能单位"，像《乌盆记》中的"乌盆"，《珍珠衫》中的"珍珠衫"。更不要说《红楼梦》中的"宝玉"了。莫泊桑《项链》中的

"项链"，《杜十娘怒沉百宝箱》中的"百宝箱"，也都是著名的物件"功能单位"。有的小说，动物进入功能单位。有的让某个植物起到这个作用。

当然，这种功能单位的确定，不是随心所欲的，而是来自生活，依据生活来选取和创造的。同时，这里也有技巧，能选会选，还要能用会用。"功能单位"的选择与确立，是创作小说时首先要考虑的。

五、语言、言语

语言是词、词汇和关于组织运用这些的基本规律的知识，而言语是运用语言知识、遵守语言规律而在"运作"中的话语。作家必须掌握语言知识，但更要形成自己的叙述话语，能够创造出"行进中的话语"。

叙述话语是文学作品的实现，是作家思想的实现、感情的实现。每一个故事，每一个故事的功能单位，都只能用话语来实现。

研究和掌握语言，正确地、优美地创制富于自己个性的、富于表现力的话语，是作家的任务、"义务"、能力和"吃饭本领"，无此即无作家，至少是没有好的作家。

最好或比较好的叙述话语，"职能"不仅是**叙述**，即不仅是**说明了什么**，不仅是**告知**读者什么；而且是**表现了**叙述者的所见、所闻、所感、所触、所思与所想，它把对象"全息式"呈现在读者面前，使对象带有"原型状貌"，带有丰富性、可见性、可感性和生动性。在其中并且含着作者的情感和欣赏，即"**我之所见**"。

好的叙述话语，是"陌生化"的，就是说，第一，在总体上，它不是同平常一般的叙述雷同的，这个"平常一般"有两个含义：①不同于人们平日的谈话、说事情；②不同于一般文学作品的叙事和话语状态。这样才吸引人，才有看头。第二，从与叙述对象的关系来说，它也是陌生化的，不是一般人眼中之所见，而带有作家自己的"眼光"所见之特色。

巴赫金在分析陀思妥耶夫斯基的"双声语言"时，把文学的语言，分为三种类型：

（一）直接描述自己对象的语言。它表现说话人最终的意向。

（二）客体的语言——所写人物的语言。这又有两种：①以社会各阶层的典型性为主的语言；②以个性特征为主的语言。[按照第①种是以人物的阶层性（如工人、农民、知识分子、官员、商人、学生、跑堂的等）的语言异类来表现的；第②种是以人物的性格特征来表现的。这两种语言，都具有不同程度的客体性]

（三）包容他人话语的语言，即"双声语"。这又分多种亚类型，这里不细说了。总之，这种双声语，是带有对话性、辩驳性、申述性的，它以与另一种话语对话为背景，在它的行进中，总是隐隐地针对着某种话语在说话。陀思妥耶夫斯基是运用这种话语的大师。他的小说因此被称为复调小说。

当然，这三种类型的叙述话语，都是只有类型区分，而没有层次高低之分的。运用第（一）类型的话语，可以写出杰作、佳作；我国古典小说基本上是第（一）类型的叙述话语。而运用对话双声语，也可以只是话语有特点，而并不一定就是佳作。

六、"史传"与"诗骚"事件意识与心态意识

大体上说，小说无论长、中、短篇，其基本"体态"，可以分为两大类："史传"与"诗骚"。一种小说，就其题材、故事、思想、内容及作者之立意来说，是历史的、社会的、"写实的"；另一种，则是道德的、文化的、"写心的"。前者可称为"史传"性，后者可称为"诗骚"性。但这种分类并非一种科学的界分，而是一种便于把握作品的"权宜之计"。事实上，两者之间既有交叉，又有不少作品是超乎二者之上的，或者说综合了二者的特性的。但大体言之，又确实有这种区别。比如说巴尔扎克的《人间喜剧》，他的立意就是要做时代、历史、社会的"书记"，而作品洋洋大观，也确实写出了法国及西欧资本主义社会的一段兴盛史；又如托尔斯泰的《战争与和平》，经长期酝酿，确实就是要写"人民的历史"，他也就真正写出了俄罗斯19世纪，十二月党人起义前的一段历史。在这个意义上说，他们的作品的确是社会的、历史的、"写实（史实）的"，是"**史传**"体。但是，他们的高超之处也正在于，在写史传之时，又写出了那个他们所要描写的时代的"一代风流"，那时的贵族、新的阶层及市民或农民等的"心态"，写出了那一代的**文化**。

在短篇领域中，莫泊桑、契诃夫的小说，也是如此。基本体性是社会的、历史的、写实的，但又写尽人物风流，成为一代文化的反映。

鲁迅的中篇和短篇小说则相反。它们没有着意去写社会的、历史的、现实的面貌，它反映辛亥革命前后的中国社会演进和革命发展，都没有直接去写农民的生长状态和斗争情形，这些，都隐为背景，而在"前台"活动的人的心态、人的魂灵即他所说的国民性，由"心"而反映历史、社会。这里包含着深刻的时代面貌，但却是从精神世界这个视角去表现的。这同契诃夫、莫泊桑的小说是不同的。

中国的古典小说，无论是宋元话本（附带说一下，我一直认为中国的话本小说，是世界短篇小说的艺术顶峰之一，我们至今研究讨论不够，我有意于写，也积累了一些资料，但至今未能"分神"来做这件事），还是古典长篇小说，其体性是社会的、历史的、写实的；但它又不同于在历史时期上处于其后的欧洲（包括俄罗斯）的同类长篇小说，它们都并不充分去细微展示社会的生产、生活、人物活动的基本面貌，而侧重于故事和人物纠葛，但又不是"心态"小说，准"诗骚"型。它是以前者（"史传"）为胎，而以"诗骚"（道德、心态）为种。由此而得到对两者的综合与超越。

在当代小说中，老鬼的《血色黄昏》和张抗抗的《隐形伴侣》，是两种体性的小说的代表。两部作品都是写知青的，但前者完全是历史的、社会的、写实的；而后者却把知识青年上山下乡，当时的社会面貌、家庭矛盾、农村生活等史实，退隐在后，成为背景，而活跃于"一线"的则是两个主人翁的思想情感的纠葛与波澜。

就两种小说的总体情况和其特征来说，"史传"体，可以是时代文献、社会档案、历史化石，而"诗骚"体，则是"心态史"，从人物的"心态"中去反映历史与社会的真实。

两者并无高下之分，但有类型之别。去取之间，就决定于作者自己的创作准备、审美理想和艺术情趣了。

你更愿意而又更适合写哪种小说呢？无论写长、中、短篇，都要面对这个问题。——不过，"出身不由己，道路可选择"。自己可以采取适合的叙述方式。

这两种不同类型的小说，反映了作家在创作时的意识中，有不同的侧重点：一个是事件意识、故事意识、史实意识；一个是道德意识、心态意识、文化意识。一个是在构思谋篇时，着意经营事件的组织、故事的构成、情节的发展、事实的搜求与融入，这是主体、主线、主要要求。另一个，则把经营的重点，放在了人物的心态的发展与纠葛上。当然，这不是说，两者截然划分，并无交叉，前者，在主体考虑的同时，当然也要考虑人物的心态状况、发展线索；而后者，自然不能没有故事、情节与事件。这里只是说，它们的重点不同。这从我们前面所说到的中外名著中，是可以看到的。

当然，一个作家，并不是固定为只重哪一种意识，而是在一个时期、或者在写某一作品时，某一种意识占主导地位。这里，取决的关键，是作家自己"在写作时"是如何立意的。

七、象征意蕴与原型意象

鲁迅说过，凡艺术都带有广义上的象征性。本来，语言就是具有象征意蕴的。但除了这种普泛性的象征意义之外，小说作品中，也常常有意地运用象征。这有几种情况。一种象征是整体性的，作品在整体上运用象征的立意，为此立意而运用其他的象征意象、象征手法、象征词语。果戈理的作品和鲁迅的《狂人日记》都是如此。尤其鲁迅的《狂人日记》，更是明显、深刻。

另一种是在整体写实的基础上，在某一处、某一事物、某一情节上，运用象征的手法，具有象征的意蕴。比如果戈理的《死魂灵》结尾处的四驾马车及他就此而做的一番描述和议论，评论家都认为"四驾马车"象征当时的俄罗斯。鲁迅《故乡》结尾处关于"路"的叙述议论，也具有明显的象征意义。

更多地被运用的手法，是在叙述话语中，一些词语被赋予象征意味。这种情况就很多了。

小说并非诗歌，叙事多于抒情，但运用象征意蕴，可以使内容的涵盖更宽广而又深刻，使作品具有了引人思索的东西，由此而提高了作品的思想意义。

前些时间电视台放映的两部外国影片《罪恶》和《明星秘史》，都写了女主角的艰苦奋斗史。从小到大、从卑微到出众、从一般到名流、从失败到成功，历尽艰危、辛酸、痛苦，也花尽了气力、心思，苦苦奋斗，不馁不挫。她们一个为了报自己幼年被法西斯分子强奸之仇恨，一个为了隐瞒自己的黑色血统，费尽了心机，受尽了屈辱，终于取得成功。但是，海伦（《罪恶》）在功成名就时，却把风行欧美的杂志的事业，转手交给外甥女，把事业的一切、一切的事业都给了外甥女，而自己去嫁人了（第三次结婚），她对群集的记者说："我要去生活了！"她**走向丈夫**，影片结束。《明星秘史》，也是如此。女主角也是在历经苦难、奋斗一世，终于取得成功、事业达到顶峰时，她当众认母——一个黑色人种的母亲。她说她事业的成功，得感谢自己的妈妈——过去她一直以仆人的身份藏匿在女儿身边。女主角这一承认黑色血统，就得失去一切。然而她得到了母亲。这里，一个走向丈夫，一个走向母亲。这就具有象征意义，使作品成为一种人生哲理曲，令人所思良多。

在这里我还想讲一点原型意象。我们在许多小说中，找到原型意象。所谓原型意象，就是人类在原始状态及长久的历史中形成的一套叙事、象征的方式、方法、意境、构成元素，这是人类远古和长久的刻痕，是民族的记忆，是集体无意识，也还是长久的艺术创作与欣赏过程中形成的"习惯"、"心态"、心理积淀。总之，它形成了一种"神话-历史"思维方式、一种共识、一种"母题"、一种艺术元素。一般地说，文学中反复出现的原型包括文体、叙述语法、表现程式、意象、母题、人物、主题等，也还涉及象征习惯（因民族而异）、习惯的词语及整体风格等。所有这些，我们不妨称之为文学元素。

提出"集体无意识"这个命题并可谓原型批评理论的创设者之一的荣格提出过，文学不是艺术家个人的创造，而是传统的产物。这就指明了文学的艺术渊源。原型意象的价值也就在于此。它不仅具有民族记忆的价值，而且可以成为艺术魅力的源泉。熟者乃亲。欣赏者在所读作品中，读到了自己熟悉的"艺术品质"，便会亲近、喜欢、接受。比如，中国的久远的原型意象可以随便列出一些。如：传统的母题有"女娲补天""盘古开天辟地""桃园三结义""天仙配""大闹天宫"等；原型人物（他们都具有民族共识的意义）如武松、李逵、鲁智深、关云长、曹操、周瑜、刘备、张飞、孙悟空、猪八戒、观音、如来佛、许仙、青蛇、白蛇、法海、秦始皇、刘邦、项羽、岳飞、杨家将等；动物植物如杨柳、燕子、松树、狐狸、哈巴狗等。另外，中国的文化心理结构中的传统原型意象还有"家园意象""神帝意象""人伦意象""天命意象"

"刑治意象"等。

所有这些原型意象，都可供我们在创作时调遣使用，以构成我们作品的艺术魅力的底蕴与成分。在总体上、在分体上、在局部上及在词语上，都如此。当然，如何运用得巧妙、成功，则看各人的功力和艺术才能了。但这是艺术魅力源泉之一，是艺术手段之一，这是可以肯定的。

八、短篇小说的一种精巧结尾

短篇小说是"生活的横断面"，是截取生活的一段以反映"全貌生活"之一角。它要求立意的和表达的精巧。它不可能容纳过于丰富的内涵和曲折的故事。我们现在的短篇小说，有日益"长化"的趋势，短篇小说不短，是多年来人们一致的看法和意见。这同传统短篇小说，是不同的。倒也不是说，这就是固定的模式了、不可突破，但长风终究非短篇之佳风。

在著名短篇小说中，常常使用一种精巧的布局，即前面的故事简单、叙述风格平铺直叙，真可谓平淡无奇，可是结尾却突发奇音、突出奇事、突入奇境，使人意想不到。一下子把整个故事改变了"航向"，使意境猛然飞升，使意旨突然深化；而且是戛然而止，又使人默然沉思，意味无穷。这样，便收到多方面的艺术效果。一是突然"转向"的新奇感，二是发现新的东西的愉悦感；三是受到启发的心灵感受。总之是出奇制胜，汇合几重审美享受。

这里仅举数例，以见一斑。莫泊桑的《项链》，写一个家境清寒的女人为了参加一次对她来说很重要的舞会而向女友借了一条宝石项链，不慎丢失，她不敢见此女友，多年苦苦生活，以偿还买项链还了女友后欠下的债。如是十年。这天，她见到了女友，她诉说了不幸的遭遇和自己的苦挣苦熬，现在总算可以松一口气了。然而，女友突然说："那项链是假的呀！"

记得一位俄罗斯名家的短篇小说写了一个穷苦农民家的孩子，赶车把奄奄一息的祖母拉去活埋，因为家里人口实在太多，活不下去了，就把祖母送到山野，已经把待毙的祖母扔在飘着清雪的寒冷的荒僻山野了，孙子赶车走了一段路。故事好像就要在此结束了；但是，突然，孙子一声吼叫，飞车奔回山野祖母躺着的地方去。

美国欧·亨利有篇短篇小说，题名《出狱者》。一个惯窃在被提前释放后，又以高超的技术连连作案，警察处处追捕他。后来，他来到一个小镇，因为爱上了银行家的小女而立志改邪归正，开了一家鞋店。后来，果然与所爱女郎结婚。婚日，其岳父新购一新式保险柜，外孙女不慎被锁入其内，数分钟内就要闷死。情急中，窃贼要来未婚妻身上的结婚礼花，以高超技术撬开了保险柜，救出了小孩，也现出了自己的行窃本领和本相。然而，他坦然走向一直追踪他现正等在门口的警探，他说："你终于来了，好，咱们走吧!"故事就此结束，也已圆满且有意义了。但作家突来生花之笔，他写那警探突然对窃贼——新郎——说："你认错人了，我不认识你。"说完转身走了。这里，两个意外突然出现，意义也向深发展。

总之，这种精巧的结尾，好像一个尾灯，一下子把前面平淡的、幽暗的故事照亮，既显示出奇的新意，又令人深深思索，还留下余味堪品。

这只是举例而言，只是短篇小说精巧构思的一种。举此以说明短篇构思精巧之重要。

九、"新小说"模式种种

人类的叙事文学模式，历经变化，每个历史时期，都有它的"典型"的叙事方式。其总趋势当然是不断发展、不断变异、不断丰富。就小说这一体裁来说，欧洲到18世纪有了成熟的、高峰的形态；到19世纪，又有发展、提高；20世纪，有现代派之兴起，其形式变幻多样；到20世纪下叶，更有多样的变化；现在，仍在变异中。在中国，在鲁迅辑选的《古小说钩沉》中的小说雏形，初创小说之后，是唐宋传奇继起，这已成规模、独具风采；以后有宋元话本与拟话本，又一变异，内容与手法都有深广的发展；在此基础上，产生了明清小说，丰富、发展、提高、集大成，又成新的高峰。到五四运动，而一大变，与西方叙述文学对话，吸其精华，产生新的变体，形成现代叙事文学。成就卓著，以后，几乎每"十年"一个新发展，各有成就，各有风姿。30年代的革命文学中的短篇与长篇小说，蔚为大观；新感觉派等受西方现代派艺术思潮影响的小说，以沈从文为代表的"乡土文学"小说流派，亦领风骚。40年代，在血与火的战斗年代，以解放区革命文学为正宗、大宗，成绩斐然；张爱玲、路翎等人，也作出成绩。50年代、60年代，也都多有特色，各有成就。及至70年代末、80年代初，又一大变；80年代中期以后，风姿多展，试验迭起，待我们总结成功与失败。

这种极为简略而极不周详的历史回顾，只是为了说明叙事文学总在发展，我们不可拘泥一端。总要注目时代，深入生活，勇于创造。

前面说到，现在有所谓"新新闻主义小说"、新现实主义小说、理论小说、心理小说、意识流小说、纪实小说、学者型小说、后小说等，模式多样，体态各异。我们不必去照搬、去模仿，更不必赶时髦、趋时新，但是，这些新试验，给我们提供一种思路，一种创造、追求、探索的启示。我们也可以根据生活的内在情境、艺术形式发展的外在境遇、自己的生活积累和知识结构及艺术素养，去尝试、去创新、去追索。

中国正处于一个伟大变革的时代。社会正经历从传统社会进向工业社会、从农业社会进向工业社会的结构性变化之中。生活的变迁是深刻、广泛、伟大、急遽的。这应是一个产生好的文学和好的作家的时代。

我们应该并可以写出好的、新的小说来，无愧于时代的赐予。

巴赫金说，每一种艺术体裁都有它的生存领域，在这个领域中，它是不可替代的。这形成一种传统。但新的体裁的产生，又丰富和推动传统模式的发展。我们可以在继承传统与勇于创新之中，夺取新收获。

十、"小说可以不那么写""小说可以这么写"

说了这么多，但是，最后我却要讲一段"小说可以不那么写""小说可以这么写"。

"艺有成法"，这是一句话；"艺无止境"，这是又一句话。两者都是有道理的，是互补的。人类在长期的艺术实践和其他实践中，形成了一些创造艺术品的规律，遵之者成，违之者败，这是所谓"成法"。但是，"成法"又不是固定不变的，而是不断发展的。在总体上是不断发展的；但在具体运用的过程中，又会因处理对象的不同，而会对一般规律有所突破、有所创新、有所发展。从这方面讲，又是无止境的。萧红对聂绀弩说过，小说就得那么写？小说就只有鲁迅那一种写法？我就要写另一种模样的小说（大意）。鲁迅的小说，自然是高峰、是楷模，值得我们学习。但是，照搬自然是不行的；再说，由于思想、知识结构、创作心理、艺术素养和情趣等的不同；由于处理的题材的差别，以及其他诸多不同，自然会写出同鲁迅的小说不同的小说。这一点不排斥学习鲁迅，创造性地运用鲁迅的经验。所以，萧红后来果然写出了《呼兰河传》，那确实不是"鲁迅式"的，而是"萧红式"的；那也不是一般小说的风格、路数，而是抒情散文式的，打破了小说创作的常规。

从另一方面，也可以说："小说可以这么写"，也就是创造出突破一般"程式"的"我自独有的写法"。记得读了邓刚的《迷人的海》之后，我写了篇评论，其中有一点就是讲的邓刚这篇小说，使我想到"小说可以这么写"。

我说这两方面的意思是想说，创作小说，一定要学习前人、名人，这是基础。西方有的文论家说得好："大师也是模仿的。"这意思是说，就是大师，也不是平地拔起、凭空而生的；他也是经过学习才创作的。没有连一篇小说也没读过的人会创作小说。在这个意义上说，大师也是吸收了前人的经验的。至于一般人，自然更应该学习别人的经验。但学习是为了启发自己，而不是为了束缚自己。我们更应该有创造性，要根据自己的能力和特长，根据自己所处理的题材的特殊性，也还根据自己的主旨、立意，去创造最适当的形式，最好的叙事方式。"小说可以这么写"——我就这么写来试试看：既继承了传统，又有突破，因而是一种创新。

祝你们写出无愧于时代的好小说！

1991年3月26日—4月1日，病中匆草

小说：创获一个"第三世界"①

内容提要　小说的世界，是一个非现实的世界，它既非真实客观世界"原版复印"，又非作家内心世界的"向壁虚构"。它是一个作家新创获的"第三世界"。它的性质如何和作家如何创造了它，是我们意欲探讨的课题，——这不仅是本体论的定性，而且是一个方法论的创作探索。

文学："四个世界"的建构

文学不是一个孤立的、独立自生的存在，而是一个社会存在物。它既有自身的建构，又建构于一个大系统中。无论什么学派，持何种模式组合建构的架构上，有不同的侧重和不同的论列，但是对于建构的因素，倒是没有大的区别，这些因素，"大板块"式地来划分，是四个巨系统：(1)客观存在（包含宇宙、世界、社会）——第一世界；(2)作家——第二世界；(3)作品——第三世界；(4)读者——第四世界。这四个巨系统，实际上是四个广袤深邃的世界，彼此渗透、交叉、融会，而形成一个文学功能系统和运作系统。对这四个世界的研究的不同的侧重点，形成了不同的文学-美学学科和学派。比如，以读者世界（"第四世界"）为研究中心的就形成接受美学。而对于作品世界（"第三世界"）的研究，就是包含小说学在内的一个多元学科了。

如果按照这种界定，立足于这一立论的基础上，我想，将小说界定为"创造一个'第三世界'"，大概可以成立。在这个立论点上，至少有两个方面可以和应该讨论。一是"本世界"同一、二、四三个世界之间

---

① 原载《社会科学辑刊》1995年第5期。

的关系；二是创造的性质和如何创造的问题。这两个方面，自然是结合在一起的，即所谓"本世界同另外三个世界的关系"，制约、影响着创造什么样的世界和如何来创造世界；而所谓"创造"则既关涉创造学的基本领域，又涉及第三个世界对这一"基本领域"的影响。

在根本的理论选择上，我们姑且做出这样的决定，因此，我们在以下的讨论中，基本上围绕着小说之为"第三世界"的性质、特征、功能和如何创造这个"第三世界"这样两个问题来讨论。

小说：特殊的结晶体及结晶流程

康·帕乌斯托夫斯基在《面向秋野》中，曾经把作家的创作比作"结晶"，他写道："创作过程类似结晶过程。在结晶过程中，饱和溶液（这种溶液类似作家储备的印象和想法）可以生成一种透明的、闪耀着各种光彩的、坚如钢的晶体（这里的晶体指的就是一篇完整的艺术作品，不论它是散文、诗歌还是戏剧）。"①这里，把创作过程比喻为"结晶过程"，把作品比作"晶体"，而把作家储备的"印象"和"想法"则比作"结晶"的原料即溶液，都是非常确切的。我们不妨借用这一比喻来做一些探讨。

首先，文学作品，尤其是足可广阔、丰富、多样、深邃地反映生活、创造人物（特别是典型）的小说，作为一种特殊的结晶体，它确实足可多维、多棱角、多色彩地反映现实生活。可以说，这个"晶体"就是人类社会生活的结晶，就是人类生活的多种人物、多种命运、多种故事、多种事件的结晶。因此，所谓结晶的过程，也就是创作的过程，就是这一切的结晶过程了；而原料即溶液，就是社会生活的各种事实了。不过这样，又过于简单了，特别是，这还只是一种"物理性能"的机械性的标举，而不是"化学性能"的化合性的标举。这里有两个问题可以探讨。一是人的主观、人的主体性，也就是作家的创作才能和创造活动，居于什么地位，发挥什么作用及如何发挥作用；二是这种生活的溶液是由什么"元素"组成和如何组成的，它又是如何被运作之后进入结晶过程的。这两个问题，我们又可"还原"为小说学的这样两个题目：

---

① 康·帕乌斯托夫斯基著、张铁夫译：《面向秋野》，湖南人民出版社，1985，第1页。

（1）从"生活"到"艺术"，这中间是怎样一个过程？（2）在这个过程中，作家的主体性又是起着什么作用及如何起作用的？

那么，在"生活→艺术"这一过程中，主观居于什么地位，起什么作用呢？在这个问题的面前，我们会发现一些类似唯心主义的提法，其中却有值得注意的道理。这些"类唯心主义"命题，总括起来，其精神可以概括为：**艺术是心灵的产物**。这在表面上，好像同生活是艺术的源泉的命题是绝对对立的。其实并不如此。的确，生活是艺术的源泉，好比水是酒的源泉一样，没有水能做成酒吗？酒的成分90%以上是水。但是，水并不能从这里进去是水，从那头流出就成为酒，**它要有别的原料**，并且要**发酵**，要有人的**主体活动**，即酿造活动，而且要有酿造技巧。在这里的所有属于造酒的主体活动，都可以比作作家在创作过程中的主体活动。正是在这样确定的前提下，我们可以更准确地来理解以下这些经典性论述。

17世纪荷兰著名哲学家斯宾诺莎说过："我们具有的关于事物的知识，与其说反映了事物的本性，不如说反映了我们自己的本性。"这些话的"与其……不如"的加强反述句式，也许过分了一点，但它的精神实质是可取的。古人关于天象的知识和现代人以高等天文学来观察天象所得的知识，确实反映了人类自身本性的变化，而天象的本性是未变的（在这个具体时差中变化甚小，可以不计）。对于作家来说，正是如此，任何一个作家对于任何一个事件的认知，是都打上了他自己的烙印，因而是反映了他自身的本性的。

王夫之在《姜斋诗话》中说："用事不用事，总以曲写心灵，使人兴、观、群、怨"，又说："盖心灵人则自有而不相贷"。这意思是说，文学作品的好坏，固在"用事"，但更在**写心灵**，而各人的心灵是不同的，也是不能转借的，这才有高下不同的作品。所以，根本的问题还不在题材（事），**而在心灵**，在心灵如何掌握、消化、运用，特别是**酶化**了"事"（生活）。如果用前述比喻来说，那就是这"事"作为"溶液"的原料，经过**心灵的酶化**（如像酒的原料经过发酵），取得了什么样的成果。

每一个作家的这种"心灵"是不同的，其素质之质地、优劣，决定了"溶液"的质量，从而也就决定了"晶体"即作品的质量。法国的文学史学家、理论家朗松曾说："作品的感情力量或美学力量却正系于这些个人成分","因为感觉、激情、趣味美,这些都是个人的东西。"①法国大诗人,也是理论家,现代派文艺的"始祖"之一波特莱尔则说:"一本书是另一个自我的产物。"

这样,我们看到作家的心灵、自我,在创作中的地位和作用了。生活固然是重要的,是基础,是源泉,但是,如果没有"个人的东西"、"自我"的加入,并且不是一般的加入,而是积极的参与,发酵、酶化、加工、制作,使之成为一种能够饱和着生活素材和个人心灵的"溶液",就不能产生好的结晶体——作品。

这里,我还想就小说创作,再添说几句。小说作为一种文学的主要样式,一种能够大容量、大场面、大"体积"、多人物地反映社会生活的文学样式,生活素材显得特别重要,作家的生活越丰富越好,这是写出好小说的基础。然而,正因为如此,心灵对素材的加工和对"溶液"的酿造,也就显得更重要。因为,基于这种文学样式的素质,它可能以故事,以情节、以人物、以事件来构成作品,甚至取得成功。但是,心灵的加工少,人生体验少,个人的东西少,从中所体现出来的一般性的东西多,那么,成功就只能是暂时的,不具有长久的价值。

所以,这里的"个人的东西""自我""心灵",必须有三个成就,才是有价值的:(1)它是"**普遍真理的表现**";(2)它是**人性总体的个体体现**;(3)它是人的**生活的群体**性的个人感受。达此三点,就是我们常说的作品的深度,作品的历史感,作品的真理性,作品的文化含量,等等。

至此,我想我们可以探讨作为小说这个"晶体"的原料"溶液"的构成和性能了。根据上面的论述,我们可以概括地列举"溶液"的建构成分为:(1)社会生活;(2)这种生活素材进入作家的"生活储藏库"的多少、性质、功能;(3)这种储藏在加工后的状态;(4)作家自己的酶化元素,即他的思想、艺术、文化的素养和质地;(5)这样"酶素"同"生活储藏"的互相渗透、融汇的关系状态和发酵水平。

以上列举,也许可以提供作家培养自己的创作才能的思路:生活,对它的消化、酶化;读书、学习、提高文化素养;涉猎广泛的艺术领域,加强艺术通感的能力等。如此来提高制作"作品晶体"的原料即

---

① 转引自昂利·拜尔编《方法、批评及文学史》,中国社会科学出版社,1992,第6页。

"溶液"的素质。

前面我们谈到小说是人的心灵所创造的"第三世界",这确定的意义应该是"第一世界"——客观、社会生活,同"第二世界"——主观、作家这两个世界相结合的产物,因此,更准确而科学的表述,应该是:"第三世界"——**小说＝人的心灵对于客观世界的观照、记录和阐释**,即主观和客观的结合。

从这一点出发,我们可以在理论跋涉中继续前行,追溯小说这一心灵与客观结合而产生的结晶体,其结晶流程是何种情形?

"我们在世界上所知道的并赋予意义的许多事物,根本就不属于物质世界,而是我们用'心灵之眼'去创造出来的。"①这段话我们可以依据前论给予确定的解释,即文化——文学(小说)本非物质世界原来所具有的,而是作家用心灵之眼创造出来的。或者,生活中本来有之,但隐含不露、深藏不见、模糊不清、意义不明,作家用心灵之眼去**揭示性地创造**出来了。当然,这种心灵的创造,不是无源之水、无根之木,心灵在创造时不但不能离开**物质**、客观现实,而且,要以此为依据,要以此为揭示对象,而且,他内心的想法、**将赋予的意义**,在"材料学"和发生学的意义上说,都是取自客观社会生活的。这样,我们知道,创造小说这一"第三世界"的创造流程的第一环节,就是对于客观世界、社会生活的了解,掌握大量的、充分的、系统的、内在的种种素材,并且,对这些素材进行分类、排比、思索、分析、细读、索意、寻义,由此及彼、由外向里、由粗到细、由现象到本质,这就是对客观事物、现实生活进行揭示的过程,并且,还要在这一基础上,赋予它以意义,这更加是主观的、心灵的创造。至此,已经进行了两步创造流程中的"作业"。这已经是"溶液"的酿制了。

但是,我们明白,这里还是一种思维的、理论的作业过程,也就是逻辑思维的过程,在严格意义上说,它还不是标准的文学创造的过程,而是同科学创造、理论思维混同的。因此,下一个流程就是重要的,这就是情感的、情绪的、心理的、形象的、故事的、情节的等思维、心理活动,这就是非科学的(严格意义和狭义上的),而是艺术的、文学的创造流程了。而这也就是前面所说的"酶化"过程和酶化工作。一些作

---

① 基辛:《文化·社会·个人》,辽宁人民出版社,1988,第40页。

家，虽然有丰富的生活基础，但未能创作出理想的作品，很关键的问题，就是缺乏这一流程，或者是缺乏这一流程中的合格的、充分的、理想的酶化工作。

文化，是在创造流程中发挥重要作用的一个角色。它是结晶溶液中重要的素质，就像酿酒过程中的酒曲一样。美国的S.阿瑞提在他的《创造的秘密》中谈到"创造基因"时，多次指出文化的作用。他认为，"第一个因素是**文化（或一定的物质）手段的便利**"，"第二个特点……**就是对文化刺激的开放**"，"**第三个特点是注重正在生成的而不只注重已经存在的。**"[①]这些论述包含文化手段的便利，即环境的文化氛围的积淀和作家对它的作用，作家对文化的刺激能以开放的态度接受、吸纳、运用，再创造注重**生成性**的而不是**既成性**的。这些，可融汇成一种**文化的心理–创造汁液**，而使"溶液"具有高文化品位，因而富于创造力。

再接下去的创造流程，就是运用这种文化的力量、文化的溶液去酿制成结晶体即小说作品了。不过，这是创造流程的深化，我们将在后面讨论。

"魔方"：小说的内涵意蕴

如果说，我们前面还只是"大而化之"地论证了"小说是什么"，那么，我们现在就该进一步深入讨论小说这个人的心灵对客观的观照所产生的"第三世界"的内涵意蕴究竟是什么了。"第三世界"吗？它是什么样的呢？有什么功能呢？有何作用呢？什么样的作品标示是真正的小说呢？如此等等。

当我们要回答这个问题时，我们面前摆满了答案，简直有点各说各的，使你莫衷一是，难于选择；它好像是一个魔方，一会儿是这样，一会儿又是那样。过去我们接触过、运用过许多答案，比如，"小说是社会生活的反映""小说是生活的教科书""小说是英雄人物的传记"等。这些自然没有错误，是"魔方"之一角。现在，我们想提出一些比较新颖别致的界定来讨论。

米兰·昆德拉直白地给小说下过定义。他说：

---

① 均见阿瑞提：《创造的秘密》，辽宁人民出版社，1987，第402–403页。

（1）小说唯一存在的理由就是发现唯有小说才能发现的东西。

（2）小说不研究现实，而是研究存在。

（3）小说家既不是历史学家，也不是政治家，而是"存在"的勘探者。

（4）小说的精神是复杂的精神，每一部小说都对读者说："事情并不像你想象得那么简单。"

（5）小说又是个人发挥想象的乐园，那里没有人拥有真理，但人人有理解的权利。

（6）小说首先是建立在若干个基本的词之上，这就像勋伯格的"音符系列"。在《笑忘录》中，"序列是这些，遗忘、笑、天使、曲言、边界。在小说进程中，这几个主要的词被分析、研究、定义，并因此而改变存在的范畴。小说就建立在这几个词之上，有如房屋被它栋梁支撑。"

（7）把非小说的类，合并在小说的复调法中，这是布洛赫的革命性创举。

（8）……独具小说特点的论文。

（9）哲理与故事、梦与现实的结合。

（10）……"原小说，——大部分形而上学的。"[①]

米兰·昆德拉是在欧美深受欢迎的东欧小说家，他的小说具有特殊的内涵、特殊的样式、特殊的风格。他在这里所做的关于小说的论述，可以说是他的创作实践的总结、创作实践的理论升华。他在这里，对小说既做了本体论的论述，又做了方法论（技巧）的论述。他使小说的内涵界定这个魔方，闪出了另一些方面，为我们所未曾见过，然而是有见地的，新颖的，揭示了新的小说本质。我们在这里不可能充分地来展开讨论他的论述，但是，我们可以从这些界定中梳理出几点值得注意和在创作实践中加以运用的观点和理念。这几点是：

（一）小说只能表现"唯有小说才能发现的东西"。这里揭示了小说的本质，它不同于诗歌、戏剧及其他艺术，**它有特殊表现的东西**，它有只有它才能发现的东西。反过来也可以说，**小说只能写那些只适合于小说表现的东西**。这是题材对象的审美物质所决定的。

（二）小说是研究和表现"存在"的，而不是一般的现实。关于

---

① 摘引自《读书·乐黛云〈食杂的交响乐〉》，1992年第1期，第38—43页。

"存在"，昆德拉有他独特的解释，他指出"存在是一种尚未实现的可能性"，又说"世界是人存在的维度"，两者的关系就好像"蜗牛和它的壳"；同时，他说，小说是"哲理与故事、梦与现实的结合"，"小说又是个人发挥想象的乐园"，又说："每一部小说都对读者说'事情并不像你想象得那么简单'"；如此等等。这些，归结起来，就是说，小说不仅仅是表现已有的生活，既成的事实，而且**更加**要表现尚未发生的、可能发生的事情，表现某种可能性，而这种**可能性**，是以世界（客观）为它的维度的，可能性是作家以客观世界为维度所做的一种理论上的分析，因缘关系上的探究，发展趋势上的推测，它未必终成事实，但它却具有可能性。这种可能性的获得，正是作家对生活的研究所得，对现实的一种剖析，对人生的一种体验。所以昆德拉说，小说是**哲理**与故事的结合、梦与现实的结合，这里，重要的是**哲理**和**梦**。作家对生活特殊的体察，对人生特殊的体验，皆系于此。它教给读者一种正确的人生态度：事情并不像你想象得那么简单。

（三）把"非小说性的类"合并到小说中去，组成一种"复调小说"，有时可以写出一种"独具小说特点的论文"——昆德拉就写过被人称为"理论小说"的小说——，还有一种"原小说"，它大部分是形而上的。这些论定的意义既说明了一种小说的性质，即"小说可以是这个样子的"；又说明了小说品格的创作法，复调、理论的、形而上的。这应视为小说理论和小说创作的发展。

（四）小说首先建立在"若干个基本的词之上"。这也属于对小说性质的论定，但同时是一种创作法，而且是一种创作的基本手法。这也体现出了前述的小说的"理论性"和"形而上"性。这些"基本词"的作用是什么？昆德拉说，它像勋伯格的"音符系列"，它是人物的"存在编码"。我们也可以补充说，小说的基本主旨，作家的人生体验，皆系于这几个甚至一个"基本词"上。昆德拉举了《笑忘录》中的"遗忘""笑""天使""曲言""边界"等几个词。

这是昆德拉"小说学"中的一个"理论眼"，值得重视。不过，在付诸实践时，是比较不易达到目的的。这里的维度相当大。理论的，形而上的，非小说的，弄得不好，写小说写出了一篇非小说，基本词成了外在的点缀。——这一点，是在创作时运用这种理论和这种技巧时不得不注意的。

董桥在他的《乡愁的理念》中说到屠格涅夫的小说，并评议道："小说必须给现实生活营造日常生活里的幻梦"，然而他又说，屠格涅夫的好处是不做"平庸的唠叨"，而只是做"诚实的叙述"，"屠格涅夫完全不解释人物的言行，留下广阔的空间让读者联想，会意。"①

这是对小说性质及小说写法的又一种界定。"营造日常生活里的幻梦"，与前述昆德拉之所说相通，也是要超越现实，要补充现实，要浪漫主义。但是，又说"诚实的叙述"，我想，前者，是说叙述的战略，营造生活中所没有的梦幻，这才有添加，有新意，有意趣，吸引人，这才不是司空见惯，"不过如此而已"；后者，则是叙述的策略，要诚实，不要唠叨，不要自己去解释，只要叙述而留下空间，让读者去思索、品味、体察。

在这里，小说的本体论和方法论，也就是性质认定和创作方法是结合在一起的。

一部文学艺术作品是作家艺术家生活经验的再现。这里的"文学艺术"自然包括小说在内。因此，这不是一个关于小说的定义。文学艺术作品——小说，是主体性的、主观性的，是主体（作家）见之于客体（作品）的，是主体（作家）作用于客体（生活）的，也是作家对生活的理解和诠释，其所诠释者即作品中的人生体验。然而这又是作家**潜在**的经验。这潜在二字很重要。其重要性表现在：① 是内在的，不是外在的；② 是自我的，不是别人的；③ 是独特的，不是普通的；④ 是潜入心底的，不是浮在表面的；⑤ 是进入潜意识的，不是在意识层的。总之，是深入内心的，深入情感世界的，是充分个性化的。

自然，在这里，也同样是不仅说出了"小说是什么"，而且教给我们"小说怎么写"。

沃尔夫冈·伊瑟尔所著《阅读活动》是一部接受美学的经典著作。但其中也有关于文学作品的性质论定。这样几段可以用之于小说：

（1）"一般认为，文学是虚构性的写作，小说（fiction）这个字眼就意味着印刷页上的词并不等同于经验世界的任何既定现实，而仅仅是某种虚设的东西。因此，'小说'与'现实'总是作为对立面出现

---

① 董桥：《乡愁的理念》，生活·读书·新知三联书店，1991，第123-124页。

的"。[1]

（2）"如果将小说与现实联系起来，二者就不是对立而是交流的；因为小说本来就是表述现实的一种方式，它们相互之间并不对立。"

（3）"如果说小说不是现实，这并不是说小说缺乏一种现实态度，而是因为小说是在讲述现实。传达之物不能与被传达之物混同。"[2]

这里，在界定小说的秉性时，侧重于指出小说与它反映的形象——现实的关系，**不同于现实的性质**，即两者之间是不能混同的，是**交流的**，有时是**对立**的。这都是很重要的。我们狭隘地理解"文学是生活的反映"定义时，常常以为忠实地描写了现实就能成功。其实并不如此。这里的"忠实"如果从哲学意蕴上来领会，是不能、不应该简单化地对立的。伊瑟尔之所言对立、交流不可混同，都是包含忠实之内的。这才是高层的、深层的忠实，也是**多层和深层的真实**。

以上，只是就"魔方"的几个方面，做了"举例说明"性的阐释，目的不在就"魔方理论"或"理论魔方"本身说点什么，而只在传达一个理论信息：此中理论宝藏甚多，可取之宝甚多，我们可以从中获很多启迪和教益，切不可坐井观天。

叙事范型："成败在此一举"

华莱士·马丁在《当代叙事学》中指出："在过去十五年间，叙事理论已经取代小说理论而成为文学研究新集中关注的一个论题。"[3]这种改变，即对叙事理论的兴趣，是人文科学与社会科学中的一个更广泛的运动的有机组成部分。这个运动，托马斯·科恩称为"范式改变"（paradigm change）。

华莱士在他这本专门研究叙事范型改变之后的当代叙事学的著作中，在回顾了20世纪早期的种种小说理论之后，在介绍了弗莱、布思、法国结构主义等种种叙事理论之后，简单地回顾了目前叙事理论中的种种趋向。他指出，这种趋向最重要的一点是："从被形式主义地界定的语言模式向交流模式（communication models）的转移。"这种转

---

① 沃尔夫冈·伊瑟尔：《阅读活动》，中国社会科学出版社，1991，第65-66页。

② 同上。

③ 华莱士·马丁：《当代叙事学》，中国人民大学出版社，2018，第1页。

移，就是把叙事方式中的语言模式的自我满足的封闭型的，变为交流型的，即开放和变异型的，读者的阅读和理解，从含义到意义，是可以变化的；这里，把"读者反映批评"纳入视线，纳入叙事范型之中了。

另一个趋向是对于解释问题的重新强调。从对形势分析的重视（结构主义）到对解释的重新强调推动了叙事范型的变化。

趋向之三是对"起源于讲故事的技巧"的复活。

趋向之四是叙事研究不局限于一个时代和一个民族的文学了。①

在以后的篇章中，华莱士详细地论述了种种叙事类型。我们在这里不详细介绍这些论述，这不是本文的目的。

在这里，我只是提供一个理论背景和一个文化语境的概况，以引起我们对这个问题的重视。这里只提出这样几个需要注意的问题：

（一）叙事意识的建立。既然小说理论已经让位于叙事理论，我们就需要建立一种**叙事意识**，就是说要在头脑中明确"我是在叙事"，而**叙事**就牵涉前面所提到的几种"目前趋向"。叙事已经不是简单地讲故事和仅仅是把故事讲好。而且，要用一种开放的、广阔的、多元的，把解释和"读者反映批评"纳入视线的叙述。这是一种多元、复杂、文化型的叙事意识。我们现在许多作家，在思想上常常缺乏这种叙事意识。严格讲，这种叙事意识，实质上就是**作家意识**，也就是成为一个**自觉的作家**。

（二）叙事范型的选择和确立。这是一个关键问题。有了叙事意识，还要明确**本次**（这一篇）的叙事范型。马尔克斯明确了"像外祖母那样讲故事"那种叙事范型，才去开笔创作《百年孤独》。每一个伟大作家的伟大作品，有成就的作家的名作，都有它特有的叙事范型，鲁迅的《阿Q正传》是一种叙事范型，它不仅不同于其他世界名著，而且也不同于他自己的其他名篇，如《祝福》《孔乙己》《孤独者》等。托尔斯泰的《战争与和平》是一种特有的叙事范型，不同于其他巨著，也不同于《安娜·卡列尼娜》和《复活》。卡夫卡的《变形记》是那么怪异，乔伊斯的《尤利西斯》是那么奇特、难读；福克纳的《喧哗与骚乱》同一个故事在同一本作品中讲了四遍，普鲁斯特的《追忆逝水年华》以极巨大的篇幅细细地描述他的生活和意识流，如此等等，都是各有各的叙

---

① 华莱士·马丁：《当代叙事学》，中国人民大学出版社，2018，第15-17页。

事范型。

这里，重要的是，这种叙事范型不是凭空想出来的，而是根据叙事的目的来确定的，同时，又是根据所处理的题材的性质来抉择的。不能牛头不对马嘴。因此，在这里，模仿是会失败的；独创是最需要的。

总之，我们在创作小说时，要有一个明确的叙事意识和叙事范型，此举确定，以后的事情就好办得多。这是战略举措，其他，就属于战术范畴，是技巧性的，是第二层次的。

艺术创造的恒量与变量

艺术创造面对着的对象世界，有些是本质上不变的，有些在本质上是多变、必变的。恒量和变量，这是小说创作也同样面对的两个题目。不过，这两者又不是始终处于一种状态。就是说，有时一个恒量，在恒中又有变，有时一个变量，变中又有稳定。按照实际情况来分析，生活、现实，是艺术的源泉，这是不变的，但有不同的生活，不同的现实，这又是变的。而有的"项目"在艺术的创作中，则是以变为其基本性质的。按照苏珊·朗格的说法，在艺术创作中，有四个变量影响创作的进行、结果和特质，而且，"多数有关艺术目的、艺术规则和艺术评价标准的分歧，都是在这个变量水平产生的。"[1]这四个变量项是：① 艺术家意在表现的概念；② 艺术家把握的创造方法；③ 由物理环境和文化环境提供的机会；④ 公众的反应。

现在我就这四个变量项，谈一些看法。艺术家要表现的概念，这是一个主体性、本体性的广泛的领域，在艺术创造（在我们讨论的范围内是小说创作）的运作过程中居于核心的地位，它决定了、规范着其他的诸项创作活动。它自然是一个变量，它不随作家之不同而不同，而且同一个作家的不同时期，不同的创作目的，不同的作品，都会是变动的。而且，他所确立的"概念"自身，也是不断变化的。这一变量是决定性的，小说创作的好坏以此为决定的环节。

作为变量的艺术家所把握的创造方法，在创作中贯穿于整个运作过程。这里涉及创造方法的质量水平如何（优或劣、高或下），涉及创造

---

① 苏珊·朗格：《艺术问题》，中国社会科学出版社，1983，第108页。

方法本身素质如何，还涉及一般的创造方法在具体的运用中同具体对象是否契合的问题。因此，这个变量，不是指的创造方法的总体的、一般性的和基本性质的变化（当然，在相当长的时期中，不排除这种变化，这就是我们在前面所谈的恒量中的变化和变量中的稳定的一面），而是对象的结合中的变。这种变，是**使二者契合**。达到契合状态，就成功，否则就会失败。

　　"文化环境提供的机会"这一变量，是大范围的，大而至于一个时代，一个民族，小而至于具体的环境。这个"环境"的文化含量、文化品位，必然影响到作家自身的文化水准，并渗透于他的创作过程。

　　这种机会，自然是客观产生、客观存在的，不是作家个人所可创造的。但是作为一个创作的变量，它的意义在于作家如何利用客观文化环境所提供的这个时代的、社会的、文化的"机会"。这种"利用环境提供的机会"的本领，其本身就是创造才能的一部分。而这种"利用"的水平和成效，也同样是创作才能的一部分。所以，我们在这里提出来讨论。

　　公众的反应，作为创作的一个变量，对作家的影响是直接的、重大的，它具有一种左右创作方向和创作性质的力量。作家总是自觉或不自觉地在倾听读者的声音，在注意公众对当前文学创作的反应，当然尤其注意对自己作品的反应。这种注意，必然带来在"写什么"和"如何写"这两个基本的小说创作范畴中的框架设计。所谓创作自由，实际上是受到这个社会变量的影响的。当代许多作家的创作，都受到了这一变量的影响。

　　以上，我就小说如何创造一个"第三世界"的问题，提出了若干题目来讨论。这当然绝非全部，也不可能是把重要题目都囊括进去了，而只能是提出了几个就个人所见尚未提出的题目来讨论。

立体型的文学评论①

文学评论如何认识和对待它工作对象（文学）的性质和内涵，其本体和它与其他系统的关系，可以说这是文学评论的改革、提高和生存价值大小的关键。正是在这个关键问题上，我们过去却有点顽拒、固守，把文学局限于一个比较狭隘的范围之中，好像摸象者只掌握着他的大腿和鼻子那样，就以为是全体。在这样的文学观念指导下，它的内涵、性质和作用究竟如何，是可以想见的。当然，不能说这种文学评论一无是处，也不是说要抛弃它，而是说文学的观念需要拓展、丰富、深化，而文学评论也要随之起相应的变化。

过去，对于文学我们基本上只是看作社会生活的反映，即所谓"文学是社会生活的镜子"，这当然是正确的。我们的文学评论（及文学理论的研究），也是在这个总体观念的前提下来处理、评估、论述文学作品的。诸如对于作家的出身、经历、生活积累做社会学的了解、研究、分析，对作品与生活之间的对应关系，主客体关系及客体（作品）对于主体（生活）的反映度进行评价。这评价也是社会学的，即这部作品的社会效应的正负值和其大小值。总之，对从作家到作品的一系列性质，功能质等做社会学的研究与评论。同样，应该承认这样做是必要、正确的，是我们今后所要坚持的。但仅止于此，就很不够了。

如果我们把这种旧模式的评论看作线性的、一维的、平面的评论，那么我们所应该提出来的任务和要求，就可以称为多维的、系统的、综合的、立体的新型文学评论了。

如果我们所说的立体型的文学评论，可以从系统论的观点和方法论的角度来做系统综合的认识和处理；那么，它的所谓"立体"，就是多

---

① 原载《沈阳师范学院社会科学学报》，1985年第4期。

方面的、多维的，有若一个多面多变型结晶体。但在总体上，我们可以归结为两大子系统，即文学自身这个子系统，和文学同其他系统所组成的系统。如果加以细分，大约可以划分为如下几个组：

（1）生活—作家—作品；

（2）作家—作品—读者；

（3）作品—评论—读者；

（4）[作品]：文学评论—文学理论—文学史；

（5）生活—作品—评论；

（6）[作品（评论）]：见识—理论—文采。

当然，我们这里的划分，仍然只是大体为之，基本上是以"文学评论"这个中心项为立足点来进行的。如果按各个子系统的性质、因素、结构等来做过细划分，那是可以进行多枝分蘖而得出众多个组合的。比如，关于文学的真实性、典型性、情节组合、人物性格等，都是文学评论所必备的、重要的、带根本性的内涵，而以它们中的任一项为中心项，我们又可以组成多维体组合。比如关于真实性，我们可以对之做生活的真实、反映的真实、情感的真实、语言的真实与细节的真实等细密的分析，又在此分析的基础上，做总体综合的评论，便是一种立体型的文学评论，而区别于（也可以说是高于）只做第一项研究（生活的真实）或只做第一项+第二项研究的旧文学评论，因为这已经越出线性的平面的，仅限于社会文学的分轧轨道了。

一

首先，我们要从以上六项组合中的每一项的总体品性和综合系统质，来探讨立体型文学评论的立体性。在以上六项组合中，组成因子共有如下九项：作家、生活、作品、评论、读者、文学评论、文学史、文学见解（见识）与文采。这九项的每一项，都是一个综合体，一个具有多种因素和特殊结构的系统。文学评论对于它们，不仅都可以进行社会学的分析和评论，而且可以和应该进行哲学的、美学的、文艺学的、心理学的、历史学的、文化人类学的及其他多种学科范围的分析和评估。有的项目，还可以在这种共性之外，寻找到它的特质，从而可以和应该进行某些特殊学种的研究评论探索。如对于文学中的文体学的、语言学的、音韵学的研讨；对于"读者"可以进行接受美学的研讨；对于作品可以进行传播学的研讨；对于文学史范畴的问题，则还可以做国别文学史和比较文学的研究。此外，我们还看到，对于以上列出各学科范畴内的分析来说，还有不同学术流派的差异质，因而也就带来评论内涵的差别、丰富和复杂结构了。

这样，我们即使仅仅是大而化之地列举一下，就为我们的"立体型的文学评论"描述了一个广阔的领域和丰厚的内涵。如：这种评论的视野之开阔、思维空间的拓展、展开了广阔的可能性。在这里，我们不可能也不要对于这种可能质展开或描述，而只是试举例以言之，借以探讨"立体型的文学评论"的品性与特质。

"社会生活"，这是一个广阔复杂的系统，它具有多方面的性质和功能，远不限于社会学的范围。就它的性质来说，除了我们习惯的从社会学眼光所看到的种种社会性质、生产方式、生活方式、阶级结构、时代性、民族性质等内容之外，作为审美对象，它具有多种审美内涵和特质，社会机体，组成某个具体社会的群体和个体，自然环境和生物圈等，都是一个对象系统，它们都各具特质与特色，对于它们的深入具体的研究，能够导致对于反映它的文学作品的审美特质、功能、效应，以及一般特质、功能、效应，都能得到具体的掌握、深入的分析、恰当的评论。这种挖掘，对于作家和读者都是会有益处的。"社会生活"作为信息源，它的组成方面，各种信息的性质、形态、功能，也都是十分庞杂丰富的。文学作品作为多种信息的信号载体，一方面用储存的信息的种类、信息量、信息自身的种种规定性，而使自身具有不同的特质和功能；另一方面，又以它对各种信息的储存方式（如何反映）和储存状貌，而又具有不同的性质、面貌和功能。这又是文学评论所能进行研讨分析得很好对象，"评论"能够发掘的储藏是很多很多的。

仅仅从上面对于"社会生活"一项的两个方面的性质的简略剖析中，我们就能够看到"文学评论"的内涵是具有如何丰富的潜能了；而我们过去的文学评论在它的面前又是如何的褊狭与贫乏啊。

"读者"，这是一个人的群体，作为"社会关系的总和"的人和这种人所组成的群体，除了阶级性、阶层性、民族性等社会学领域的研究工作之外，我们还可以列举许多的文学评论涉足不深或从不涉及的方面。比如审美心理的共性及差异性问题；差异性中的多种门类（人种差别、民族性、阶级性、时代性、个体的差异等）；审美心理的种种机制和活动规律；接受美学方面的种种规律现象；语言、情节、人物性格、某种象征等，不同人的情感世界、理智世界和心理活动上的效应与反应及其规律；读者的再创造及其对作品的回返影响；如此等等，也是有着广阔的探讨天地的。

文学作品，对于这个老规范的命题，我们却不能还在老规范中来认识和理解。否则，就不存在什么"立体型评论"了。文学作品的构成，除了我们老规范理解中的那些内涵之外，还有着众多的因素；就是老规范中的因素，也有新规范的理解。前者，诸如审美素质，信息素质与标量，艺术魅力的构成因素（理趣、情趣、谐趣等），功能质的多方面（心理效应，脱离本体的意外与额外效应等），诸种因素的结构及大于或不同于诸因素简单相加之和作用与效应；这些，都是文学作品的组成因素和素质。后者，如语言是老规范中不可缺少的"文学评论要素"，然而老规范的研讨却总是涉及用词造句、表达方式、表现力等，而对于语言韵律、节奏的心理效应、符号的象征性效应及语言自身的各种规律，则都是未必研究或从不涉及的。

我们设想一下，对于一些世界文学名著，如《哈姆雷特》《人间喜剧》《战争与和平》《红楼梦》，这中间将会有多少工作可做。有人说，有多少个读者，就会有多少个哈姆雷特；我们也可以说，有多少个读者，就会有多少个贾宝玉和林黛玉。同时，每个时代，都有它的文学观。在这个大前提下，每个时代就有每个时代的"《战争与和平》观"和"《红楼梦》观"。这是从"读者"，也是从接受美学角度，为评论设想的研究课题。对这些作品的语言，也可对之做各种形式与内容的研究。至于研究这些作品和它所创造的典型人物的社会系统质，它所提供的历史信息、审美信息，它所包容和足以"勾引"起的现代审美情趣的社会信息等，也是很多的，它们为文学评论提供的天地也是很广阔的。这是就描写历史生活的作品来说是如此。而"以古比今"，对于今天的作品，我们可以和应该做的不是同样也很多吗？对于《高山下的花环》，除了我们已做的基本上属于社会学的评论之外，关于它的作者的创作心理，不是很可以研究、评论一番吗？作家是如何突破了军事题材的藩篱，把一个属于发生在战场上的英雄悲剧，又同时发展和变成了在农村的一家普通人家的社会悲剧？客观生活的信息和审美特性，如何进入作家的心里，作家又是如何进行了加工、酶化、酿制，而形成他特有的创作立意的。这一切，他又是如何来表现的？这里，不是有着许多美学的、文艺心理学的、创作心理学的课题吗？对于《绿化树》我们能做的研究课题，难道还会少吗？除了能够进行如前边提到的对于《高山下的花环》的一些研讨、评析之外，对张贤亮也可以进行作家的逻辑思维及形象思维的交错研究，也可以对《绿化树》的审美特质进行研究，以及对进行这部作品的艺术魅力所在的研究。对于《人到中年》的社会效应等，同样可以进行拓荒式的研究，写出更深一些的立体性评论来。

二

现在，我们拟再对以上六项组合，做一个鸟瞰式的分论。在这个分论中，我们将不对每个组合的每一项做过细的阐述，而基本上只是对它的立体结构，即组成这一组合的各项之间的结构关系和结构所形成的系统质，做一些探讨。

在第一个组合中，从生活到作家到作品，这是一个相当复杂、多变、多种类的流变过程。从生活到作家，有两个基本含义：一是历史的含义，一是现实的含义。作家从小的生活经历，历来的生活内容与积累，这一切的储存和它作为思想的、情感的、审美的、心理的和信息的积淀而形成作家的创作心理及这种创作心理的内涵、特质，这些，属于历史的范畴。现实的范畴则包含作品中所反映的生活，在作家心理中的酿制过程与变异，它的审美形态，它在创作冲动中的作用，作家对它的审美活动、审美选择等。在这两个范畴中，文学评论有必要去研讨、分析它的发展规律，个别特征（创作个性的形成），特别是作家如何选择、加工对象（生活）的？在从作家到作品这个层次和阶段，我们所要研究的重要内容是作家如何把记忆中的"虚幻"的生活真实（或叫真实生活的"虚幻"形态），转化成为一个既是虚幻又是真实的作品中的生活真实？作家为什么和如何实现了自己的目的？它的指导线索、它的审美过程、它的酶化机制，它在加工与反思过程中所动用的艺术、心理手段和诸种因素的结构，这种结构所产生的"意外"与"额外"效应（审美效应），等等。这里能够进行的工作是很多的，能够为文学评论的立体质所提供的素材与可能性是很丰富的。

"作家—作品—读者"，这是与上一个组合相衔接的又一个组合。不过，在这里我们的中心是来研究作品。由作家到作品，做顺向的研究；或者，由作品到作家做逆向的研究，都是很可以使文学评论进入深层剖析的。我们过去对于第一个方面（作家—作品）往往对于创作主体（作家）的主观世界，特别是作家的艺术世界和心理世界，研究得不够，甚至不很注意；尤其是对主体如何对客观社会生活进行了主观的加工处理，添加了自己主观色彩的种种因素，注意得很不够。而同样的，也许可以说是更重要的，当我们进行逆向追溯和分析，从作品来研讨作家的主观世界时，我们会得到有趣的种种现象，并从中总结出有益的艺术规律来。对于作家，那会是很有益处的。当代文坛一批活跃的作家群，是年轻的一辈，曾经是知青，又写知青的一批年轻作家。他们经历了有些老一辈和后辈人都未曾经历的生活，经历了自己特有的思想心路历程。这给他们创造了一个新的艺术世界的基础，其中也有规律可循。这里，我们只以他们为例，说明在这一组中的前两项，我们的文学评论是可以颇有作为的。

而当我们由此前进，进到"作品—读者"这一链条时，我们就具有丰厚的奉献了。我们给予读者的，就不会是干巴巴的几条说教，诸如通过什么，描写了什么，抒发了什么，刻画了什么，达到了什么目的，等等。而可以将对作家与作品细致的分析，供给读者，帮助他们，尤其是启发他们去领会、去欣赏、去追溯、去剖析，进入一个愉快的，既受评论者的启发，又发挥自我想象的审美境界。

当然，"作品—读者"这一活动过程，更重要的还不是评论者的活动和成果；而是读者的努力和活动。这是一个多样复杂、流变婉转的世界。这属于接受美学的范畴。在这方面，我们过去还未好好研究过，当我们开展这项研究时，可以预计，所能得到的将会很多，将会开辟出文学欣赏的一个新的境界，而这个欣赏境界的花朵所溢放的香味，将会反馈到作品，更反馈到作者，惠及他所有的读者，更惠及作家们。文学评论在此是可以发挥它们的中介作用的。

在"作品—评论—读者"和"生活—作品—评论"这两个组合中，我们要处理的是文学评论同生活、作品、读者之间的关系。"文学评论"评论我自为之，对作家的作用如何？与生活的、作品的、读者的关系如何？一概不问，这种孤立的、"我行我素"的做法和状况，对于文学评论来讲，是可怕的、不幸的。立体型的文学评论正是要改变这种状况。在这两个组合中，我们追求的是评论要成为"生活—作品"之间的桥梁，也要成为"作品—作家"之间的桥梁。这种桥梁，不仅是一种过渡性的作用，而且是一种创造性的作用。评论者可以寻求生活与作品之间的关系，研讨两者之间的叠合，相通、异同和差距，从而研讨创作的和文学的规律，也可以研讨作品与读者之间的关系，探寻两者之间的互通、互碍、渗透和阻碍等审美活动的规律，从而施益于作家与读者。

我们可以发现，过去的文学评论中，有的是用评论者心目中生活的模式，来硬卡作品的；或者是作品你自言之，我却言我之所言，离题甚远。或者是，评论者不管读者的感受、愿望、要求，自顾自地在那里评论。这当然不会得到好的效果。

对于立体型的文学评论本身，一定要顾全生活与作品与读者的实际，要以广阔的眼界、深邃的眼光和对于生活的深刻了解，对于作品的深入研究，来对三者做分别的深入研究、互相关联的分析、评价和评论。这种评论，才能是符合实际，内容深厚，富有效益，也是科学的。

最后两个组合，基本上都属于文学评论自身，也可以说是文学评论自身的立体结构。它是适应文学评论各个立体型组合的要求而形成的结构体。不过，这里提出的，还只是两个方面的一些基本要求。

对于一篇合格的立体型文学评论来说，只限于一般的评议，是远远不够的。然而，我们有许多文学评论，确实常常是只限于这种评议。它对于一部作品，往往既不进行理论上的剖析，也不做纵向的文学史的探讨。就是说，在评议作品时，只是凭自我感觉、来分析、申述、评估，而不是凭借某种文艺科学的理论观点，结合作品的实际，作家创作的实际来进行理论的分析，当然更没有凭借理论与作品实际的结合，来对某个或某几个理论观点，做具体的申述、阐发，从而对于作品能分析深入、细致，又对一般理论有所阐明。

其次，把作品和作家的创作实践，放在文学的发展历史长河中来观察，寻觅它发展的来龙去脉，并且对其在文学史上的地位做出恰当的评估，这也是文学评论的重要任务，是它的工作成果之获得的一个重要条件。这种历史的考察，因作品、作家而异，或者是放在民族文学史、民族文学史的某种文学样式的发展史（长、中、短篇小说，诗歌、戏曲文学等），或者是放在比较文学史的范围来进行影响研究和平行研究，以及放在文学史某种特定范畴来做分析研究，等等。这样，一部作品，便会是在文艺科学，理论和文学史的背景前，被突出出来，浮现出自己的特色和光彩，优点和缺点、成功和失败。而文学评论自身，也就丰满、深厚、具有启人的内涵和更大的生存价值了。

下一个组合（见识—理论—文采），也许可以说是另一个层次了。它以评论者的见识、理论和文采，而构成一篇有分量的文学评论。见识的高下，自然首先是对于文学评论文章的要求，而这种见识又最好是众多、丰富、精粹、深刻的，满篇皆见，珠玑琳琅，这才使评论文章放出异彩，具备引人的力量了。

这种见识更好的是，能够提高到理论上来论述，从作品（个别）到理论（一般），做出理论的概括，这就使评论本身不仅对评论的作品具有意义，而且有了一般的、理论的意义，阐述了某种文学创作的规律了。

至于文采，对于一篇好的文学评论来说，是锦上添花，是其必备的条件。它不仅使评论表达得准确、正确、而且深刻、美丽。也使文学评论自身即具有文学性，本身既能以理服人，又能以情动人，以文引人。

这两个组合的要求，是前述四个要求的实际体现。无此，即无以表现立体型评论的全部内容。这种要求，应该说，并非非分之求。事实上，许多文学大师和文艺理论家，早已经写出过这样的作品了。俄罗斯的别林斯基、车尔尼雪夫斯基和杜勃罗留波夫，就写出过许多这样的篇章。他们对于他们那个时期的当代文学家，如果戈理、奥斯特洛夫斯基、冈察洛夫等人的作品的评论，不是已经成为千古名篇了吗？这些名篇，都是在见识、理论、史实、文采上，英姿绰约而又雄健伟岸的。还有普列汉诺夫的论文，拉法格的评论，高尔基及卢那察尔斯基的评论与论文，鲁迅的序与跋、评论和文学评论，瞿秋白的评论，都无不如此，至今令人读了受益匪浅，余香满口。这都是我们写文学评论的典范。

前面我们分几个组合，叙述了立体型的文学评论的几个主要方面。必须说明的是，这里的这种分法，是为了论述方便而不得已为之的。事实上，它们之间是有机地联系在一起，不可分割，而且有的是彼此渗透的。它们共同组成了一个大的系统。

当然，这又并不是说，对于每一篇文章的文学评论，都必须具备这一切内涵，否则就是褊狭、老模式的，就不是立体型的评论了。这样看当然是不对的。我们在论述时列举了众多方面，指出的是它的可能容量，是它的典范构成模式，并不是它的每一篇的必备要求。我们指出这种立体型的文学评论的各个分部（子系统）的互相有机结合，当然也不是说，每篇评论都必须如此。这是不可能的。因为，每一部作品，即使是含量很大、多方面获得成功的作品，也不可能在一切方面，都提供可予评论的充足条件，而总是在某一方面或某几方面显得特别突出。即使有的作品成功的方面有很多，在一篇评论里，也只能是择取其中最突出的几个方面来予以评论，而不能面面俱到。

但是，这并不是说我们可以忽略、抛弃全面的观点。立体型的评论虽然只是选取对象的某几个突出部分来论述、剖析的，但，评论者却要对对象进行"全方位""全天候"的观察、分析、研究，然后，在这全面的、综合的、系统的研究基础上，做局部的评论。这才是在全局观点指导上的对局部的观察，在系统观察的基础上对于系统的考察，在对"森林"的宏观考察基础上，对于"树木"的剖析。这样，评论者的心胸是开阔的，眼界是远大、深邃的，是有综合、有分析、有比较的，他们的总体立意就是立体型的。发而为文，虽言局部，却能见出全貌：多角度、多维、多层次，呈立体型。

改变我们文学评论的褊狭、简略的状况，建设和发展立体型的文学评论，应该是我们当前一项迫切而重要的任务。

在寻求艺术突破面前的思索①

作家寻觅艺术上的突破的想头，这不仅是有出息的表现，也是作家的社会责任感的表现，不能老是拿同等水平的"精神食粮"去供给人民。而且，我觉得这也是艺术发展的一条规律。文学艺术在发展的长途中，总是要有一些有志者勇敢地去突破，首先是突破自己原有的水平，然后是由己及彼，突破一般水平，就像体育健将们打破自己的、本国的

① 原载《鸭绿江》1982年第12期。

以至于国际的纪录一样。古今多少作家、艺术家为此突破过啊！这样才有文学艺术长河的滚滚向前的发展。鲁迅曾经有几次大的突破，主要的当然是后期对前期的突破，但中间也还是有阶段性的突破的，就他的杂文而言，从《热风》到《华盖集》正续编，从《而已集》到《二心集》，以后是从《南腔北调集》到《伪自由书》，直至从《且介亭杂文》到《且介亭杂文末编》，都显出阶段性的突破。当然，总是突破，轻易地突破，也不行，这不仅是不必要的，也是做不到的。不过，突破的念头都是需要经常保持着的，因为，只有平常酝酿了，才会一旦飞跃，实现突破。

那么，这个从"理想"到"现实"的一步，怎样跨过去呢？我只能说一点我在这个艺术课题面前的思索，它包含着哪几方面的因素。

我感到，艺术上的突破，首先是思想上的突破。这好像有点南辕北辙、答非所问。但我却坚信这一条。前面说到鲁迅的几次突破，那就首先是他思想上有所突破，带来了艺术上的突破。无论是前后期的变化还是中间几次阶段性的变化，都是如此。尤其是后期的变化，根本就在于他克服了"只信进化论的偏颇"，成为马克思主义者了。巴尔扎克说："艺术是思想的结晶"，作家世界观和由世界观所引起、派生的其他观点，例如历史观、社会观、美学观、文学观的发展，必然带来他艺术上的前进。托尔斯泰的思想变化，带来了他的作品从《战争与和平》到《安娜·卡列尼娜》《复活》的变化。从反面也有例可寻，如果戈理，思想上的衰变，引起了《死魂灵》第二部的写作的失败，它证明了思想上的不能突破反而后退，导致艺术上的不能突破反倒退化。

为什么会如此呢？简单地说，原因就在于艺术是人类掌握世界的三种方式中的一种，作家思想上的提高，使他对世界、历史、社会、人类、人生的认识、理解、剖析以至评价，都提高了，深入了，丰富了，因此，它以艺术这种形式对世界的掌握（反映），也就会更深刻、更正确、更丰富，从而使自己的艺术作品深厚丰富起来，而突破自己原来的水平。因此，我建议你钻研几本马列主义的基本著作，建立起自己的马克思主义的理论概念体系，成为指导你观察、分析社会生活的指导，并提高自己的思想能力，这是艺术上突破的一项基本功。

作为作家艺术家，思想上的正确、丰富与深刻，虽然是首要的和根本的条件，但是仅据此，都不足以成为一个艺术家。如果说，伟大的艺术家都是思想家，那么他也应该是表现为艺术家的思想家，使用艺术武器的思想家，这是特点之所在，也就是关键之所在了。他们需要艺术才能和艺术气质。

突破，也需要艺术才能和气质上的前进。

何谓艺术才能与气质？它是否有点玄？不。它是思想的、感情的、心理的，然而是唯物地产生的。我以为它的构成有三个方面的因素：文学觉醒、创作心理和审美心理与情趣。何谓文学觉醒？我以为，人的一生中，在从婴幼时代到少年时代，都要经历三个方面的觉醒：人生觉醒（也可叫思想觉醒）、艺术觉醒（对于作家来说可称文学觉醒）和性的觉醒。除了性的觉醒是一种生理现象外，另两个觉醒都会受到社会、环境（首先是家庭环境）、阶级、生活经历等因素的决定性影响。三种觉醒之中，以文学觉醒为最早。因为人在婴幼时期易受形象的刺激而接受信息。首先是音乐，然后是绘画，以及舞蹈能够吸引孩童。以后进入阅读书籍、观赏戏剧、电影等艺术作品。于是，而形成人生初期的对于文学艺术的爱好和自身艺术才能的诱发。此事说来较繁，恕不赘述。我只想在此说明文学觉醒的渊源、性质、内涵，对于一个作家的创作的影响是不可忽视的。它是决定一个作家的艺术气质的主要因素。不过，这孩童时代的最早的觉醒，究竟是最初的根苗，它以后在生活的过程中还要因客观和主观条件的变化而变化。这便形成文学的再觉醒。这种再觉醒，带来作家的艺术上的突破。前面提到的鲁迅、托尔斯泰艺术上的突破，便都反映了他们文学上的再觉醒。有的作家艺术家曾经明确地申明他的这种再觉醒和在艺术上的突破，比如齐白石自称为艺术上"变法"。这种再觉醒，包括对世界、社会、人生、艺术的新的认识、理解、感受；新的文学观、艺术观的产生，对美学规律的新的认识与理解、掌握；对艺术表现手段的新的认识、掌握和探索；等等。正因为它的内涵如此，所以这种再觉醒的发生，受到多方面的影响：理论素养的提高，思想能力的提高，社会知识与文学知识的更丰富，逻辑思维与形象思维能力的发展，等等。总起来，需要深入生活，学习理论、学习艺术。而对于作家来说，生活是他的文学再觉醒的源泉。生活之树常青，生活之泉长流。文学再觉醒的美丽花朵，只有吸取生活甘泉的乳汁，才能在生活之树上盛开。

艺术气质的第二个因素是创作心理。它与文学觉醒紧密相连，然而又有本质区别。文学觉醒是创作心理产生的基础。但文学觉醒是一种认识；而创作心理是在创作活动过程中的心理状态，是在实践中产生的。

当然，创作心理受到文学觉醒的性质、内涵和特点的影响，它们在品性上是一致的。

这里我还要补叙一下：文学觉醒和创作心理都是同人生觉醒（思想觉醒）互相渗透、互相影响的。人生觉醒（思想觉醒）在方向、性质上，决定文学觉醒的趋向。闻一多曾经是唯美主义者，新月派诗人，写过《红烛》《死水》那样的诗作；而当他走出书斋艺苑而投身抗日民主洪流之后，他极力推崇田间的诗作，称为"鼓的艺术"，他自己则不再写作《死水》那样的诗，而发表激动又具艺术魅力的动人的演说。罗曼·罗兰则在1931年写了《向过去告别》后，以成为高尔基的挚友这一点而显示思想的大变，于是而投影于《母与子》的创作。这不是很好地说明了人生觉醒（思想觉醒）带来文学的再觉醒和创作心理的变化吗？

艺术气质的第三个因素是审美心理与情趣。你自然懂得，作家艺术家首先是美的欣赏者，然而又是美的创造者。但他无论作为受体的欣赏者，还是作为主体的创造者，对于美，都不仅是敏感者、大能量吸吮者，而且是按照自己的喜好、口味，去吸收与创造的。这喜好和口味，决定于他的审美心理与情趣。它不仅决定他作为欣赏者吸收什么，而且更决定他作为创作者，写什么和怎么写，他认为什么是美的，怎样地反映才是"美丽地表现"，他就将怎么去写，这样，他觉得顺心、愉快、有趣，而且写起来也得心应手。因为这样符合他的审美心理与情趣。这种审美心理与情趣，一般地，首先反映的是一个作家的世界观与人生观，而特殊地，则反映他的文化素养、艺术修养、生活情趣。它与人生觉醒、文学觉醒、创作心理都是相通的。它的特点是，见之于创作，它是一个最后的"把关者"，是一个"审判者"，它决定了一个作家的审美选择。它像过滤器一样，把以它的眼光看来是不好的、不美的、不能进入自己的创作领域的东西，进行筛选和淘汰，留下它所满意的。

至此，我想做一个总括性表述，这就是：

作家的创作心理和审美心理与情趣，来自各种各样社会生活现象的刺激，来自作家对于客观世界的理智的与感情的受动，并且做出自己的必然的反应。而在这个受动与反应的过程中，两种心理构成和依附于它的情趣，便成为"过滤器"和"着色体"，它把现实世界进行分类、鉴别、排比、选择、剔除，然后进行选择性的吸收和记忆，于是形成自己独特的对于生活的感受、认识、理解、评断，获得主题，形成人物形象，产生艺术构思并赋予独具特色的感情色彩和美学光环。这便是一种艺术酝酿。此时，文学觉醒、创作心理和审美心理与情趣便以"酵母"的身份，浸润、分解、滋生，把生活素材进行发酵，于是酝酿出艺术品的"初级产品"。这时也许产生腹稿。在由腹稿变成文稿的写作过程中，那"三因素"又再次发生作用。

以上，我在艺术气质的总题下，从文学觉醒、创作心理和审美心理与情趣三个方面来简要地申述了寻求艺术突破的三个因素、三个条件。作家需要在这三个方面去寻求突破、得到突破，而后得到艺术上的突破——也就是说，在反映社会生活上，能够更正确、更深刻、更丰富、更艺术、更美，从而是思想上、艺术上的精品，能够给人民以丰厚的营养，成为他们的社会主义精神文明的滋养。

朋友，很遗憾，我只是在这里抽象地议论，而且不能做更多的学理上的阐述，期望以后有机会面谈。不过，为了使问题说得具体化一点，我举一点例证，来说明前述"三因素"，如何作为一种综合力量影响了一个作家的创作——从主题获得、艺术构思，到选材、表现手法、典型的确定与创造及情调、艺术风格等。比如鲁迅，他在家庭突然中落，自己又以长子长孙之身而承受这一打击的条件下，猛然进入人生觉醒期，并且感受了祖父一生的坎坷（苦读、官场跌宕、入狱、愤愤而死），父亲的潦倒与抑郁终身，母亲承受夫死子亡的打击、独撑颓厦的艰辛，大姑妈的惨死，二姑妈的不幸遭遇，以及亲祖母的早亡、继祖母的哀怨、庶祖母的像一粒外来的砂粒被碾碎于封建大家庭及后来的流落风尘，还有整个周氏家族溃落中的众多死亡与不幸。鲁迅在这种深感人生无常、人情冷暖的人生境遇中，在民间艺术的熏陶下形成自己最早的文学觉醒，因此爱好民间艺术中无常的公正和"鬼而人，理而情"的性格，欣赏女吊反抗复仇的品德，赞赏白蛇、许仙的爱情，痛恨法海的多事与残暴。因此，在他以后的小说创作中，他写死亡、丧仪、鬼魂、疯狂、沉沦、抑郁、默默的枯萎，在他的《狂人日记》《孔乙己》《药》《白光》《明天》《祝福》《孤独者》《在酒楼上》《无常》《女吊》诸名篇中，都表现了这个特点，透出淡淡的哀愁、深沉的寂寞和激越的愤怒。他用这种题材、这种方式、这种艺术风格来表现他眼里的"中国的人生"，来达到他的表现"上流社会的堕落与下层社会的不幸"的总主题。这综合地反映了他的文学觉醒、创作心理和审美心理与情趣。决定了他写什么和怎样写。那么，这种"决定"的作用，又是怎样进行的呢？首先是使他的心灵受到创伤，留下深刻的印痕，形成他的心理素质，由此而影响他的审美心理与情趣，使他吸收和爱好与这种心理素质和审美情趣契合的艺术作品，并且形成他的小说的沉郁、冷峻的风格和这种风格的美。从创作心理上讲，他把"已逝的寂寞的时光"留存的记忆翻寻出来、艺术地表现出来，则是一次倾诉、一声叹息、一种抚摸、使自己得以松弛一下，而且品尝到苦涩而微甘的滋味。这种创作心理，和鲁迅的整个创作宗旨、创作立意融会，而得到扩展、深化、改造，成为表现重大而深刻的主题的思想与艺术的基础。他通过对"下层社会的不幸"的描绘而揭出了病态社会的痛苦，以引起疗救的注意，成为艺术地表现革命的必要性、迫切性和合理性的篇章，中国近代社会的诗史和中国人民在那个时代心理结构的艺术反映，从而成为革命的号角、人民的心声。而这一切却又是有血有肉、具有个人的生活与艺术气质的特征的，因此产生的不是理念化的作品，号筒式的人物，而是真正的艺术品和不朽的典型。

此外，我们还可以举出一些。如托尔斯泰、陀斯妥耶夫斯基、高尔基、马克·吐温等写下的不朽之作，都同他们自身的生活经历有着血肉的联系。它形成了他们作为作家所具有的特殊的文学觉醒、创作心理、审美心理与情趣。

1982 年 9 月 13 日匆草于沈阳

建设精神文明与提高通俗文艺①

在社会主义精神文明建设中，如何发挥通俗文艺在群众中的作用，是有关领导和文艺工作者应该关注的问题。近几年来，通俗文艺作品成了最畅销的书刊之一，某些通俗文艺作品或刊物，发行量往往达几十

---

① 原载《人民日报》1984 年 6 月 18 日。

万、甚至数百万份，如果把它的传阅、租借等情况估计在内，那么它的影响就更大了。

关于通俗文艺，有几点情况值得我们注意。

第一，由于文化程度和审美水平的限制，一个时期内通俗文艺仍将拥有众多的读者、听众，其趋势是渐进式的提高。若干年内，这个情况不会有基本的改变。

第二，通俗文学的读者群，其主要对象是农民、工人和青少年。他们不仅是我们人口中的主体部分，而且是十分重要的部分。

第三，由于广播、电视的普及，这个现代化的强大的手段，足以把文学迅速地送到最偏远的地区，接触最广大的群众，它的传播速度、广度和频率，都比书籍、戏剧、电影要高出许多倍。

一方面是群众迫切的、大量的、不断增长的需要；另一方面是强大的、迅速的、现代化的传播手段，两相结合，大有可为。问题就在于我们供给什么、传播什么了。

毫无疑问，我们应该传播社会主义的通俗文艺。因为只有有领导、有计划、有组织地去加强这种建设，才能用社会主义的通俗文艺去吸引和争取观众、听众、读者，去挤掉旧的通俗文艺，占领文化市场，占领思想文化阵地。

早在20世纪20年代末期，鲁迅和瞿秋白就说过，在旧社会，中国劳动人民的世界观、人生观，是在茶馆、书场、戏院里形成的。这是说，那时候劳动人民只能在这样一些地方去接触文艺；而那时充塞这些场所的，大多是那些灌输封建的剥削阶级意识形态的通俗文艺。鲁迅、瞿秋白在30年代大力倡导大众文学，其目的也就在打破劳动群众被这种文艺左右的局面，以新的革命的大众文艺去提高群众的精神素质。鲁迅、瞿秋白很重视大众文艺，因为它的作用范围是工农群众和青少年的思想领域，其方向是影响他们的人生观、社会观及美学观等。通俗文艺的社会影响不能低估。为此，我们在发展社会主义通俗文艺的过程中，就必须扫除有害的、挤掉旧的，以新的来充填、来代替。

目前拥有相当多读者的通俗文学，近几年来有了较大的发展，产生了一些好的和比较好的作品，发展趋势是好的。但是，也有一些问题值得引起注意。有些作品其思想内容基本上是封建的、资产阶级的，宣扬的是旧的思想意识，旧的世界观、人生观、伦理道德观念等；还有一些写爱情、写侠义的言情小说、传奇、演义之类的作品，故事情节丰富而曲折，但是思想内容浅薄而庸俗，教育意义不大，甚至没有教育意义。上述的创作虽然是支流，但我们不能熟视无睹地对待这些情况。我们需要占领这个阵地，需要掌握最广大的读者群，满足他们的需要，为他们服务。我们要在为人民服务、为社会主义服务的方针的指导下，发展和提高社会主义的通俗文艺。

我们需要依法取缔那些海淫海盗、低级下流的通俗文艺作品，但这是很不够的。更重要、更积极的方面是改造原有的通俗文艺。对长久流传、为群众所熟悉的评书、历史演义和其他通俗文学作品，我们不能和不必取缔。但要进行改造，清除其中的杂质。这是很大的工程，但做好了，其意义也是很重大、很久远的。

当然，更为积极的是我们创作新的通俗文艺作品。这些作品，应该是用新的思想观点，用通俗的、群众喜闻乐见的艺术形式、艺术手法来反映历史和现实，歌颂历史上的进步人物和现实中的社会主义新人。但是现在这方面的工作，我们做得还很不够。以前只有一本《说说唱唱》杂志，近几年来通俗文艺刊物多起来了，各省、市群众艺术馆所办的杂志，基本是以刊登通俗文艺作品为主的。目前的主要问题是要进一步提高艺术质量，这是不容易的，我们必须在这方面花大力气。

我们的某些作者轻视通俗文艺，不愿写这种作品，以为这是低等的、不入流的。其实，问题不在作品形式，而在作品的思想内容与艺术成就。作者应该有政治责任感和群众观点。我们需要培养通俗文艺作家，鼓励作家们创作群众喜闻乐见的通俗文艺作品。

当然，为了突破原有的读者圈，扩大作品的读者圈，使作品能够吸引更多的青少年和工农群众，我们的作家应该使自己的作品具有民族化的特点，应该继承和发扬民族、民间的优良文学传统，使自己的作品同本民族的古老传统相衔接，同广大人民群众的欣赏习惯、美学趣味相衔接。在这方面，老舍、赵树理这两位已故的著名作家，是值得我们纪念和学习的。

发展和提高社会主义的通俗文艺，这是建设社会主义精神文明的一项重要工作，希望这个问题能引起作家们和有关方面的重视。

文学理论批评面临新的挑战[①]

文学理论批评面临着严重的挑战。形势逼迫它必须改革。

首先是对于老的文学理论批评格局的挑战。这种"老格局"是多数人搞创作，极少数人搞评论，而且互相隔膜。

这里的问题不仅在于工作的分工不应如此壁垒森严，而且更重要的是思维空间和思维方式需要拓展与融汇。形象思维与逻辑思维是两种文学工作者应该共同进入的思维领域和掌握的思维方式，褊狭与偏废、隔膜与隔绝，对彼此都是不利的。而且，这是现代作家、评论家的"自我丧失"。现代作家、评论家应该具有"全方位"思维能力——这里还包括灵感思维能力。这种群体结构与个体的思维空间与能力的新格局，可以说是改革文艺理论批评、形成新格局的主要内涵与主要要求。

文艺理论批评文章老模式的局限与弊端，也遭到了严重的挑战。我们长期以来，对于文学作品基本上只做认识论和社会学的评论，只做文学创作外部规律的探讨，只做一维评价，即只从政治与道德的审视点出发，只论及作品自身。事实上，一部文学作品是"客体（自然、生活）—主体（作家）—作品—读者（第二客体，又是欣赏主体）"这样四个子系统组成的独特系统。每一个子系统都具有丰富的内涵，足供文学评论来剖析与研究。特别是创作主体（作家）这个子系统，更是可以从社会学、心理学、文艺学、美学等角度进行研究。过去我们只把文学作品看作"生活的反映"来研究评价，但却很少同时把它看作作家主观（包括思想、意志、心理、情感等）的外射来研评。这里有许多精微细致的审美心理活动，只有深入到这种审美心理之中，艺术分析才能是深入的、贴切的，而不是隔靴搔痒的。

---

① 原载《辽宁日报》1985 年 11 月 12 日。

作家对文学理论批评的不满，是一个严重的挑战。他们的意见首先来自理论批评（及研究）文章，不能紧密地结合作品实际和创作实践，往往只用某几个概念框框去套作品，摘取一些作品的材料以为证实，而未能深入创作心理进行分析。作家的创作心理，是一个既深邃细微又广阔远大，既复杂多变又集中稳定，既飘忽神秘又有规律可循的内心世界，它包含着从外部世界（客观世界、社会生活）到内部世界（作家的思想情感心理）的过程，又包含从内部世界到外部世界的内外渗透的过程。其间，作家的主观世界对外部世界进行了多方面的、复杂的、自觉和不自觉的加工制作。这是一个微妙的世界，复杂的"酶化"过程，对之应做社会学的、美学的、心理学的研究。这方面的工作，过去是做得很不够的。

文学理论批评从"作家如何写"向"读者如何读"的发展，向着接受美学的发展，也是一个新的挑战。从信息论和系统论的观点来看，作家写出作品，进入社会流通领域，为各个地区、各个时代的各种读者作为对象来接受、欣赏，它就进入一个新的系统、新的领域，其效应是不以作家主观意志、愿望为转移，也不完全以其作品的内涵为依归的。这里又存在一个更广阔、更深邃、更复杂、更多变的过程，又有一些新的规律在发生作用。探索这种规律，并把对于这种规律的探索同对创作规律的探索结合起来研究，即把两个子系统做统一的、综合的研究，肯定是文学理论批评的重大发展。

对文学作品的内部规律（包括结构、情节、性格、典型、故事框架、语言等）的探讨，我们过去的文学理论批评也做得很不够。这往往被看作"纯技巧"而被轻忽。但正是这种技巧探讨，才是评论家与作家之间在"文学水平"与"美学水平"上的对话。只有加强它，才能使文学理论批评获得其特质的确定性和存在价值。

这里还须特别提到从语言学角度进行的理论批评。语言是文学的载体，是审美信息的物态化成果，没有语言就没有文学，没有语言上的成就，也没有好的文学作品。过去的文学理论批评作品，往往只限于对遣词造句、对于表现力等的评价，而真正"语言学水平"上的分析却是很差的。

最后，挑战还来自对于文学理论批评作品自身的文体品性的更高要求。新的时期、新的读者和作家，要求新的文学理论批评文章。它应当是多维视野的、多学科的、多角度的，应当是生动的、活泼的，具有可读性的，它自己就具有文学性。

总之，挑战来自多方面。它具有逼人之势，又有启人之力。迎接挑战，开辟蹊径，开创一个文学理论批评的新格局、新局面，这是我们的迫切任务。

论新的民族艺术觉醒的到来①

我们正面临一个新的民族艺术觉醒期。这是发生在现代社会和民族的社会主义商品经济发展时代的一次艺术再觉醒。

这次新的民族艺术再觉醒的历史渊源、时代依据和它的表现形式与特点是什么呢？

一

人类正处在大文化发展和文化大发展的时代。在这个人类文化发展和世界文化背景下，我国进入了文化复兴期。新的伟大实践和深入的社会变革，则是我们的文化复兴的物质和社会的基础、历史的和时代的条件。

我们进入了对社会主义进行认识并且更自觉、更正确地建设的时期。经济增长和社会进步已经和将要引起历史上空前的变化。随着生产力和物质基础的全面而巨大的发展，社会生活，社会结构，人民的思想、观念、心理都已经和正在发生巨大而深刻的变化，而且还将发生更为广阔、深刻的变化。整个民族文化正在向现代化、科学化、世界化蜕变。文学艺术作为社会生活的反映、人们心灵与心理的反映和民族心理–文化的一个有机组成部分，也必然产生新的蜕变。这种蜕变，不仅

① 原载《艺术广角》1987年第2期。

引起了客观世界的巨大深刻的变化，而且引导了人们自身的变化，特别是思维的能力、空间、深度与性质的变化和心理素质的变化，也同样将会引起作为人类历史活动和创造活动之一的艺术创作活动的变化。由此，创作主体（作家艺术家）和欣赏主体（文学艺术的观赏者）也都发生变化，于是，文艺的魅力发生作用和欣赏主体的再创造过程也都发生变化，这些，也就引起创作和欣赏两方面和两方面的结合所产生的种种思想、观念、心理活动和审美活动的系统性变化。非封闭系统的文学艺术同它之外的其他系统之间，发生一种互相渗透、推动和酶化的反应，发生着诸多信息与能量的交换；这种交换同时发生于我国的文学艺术与其他国家、民族之间，特别是发生于与异体文化体系之间，并且更快地产生效果、引起文学艺术创作的发展变化。这些历史上划时代的、空前的变化，引起了我们民族认识和改造世界的再觉醒，同时就带动了、并反映为艺术的再觉醒。

这一切，便是我们当今面临的新的民族艺术再觉醒的深刻的历史渊源、民族心理-文化土壤和时代依据。

二

这次新的民族艺术再觉醒，一个非常突出而鲜明的特点是：在"艺术世界"里，全方位、整体性地向新的领域探索、突进；而这种探索又不是内在的、封闭的、本体性的，而是向着两极分道追索，同时又随遇而融汇而合流。一方面深入地向民族艺术传统追寻、叩求、稽索、考究，而且翻新；另一方面，对西方百十年来的新旧艺术流派，特别是现代派艺术流派，又大胆地借鉴、容纳、吸收而且改造；有的则融二者于一体。这种全方位和整体性的探索还表现在，在创作上，不再是对于某种艺术技巧、表现手段、表现方法的向传统或向外域采摘叶片和花朵（这种情况当然也存在），而是在艺术思维、艺术观念、创作意识和美学理想上的、整体性的革故鼎新，是在创作目的、创作方式和创作心理上的根本性变革。

在文学上，无论是小说、诗歌还是戏剧（以至部分的在戏曲方面），都在创作意识、创作目的和表现方式上，在题材、人物、典型的选择和处理上，发生了大幅度的、深刻的、根本性变化。多种多样的风格都被采纳或尝试，向着民族风格的突进和向着异域文学的摘取同时出现，而前者并非"复古"，后者也不是单纯地模仿。意识流、心理描写、黑色幽默、荒诞派、情节淡化，新的诗的意境、心理描述，新的戏剧立意与构造，各种"花样"翻新而出。人们尽可以做出各种不同的价值判断，作家也未必都做出了正确的艺术选择，最终的客观审美世界的抉择还有待时间、实践和群众来做出，但是，这种至少可以作为觉醒的躁动和觉醒后的探索而得到总体上的肯定。

总之，这是民族"艺心、文思、诗情"的总体变革。这种变革是空前未有的。

在这种艺术思维、艺术观念和创作意识的变革中，首先和主要的是我们对于文学艺术的构成、性质和社会效应的认识发展了、提高了、宽泛化、深刻化也科学化了。人们不但突破了仅仅把文学艺术看作认识和教育工具、忽视其娱乐作用的狭隘观念，而且，重视了它的审美特质和功能，特别是从系统论、信息论、控制论的新的高度与角度来认识文学艺术的建构和性质、文艺创作的性质与规律、文艺欣赏的性质与规律，以及艺术系统与其他系统的互相作用的效应。这就不仅引起了有关艺术观念的一系列的深刻变化、发展和提高，而且开辟了新的文学艺术题材、人物系列和典型性格的广阔天地，开创了新的艺术样式、创作工艺、创作技巧的广阔可能性。

艺术思维空间的拓展，必然带来艺术批评和艺术研究的思维空间和实践范畴的拓展。后者的拓展，又以反馈的方式推动前者的新拓展。近几年来，我们在艺术批评与艺术研究上，不仅改变了过去那种对艺术基本上只限于做社会学和认识论的分析研究的状况，而且，逐渐开辟了对文学艺术的哲学的、美学的、心理学的、文化学和文化人类学的探索，也初步做了运用系统论、信息论、控制论于文学艺术研究的尝试。对文学艺术做多维的、多层次的、综合的和比较的分析研究。这些方面都已经取得了可喜的成绩。这是民族艺术再觉醒在理论思维方面的表现。

艺术世界的扩大，还表现在更广阔的范围里，这就是艺术从单一体向三极结构发展。作为这个艺术天地的反映，便是人的艺术观念和视野的三极结构和宽宏世界。我国近年来出现了国别艺术研究的拓展和深入、总体艺术研究的发展和比较艺术研究的复兴这种新现象。这也是空前的，这是艺术再觉醒的一个重要表现。它体现了新的再觉醒的可喜的深度。

从文化史和文化功能上研究艺术和形成艺术创造意识的深层文化背景，也扩大和深化了艺术世界，体现了新的再觉醒。这是一种从思维方式、思维特点、民族文化积淀、民族心理素质和民族创造力特点等方面来做的一种探索——在理论上和创作上都是如此，这不仅扩大了艺术世界的广度，而且开掘了它的深度。我国近年来在艺术创作上的哲理化、抽象化、象征化、文化化的表现——无论在美术上、舞蹈上、戏剧上，还是在装饰艺术以至亚艺术形式上都是如此——都表现了这种新的觉醒与新的趋向。当然，这中间出现了一些值得注意的倾向性问题，应该受到我们的重视。

三

新的民族艺术再觉醒的另一突出表现，是对人的重视。展开了对于人的主体性系列的研究探索，这也同样是同时表现于创作和理论两个方面的。在艺术领域中，创作主体（作家艺术家）、对象主体（艺术形象）、接受主体（欣赏者）构成了人的主体性系列。加强了主体性系列的研究和增强了创作中的主体性，表现了我们今天对于人的重新发现和对于人的重视，表现了我们对于人的主体性和人的能动性（创造力）的重视。

描绘人，描绘人的生活、斗争、命运，特别是人的内心，是新的艺术觉醒的一个突出表现。而且，被认识和描绘的人和人的内心，是一个非定型化、非模式化、非概念化的人和人的内心世界，是一个活生生的、真实的、复杂的、多变的、多样的人和人的内心。人作为艺术表现的对象，不再按照阶级层次分为等级层次，在社会上的地位与在艺术上的地位相对应地等同，把一个狭隘地阶级化、简单化、单一化的人，如实地反映为社会化、文化化的实际的人。

作为创作主体的作家艺术家，也被重视了，对于他的创造力，对于他的内心，对于他的创作心理、心态和思想与情感，都得到尊重，得到了解，得到研究和描述与探索。

这是总体上对于人的重视和对于人的内省经验的重视。走向人的内心世界，对它做人–社会、客观–主观的内外结合的研究，才能真正走向人的艺术世界。当走向这个世界时，人们不仅发现了许多未曾谋面的"黑箱"，而且发现许多原来似乎已经了然的世界，都还有许多方面并不了然，或者对那"了然"也发现了未发现的领域和知之不周、不对的方面。我们发现远未穷极艺术的真谛，我们对艺术，对人，对社会，对世界都懂得太少，已经懂得的还有许多需要重新检验和再认识的地方。要探索，要追求，要做多渠道、多层次、多学科的研究。这是一种进步和提高，是由幼稚向成熟的发展，由表层向深层的发展。困惑永远比结论更能诱人与引人向前。因此，这是一次再觉醒。

四

前已提及，我们能够用新的态度与方法来对待我们的文化遗产，这是艺术再觉醒的文化背景和主观条件。这本身也是一种觉醒。我们从理论上和实践上都进行了连续的反思，在回顾与求索的张力场中，得出新的收获和新的意境。对于灿烂的古代文学艺术遗产，原来我们竟懂得这么少，已懂得的不仅束缚了我们自己的思路，而且束缚了（有时甚至是曲解了）遗产。如今，我们无论是创作实践还是已成之作品，无论是理论的探索还是遗产的解析，都已经从新的角度、新的眼光、新的方法，做出新的探索、分析和研究，并且有了新的发现、理解和新的认识，我们不仅从中看到了古老遗产的新的意义，而且发现了它们对于今天的理论与创作实践的作用。它们帮助我们去认识文学艺术、创造文艺作品，丰富了我们的思想、理论、技巧。古人认识、创造、运用的规律、技巧，我们曾经忽视了，现在见到了它的新的意义。国外对它的重视和创造性的运用，以回返影响的方式和途径，也打开了我们的眼界。这既是一种新的民族艺术再觉醒，又是以艺术再觉醒的眼光重新估价遗产，从而更促进新的再觉醒。

我们在酝酿重新建构艺术史的框架，一个开放的系统结构。过去的是一个狭的笼，过于狭隘，过于定型化，过于陷在"作者-作品"论的模式中。各种艺术品种自身的演进规律呢？艺术的总体发展规律呢？被纳入了三两个主义、流派斗争史的框架中。音乐、舞蹈、戏剧、诗歌、小说、书法等艺术样式，如何在历史、民族、时代和他们自身的发展中，如何在交叉发展的领域中得到发展？艺术史的分期如何从与历史分期完全相对应的模式中解脱出来？我们曾经怎样融合从南到北几大文化体系而成一个民族大系统艺术，如何历经劫难，吸取融汇了异域文化的乳汁，使之本土化，而丰富了自身？我们众多的民族，各有自己的艺术创造，它们是怎样融进了民族艺术大系统而又保持了自己独特的风采？如此等等，都需要我们重新探索，有的竟是要从头开辟。问题不在于指出这一切，欣喜的却是在于我们现在已经认识到这一点，并打算和正在做这一切。

对外国的传统和现实的文学艺术创作与文学、艺术、美学理论的重新认识和比过去大胆一些、开放一些的介绍、研究与吸收，也同样既是民族艺术再觉醒的表现与特征之一，同时是促进这种再觉醒的重要条件之一。

我们开始注意跟踪世界艺术发展潮流。由于迟到的觉醒和过去的怠慢及长久的封闭，我们几乎有从头开始之感。在跟踪之中我们惊奇地发现了一个新奇的艺术世界——艺术思维的新奇、方法的新奇、表现手段的新奇、理论的新奇，以及对艺术对象的态度和诠释的新奇。大家各自进行自己（不都是个体、有时是群体）的筛选，拿来就用或化而用之、改而用之，但也有未化而用、误解而用或照抄照搬的情形。一时纷然杂陈、新气象不少，问题也有很多。这种觉醒者的态度、意志和雄心，是一个觉醒后民族的宏伟气魄。神经衰弱期、弱不禁风期已经过去了。眼光在对象杂乱的颜色光亮闪烁下锻炼得逐渐敏锐起来，我们就这样发展、提高、成长起来。

以上两个方面：继承的与借鉴的，内在的与外来的，"寻根"的与"拿来"的，无论是从其规模之广泛、内容之多维、吸收之主动来说，还是从变化之迅速、深刻和构建体系之多样来说，在我们民族的历史上都具有空前未有的性质。

更为广大得多的群众也表现了新的艺术觉醒。他们对文学艺术有了新的要求。在数量上、广度上、质量上、审美理想与情趣上都有了新的要求。他们要求新的文学艺术，他们也产生了新的艺术观念、审美要求，并且以新的方式急迫地要求新的艺术样式、新的艺术结构，以及题材、人物、典型。这方面的表现也是空前的。

在这个民族新的艺术觉醒面前，许多作家、艺术家、艺术理论家以自身的实践，体现了这种觉醒精神，但我们仍然需要全体提高这种认识上的和实践上的自觉性。我们如果放开眼界，以深邃的理论眼光和自觉状态来看待和对待这种艺术再觉醒，我们将可以用新的眼光和方式来观察世界，用新的样式和技巧来反映世界，发现和创造新的题材、新的人物、新的典型。我们将创造一个新的再觉醒的艺术世界；而且满足同样在再觉醒中的欣赏艺术的大众的新要求；而且以新的艺术品来促进我们民族的新的振兴。

那将是一个新的审美世界和新的美的世界！

目前在文学艺术界，许多人在创作上和理论上、学术研究上，用实际行动体现了这个民族艺术的再觉醒，并且推动了这个觉醒态势的发展，赋予高品质的内涵。这已经并将会把这个觉醒引导和推向健康的、正确的、富于审美价值的发展道路。这不仅是一代人的骄傲，而且可以给予四化伟业、民族发展巨大的推动。但是，应该看到，不是所有人都清醒地认识和正确地对待这个民族艺术的再觉醒。他们在"觉醒"之中或之后，又在创作上或理论上陷入不自觉状态甚至步入迷途，以"觉醒"之态，显迷误之实。在思想和艺术倾向上，涉足各种不健康的流派，或者趋向对于蛮荒、原始的偏好。这实际上偏离了民族艺术再觉醒的航道。其是非得失是值得我们研究的。

但是，总的趋势是应当肯定的。一个中华民族的艺术再觉醒的美姿，一个艺术再觉醒期的民族的新颜，正呈现于艺术世界和世界艺术面前，正走向艺术世界和世界艺术。中华儿女的新的艺术创造和新的艺术智慧被发掘出来了。中华民族的新的艺术面貌和新的艺术世界，已经出现于东方，出现于世界了。

让我们为民族的新的艺术再觉醒欢呼吧！让我们用新的艺术成就迎接它吧！

1986年11月8日定稿

文学的新时代与新时代的文学①

当今之世正是人类文化大发展的时代，也是人类文化发展的大转折时代。世界已经是由主要部分的高度现代化社会和大部分向现代化发展的社会所组成，科学技术新的革命的出现，自然科学与社会科学的整体化趋势加强，物质生产和精神生产的突飞猛进的、改变旧模式的发展，引起了社会结构、生产结构、产业结构、人口结构、伦理结构、心理结构、感情结构的巨大而深刻的、空前未有的变化。文学所表现的主要对象——人与社会，都发生了从未有过的变化。这种变化我们已经深刻地感受到了，但是还不能深刻地认识它。连自然生态也发生了极大的变化，事实上自然面貌、世界状貌，已经变容变色。我们的文学在总体上还没有充分认识和反映这个变化。与此同时，由于现代科技的武装和两种科学的突破性发展与合流，人类认识和改造世界的力量，人类对自然、社会和自身行为的反馈力量都极大地强化了，因此，人类认识和反映的领域越来越宽广了，也越来越深刻了，并且向细密化、定量化、定性化、科学化、国际化、未来化发展了。从歌德和马克思、恩格斯那时就提出的"世界文学"，经过一百多年的发展，特别是近几十年的突破性发展，已经形成一个联系紧密、交流频繁、渗透深化、影响多元的世界文学格局。比较文学的重要发展，国别文学的在世界文学格局中发展，使人类总体文学的发展更加整体化。

中西文化的大撞击和大交流，是这个人类文化大发展时代的突出现象。西方在一方面文化大发展、另一方面产生文化自省的状态中，在这种文化苦恼中，再次发现了东方文化足以救其弊害。对于印度文化尤其是中国古代文化的浓厚兴趣和深入研究，反映了西方新的文化心理。东

---

① 原载《鸭绿江》1987年第4期。

方则一方面为西方物质文化之光所炫目，另一方面也深受西方现代文化的渗透和吸引，产生了东方人的文化自觉，既想要努力学习西方，又深信要继承传统。中国近几年来在这方面表现了积极的姿态，我们不仅以新的认识、新的态度、新的积极性来对待西方文化，在开放政策的实施中，正在以较短的历史时期来完成西方几百年才完成的文化现代化历程；同时，我们也以新的认识、新的态度、新的方法，从新的高度收集、整理、发掘、研究我们的传统文化，对传统文化既弃其惰性力又发扬其生命力。我们在文化上迈着空前未有的可喜步伐。

这是中国当代文学发展的大文化背景。文学不仅从属于这个文化大系统，受其影响、制约，而且是其中积极活跃的子系统，具有反馈的活力，具有发展变化的先导性。在这个文化大发展时代的中国当代文学，与世界文学、与总体文学的联系越来越紧密了，不仅那种区域性、民族性的狭隘状况和独立甚至相对孤立的发展形势已经改变，在"地球已经缩小了"的世界面前，我们与外域文学的联系越来越密切了，而且，这种密切的联系已经从外在的地域文化联系，进入到内在的"血肉联系"的程度了。思想的、艺术的、审美的、技巧的甚至心理的、价值观念体系的等方面都在发生联系、交错、渗透、影响。这也就使特色独具的中国文学更加密切地同人类总体文学的"血肉之躯"相通了。过去似乎是在"平行发展"的中西文化、中西美学体系，现在正在加速交流，向融汇状态发展。从世界文学的角度说，我们既然已经进入这个世界格局、就自然地会要受到影响、推动和冲击，而吸取、借鉴以至模仿，于是从半个多世纪前的意识流手法，推理小说到20世纪初和20世纪20—30年代的种种现代主义流派，以至现在西方流行的或已不流行的新小说、存在主义、超现实主义、后现代主义、黑色幽默都一齐被介绍、被注目、被借取或被尝试。有严肃的美学寻求与探讨，也有猎奇和哗众取宠。但总的趋势却是世界文学格局的回流现象和子系统向母系统（总体文学）渗透与汲取的自然现象。我们仿佛在匆忙地赶路，在这历史的、民族的、文化的道途上奔忙。这实质上是民族文学与文化现代化进程在作家（文化人）身上的体现。

从总体文学的方面来看，人类在原始时代在相同的物质基础上，却又通过不同的入口和途径走入审美领域，在几千年的文明史进程中，又各自总结了自己的审美体验，使之理论化，成为民族的审美文化。万流

汇集，聚合而成东西方文化与文学两大支脉，并且形成了人类的总体文学。现在，这种国别文学向总体文学的融汇进程在加快，但是，各个民族和国家，在各自的发展历史阶段上，形成了自己的与总体文学发展阶段保存各种差距的民族文学。中国当代文学也有这种差距。"五四"时代迈开的现代文学的步伐和文化现代化的步伐，由于种种原因而受到阻滞，其中突出的是闭关锁国政策和排外思想的阻遏。现在，我们正在补这一课。我们把门窗打开，介绍、引进，一下子看见人家原来竟有这么多文学花卉与果品，精彩纷呈、眼花缭乱，也有点良莠不分、鱼龙俱爱。这是文学发育过程中的一种现象，总趋向也是向上和向前的。

有趣的也是值得注意的现象是，在世界文学格局中，那些"早走几步"的地区和国家，在世界文化大发展的时代，不仅不断地放弃他们原来以为是新的创造，把它们看作过时的东西；而且不断地随时创造随时放弃或随时改变他们的创作手法和创作意识，有人说西方十年一个周期，一种理论、一种创作流派就改变了（有人说这与他们的社会竞争有关），甚至有的不到十年就换样了。我们如果尾后追赶，不免会要无所适从和晕头转向。特别是有两种现象值得我们注意和深思。第一是西方在前述的中西文化大交流的背景下，有些作家注意从中国文学传统中，吸取诗情，化古旧为现代，创造了他们的现代文学作品。美国有的当代诗人就从中国古代子夜歌中化出了现代西方女性意识的现代派诗歌。西方文艺理论界，也有人从中国传统审美理论体系中，寻找并找到了他们现代美学理论的营养。这不是很值得我们思考吗？如果我们只顾翘首眺望西方，而不回顾本民族的传统，并用现代意识去整理发掘，化而用之，那么，会不会有一天，我们在尾随中，忽然发现或者被告知，它的渊源是我们本民族的传统的发扬与改造，那时我们就会觉得应该更早地从传统中去发掘我们的创造力和艺术新生命了。

第二个值得注意的是拉丁美洲的"文学爆炸"。他们并不是在经济和一般文化高潮与发达状态中取得成就的。这是马克思所说的民族经济与文学发展不平衡规律的现代证明。这启示我们具有自信心地去对待当代文学的发展：我们可以在现代化的进程中，在经济还没有追上世界先进国家之前，在文学上创造出走在前面的成就。这种艺术上的自信自然不是一种空疏的自豪，而是要用切实的艺术追求去达到和表现。问题只在于这种追求不能偏向西方，而偏废民族与传统。

在大文化背景下发展的中国当代文学，已经在题材、人物、典型、技巧、风格、样式、体裁等方面表现了丰富多样和多元发展的好势头。但是，我们应该看到，我们的创作意识还没有完全越出老规范。前面所述人类由于文化科技武装的强化，对世界、人类、社会、历史、对人自身，都有了新的认识、新的了解，在人类眼中已经变色变容"变质"的这一切文学表现的对象，在文学中也应该变样。而这一切表现对象的在表现中的变样，又必然带来对艺术表现、艺术形态上的变样和发展，由此而产生新的艺术样式、新的艺术品种、新的艺术技巧及新的审美情趣与审美态度。而且，由于人的认识领域的宽广和深化，认识手段的现代化和科学化，文学表现的领域也宽广和深化了。"文学的眼睛"向宇宙、向人类的心灵深部拓展，它的反映天地也更为开阔和深邃了。人类向内心、向深沉心理的对自身的了解，也向文学提出了心理描写和向新的更深的心理描写发展的要求。而这方面的发展，又会必然引起文学在思想内容和审美品性上的一系列的变化。

一个广阔无比的世界，呈现在文学面前；一个空前强化的文学手段武装了文学；一个大文化背景映衬着文学：这一切给了文学以新的发展态势和新的发展内在驱动力。作家在这个时代面前是大有可为的。根基不仅在于生活，而且在于对生活的底蕴的深刻了解；关键在于自身的文化素养，在于历史感、现代观念与世界意识，而这一切又是在"中国人"和"中国文学"这一民族文化意识之中蕴存的。

1986年7月6日于大连金县

新的文学观念与新的创作意识[①]

　　文学观念的变革是近年来文学领域中的突出现象，它既反映了人们在审美观念上的变革，又反映了文学创作实践的变革。观念的变革既是实践变革的先导，又是实践的变革在观念形态上的反映。两者互生互补，互相推动和促进。现在，文学观念的变革，已经进入追溯文学艺术的本源和本体论的层次：艺术和人类审美的起源是什么？艺术的本质是什么？首先引起了艺术发生学方面的探讨。对于神话起源的研究，可以说基本上回答了这个问题。神话的起源有三：（一）人类物质生活资料的生产与再生产；（二）人类自身的生产与再生产（生衍繁殖）；（三）人类精神生产的发展。人类不仅只有有了（一）（二）类生产才有可能产生文学艺术，而且文学艺术的产生与发展是与这两类生产紧密结合，以它们为表现内容、对象又为这两类生产服务的。而人类的精神生产的全面发展，又给了属于这个总体的文学艺术以丰厚的营养与资料。艺术的这种发生学方面的阐释，给了艺术本质以基本的规定性：它是这三类生产的反映，受它们的制约又为它们服务的。当然，人类几千年的文明史已经给这种初始的、朴素的、简单的"胚胎"以丰富深厚的生长与发育，使它发展得极为繁复庞杂。但是，这种基本品性却并没有改变。这个基本品性的主要特征便是以人为主体、为核心。因为三类生产都是人所从事的生产，为人而生产和表现人的生产（即人的本质的客观表现与展开）。美国著名美学家鲁道夫·阿恩海姆在《艺术与视知觉》中说："对于心理学家来说，这就意味着，对艺术的研究，是对人本身研究的一个必不可少的部分。"作为"社会关系的总和"的人和作为自然界的

---

① 原载《鸭绿江》1987年第5期。

物质高度发展产物的人，是极为丰富、深邃的，我们已经有许许多多的自然学科、社会学科和交叉学科是研究"人"的。它们都可以直接或间接地用来阐释文学艺术的本质，而文艺学和美学领域里的众多学科与学派的发展，也为认识文学艺术的本质开辟了众多渠道与视角。例如社会学、美学、历史学、心理学、文化学、文化人类学、伦理学、生理学、脑科学、思维科学、语言学、阐释学等，都为我们认识文学艺术的本质，给予了一定的视角、渠道、方法与手段。它们从各自的特定角度，来剖析、认识人的本质和人–艺术的本质。在这种广阔视野观照下的文学艺术，就很难仅仅用"文学是生活的镜子"或"文学即人学"来界定和规范它了。前者，把"生活"与"镜子"之间的中介——作为创作主体的人（作家）——这个中心项忽略了。而这个人是一个主观的艺术世界，心灵的海洋，它深邃广阔，赋予进入他的内心世界的客观世界以种种改造制作，使生活酶化之后才酿出艺术之酒。这中间的变化极大、极多、极复杂，可以用上述各学科（以及更多尚未列举的学科）来研究探讨。至于"文学即人学"虽然抓住了人这个根本，但却过于简略，表述上不够科学。因为有的文学完全可以不写人，而有的文学虽然写了人，但由于种种原因而把人写成了"人体一般"（哲学上的抽象人或"生理挂图"上的人形），也就不能称其为文学。

这样，文学艺术以极其丰富的品性呈现在我们面前，要求我们改变原来那种过于狭隘、过于简单的文学观念。

文学观念的变革还涉及文学系统与相关系统的关系问题。我们向来对待文学常常只做两极结构的分析，即把文学看作"现实（生活）–作家"两者的关系。但事实上文学是四极结构，即现实、作家、作品、读者这样四个子系统组成的一个大系统。它们的关系可以有如下两种建构方式：

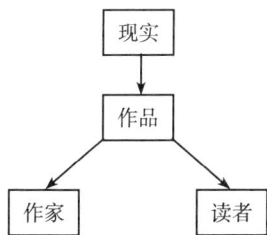

（甲）

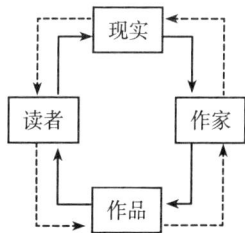

（乙）

这两种建构方式对文学的本质做了不同的反映（表述），但有一点

是共同的：它们处在互相作用的、有序性的建构之中，我们不能孤立地看某一项的自身性质与发展。在这种系统观基础上建立的文学观念，是多元、多维、多角度、多形态的，是一个广袤的文学世界。

艺术心理学特别是文学创作心理学的研究，又使文学观念向作家的内省经验深化和发展。这里只就文学创作心理学来说。这个正在发展的学科，基本的领域可以有三：创作心理的内涵，作家创作时的心态和作家的心理品质。这里涉及广泛的生理学、心理学、审美心理学、社会学、文化学、创造学、脑科学、神经生理学等方面的课题，在这些领域里的探索，都给人们对于文学的本质的认识，提出新的、有益的、生理的、心理的、社会的、艺术的剖析和论证，从而丰富和发展了文学观念，引起文学观念的变革。比如对于灵感的承认，对于灵感思维的存在和规律的认识，对于潜意识的存在的认可和其作用力与作用范围的探究，对于艺术直觉的承认和对它的内涵、力量的认识，以至对于作家的创作心理问题的研究，等等，都无不引起文学观念的变化。勃朗兑斯把一部文学史称为心理史，是特别侧重了文学产生的心理渊源和心理素质，它反映了创作心理的重大作用。

虽然我们在这里仅仅举例式地提出了文学的几个方面的观念变革，但据此我们也已经看到文学的自然质、功能质和社会系统质的大体轮廓。它告诉我们，文学不仅是一面客观世界的简单的镜子，而且是人的心灵的表现，但又是主体与客体、生活与作家、现实与心灵的交错融汇、契合无间；它既是认识手段，又是表现手段，既有反映、剖析、认识的作用，又有审美的作用；它受到民族、历史、文化、地理（国家和区域）的多个系统的影响，又受到心理（作家与读者）、趣味、意志的影响。所有这些方面，都有自己的作用范围和互相作用的"场"。无论是对于文学的本体和作用，还是对于它的满足创作要求（作家的接受客观刺激和主观的创作冲动）与发生社会效应（不只是社会效果，还包括社会的、读者的反作用），我们都不能忽视。这样一种多维的、多元的、多系统的、流变的、动态结构的文学观念，应该是当代作家必须具备的，这可以说是文学观念的变革和文学现代化的必然趋势。

文学观念的变革，引起创作意识的变革。这是必然的，顺理成章的。我国近十年来文学发展的轨迹，反映了这种文学观念与创作意识的变化。曾经被称为"伤痕文学"的作品的产生，便是文学观念最早发生变化的反映和产物。"文学是阶级斗争的工具"变为"文学是人民的心灵的反映"是两个不同质的文学观念，后者才能产生"伤痕文学"。相继出现的反思文学与改革文学，不仅反映了中国社会现实的发展，而且体现了文学观念的内涵丰富了，它既有历史的反思作用，又有现实的思索意义，既有文学的民族历史文化的根基这个内容，又有文学反映人的心理（包括作家、作品人物和读者的心理）的潜意识，它开始既探索社会的良好效益，又追求作品的审美价值，把认识与审美统一起来。接着是意识流手法的吸取和改造运用，推理小说的盛行；以后，便是通俗文学的兴起与发展，及时反映现实生活的作品与探寻往昔轨迹的历史小说的同时兴旺，新的军事文学、新兴的纪实文学和新风格新内容的报告文学的异军突起，寻根文学的登上文坛，风俗化作品的新人耳目，黑色幽默性质作品的出现，以及最近的荒诞小说的诞生（谌容的《减去十岁》、邓刚的《全是真事》、王兆军的《不老佬》等）。所有这些，都不但表现了文学创作上的多样化趋势，而且首先反映了文学观念的广泛而深刻的变革，令人欣喜地出现了新的创作意识。这个新的创作意识，有属于内容方面的，它认为历史、现实、心理、心灵，都可以和应该写，民族性、国民性、文化（地理文化、区域文化、历史文化、文化性格）、意识流……都可以表现；也有属于艺术方面的（形式美、技巧、风格、表现手法）、传统的、外来的、现实的、荒诞的、变幻的都可以尝试；现实主义的、非现实主义的、现代主义的都不妨探索，化而用之、用而化之。不是一种题材、一种主义、一种典型（实是类型）、一种技巧、一种趣味、追求单一效果，而是多元化。这是文学世界丰富繁荣的表现。冯骥才说这是一个文学试验的时代，过去大家在一种梯子上攀登，现在各在自己的梯子上升高。这是一种总体创作意识，是共性。共性中还有个性，各人还有自己的独具特色或有所侧重的创作意识。这是向创作自由的真正的迈进。马克思、恩格斯向来把人的自由解放同人的从分工的束缚（他们有时甚至用"奴役"这个词）下解放出来联系起来，认为人的全面发展才是从必然王国向自由王国的飞跃。

试验可能有成功与失败之别，其效果也有利弊之差，但是，探索是重要的。有探索才能前进。新的文学观念和新的创作意识的重要"指标"之一，就是勇于在思想上与艺术上进行探索！

文学：面对遽变世界的思索①

文学，正面对着一个遽变的、巨变的世界。

我们中国更是处于遽变与巨变的历史关头。我们要追求全民族的复兴、全体人民的幸福。我们要越过资本主义制度这个"污泥桥"。然而我们的起步点却很低。工业化、生产的商品化、社会化、现代化的任务横在面前，我们还需要整个社会的现代化：物质生产的现代化、文化的现代化，特别是人的现代化，根基是社会生产力的现代化。这便要求物质生产和精神生产的高度发展，要求商品经济的发展。这一切都要求达到和超过资本主义社会同样的生产力水平和现代化程度的指标体系，但却必须是不同的发展道路，一个是资本主义制度，一个是社会主义制度，我们要像马克思、恩格斯在《共产党宣言》中所说的那样，仿佛凭着魔力使"地下"的生产力迸发出来，但干这件事的不再是资产阶级而是工人阶级和全体公民；各自的归宿也根本不同。由此，变化是急遽的、巨大的，而且，是深刻的、曲折的。我们实际上是在进行一次社会的重新构造运动。这是由以农业为主业、以农民为人口主要构成成分的社会，向以工业为主业、以城市人口为主要构成成分的社会转变，是文化由传统向现代化的转变，是由自然经济、产品经济向商品经济的转变，总之，是传统社会向现代社会的转变；在社会制度上，则是由半封建、半殖民地社会彻底向社会主义社会的转变。这必然带来一系列的、全社会的深刻变化。这种变化在中国历史上可以说是空前的。产业结构、人口结构、家庭结构、伦理结构、心理结构、感情结构，整个社会结构都在日新月异地发生变化。中国人正在日益产生一个新的感性世界。正在产生新的性格、新的文化–心理结构，即新的民族文化心态。

---

① 原载《辽宁日报》1988年1月18日。

这是遽变与巨变的结果，又是遽变与巨变的条件与保证。它们推动中国社会的重新构造运动，又在这个运动的运行过程中不断变化。

在这个过程中，新的社会阶层将会产生和发展（比如，社会主义企业家阶层的产生和发展，他们将成为社会的骨干阶层），老的阶层将会有新的巨大的变化——在社会品性、社会地位与作用上都将发生巨大深刻的变化（比如，农民与知识分子已经发生和将要发生的变化）。各阶层的思想意识也将发生巨大深刻的变化。马克思所说的"物质生活的生产方式制约着整个社会生活、政治生活和精神生活的过程"，正在中国的当代生活中得到证明。

然而，中国在社会主义初级阶段所发生的变化的巨大、深刻与复杂，还在于我们既要达到社会现代化的一切指标，又要避免在达到这个指标过程中和结束后所产生资本主义的一切社会弊害；而且，我们要在现代化的过程中，既完成现代化任务，又减少、避免已实现现代化的发达国家在"现代性"（modernity）下所产生的一切弊害，收获现代化的佳卉美果，却不产生"为世所弃的感觉"，不产生"无家可归的心灵"，这是社会主义现代化的任务和优越性所要求的。

文学作为世界、社会、人生的反映，正面对着这样一个遽变与巨变的时代。现实要求它对自己的性质、功能、活动方式进行反思。你，文学艺术，是否还能像以前那样"活着"？"我并不是说我们面临着艺术的终结，我们面临的乃是现代艺术观念的终结"。这个终结点，就是新艺术观念的起点，我们不能称为"超现代艺术观念"，但可以合理地叫作"新现代艺术观念"，首先的要求是文学不要错过了这个时代，如此丰富、纷繁、复杂、多彩的世界的变化和变化的世界，你能不面对它、反映它？但是，这又不是"传统"意义上的反映，这里既指普遍的"传统"艺术观，又指我们的传统艺术观。这是作为人类，作为中国人民，认识、理解、把握这个世界与变化，并在此基础上参与变革的一种方式；这种反映本身就是一种参与，是人民的参与的一个组成部分，并且是其代表，是他们的"感应的神经"。因此，这种反映，是多维、多层次、多角度、全方位的反映。这是一种巨人与大师式的反映。就作家的个体来说，未必都能达到如此高度，但在作家群体上来说必然如此、必须如此。大师都是时代的产儿，又是时代的忠实而深刻的记录者。今日的"大师"（群体式的）更加高大了。他们将从历史学、人类学、文化学、社会学、心理学、语言学等角度来描绘和把握世界。从而，这种文学的、审美的把握又是多样的，不仅旧的、已有的文学样式都要运用，又都会以新的方式来运用，而且会产生亚文化形态，会产生新的样式，产生交叉的、混合的形态。而且，每一种创作方法和每一个作家的行为范式，虽然处在各自的层面上，但是却又都在各自的层面上做水平发展，从而达到高度水平。

我们需要强调的是，文学（及所有艺术）的社会功能与作用力，都不仅是增强了而且起了质的变化。它是人们对于世界的思索。人们每天都面对世界，进行各自水平上的和不同性质的思索，其中重要的形态之一就是文学的（和艺术的）思索。这是一种充满感情的、潜藏着思想的思索，又是生活的反思。对于作为美与信息的接受者来说，人们既是在接受，又是在创造；既是在接受中创造文学艺术（使作家艺术家的创造得到最后的完成），又是在创造中进行生活的和自身的反思。而这两者，尤其是后者，同时就是一种参与。由于现代化手段的普泛化，艺术功能发生了巨大变化。这是遽变世界的变化的一个表现，又是促进遽变的一种手段和保证。文学艺术，不再被误认为"一言兴邦，一言丧邦"的天神或恶煞，但这种泛化和渗透全社会的神通，大大高过于前者的本领，不过是远效应、隐效应，又是长效应的。

在文化因素普遍增长，亿万人群进入审美领域的现代社会，文学的参与性极大地增强。文学成为社会的自动感应器之一，成为人们认识和掌握世界的主要形态之一。这种感应与掌握，可以有三个层面：政治实用层面，民族心灵层面，普遍人性层面。但它们之间并无高下之分，也是均可在自己的层面上做水平发展，达到高文化水准，直到进入民族文化积淀之中，作家的这种社会觉悟和艺术觉醒，是他能够创造传世之作的根基。

这一切，都要求文学的思索和文学家的思索，作为社会的审美代言人的作家，应该思索得更多、更深、更好和更远。但又是不同层面上的参与。要做到这一点是不容易的。世界和中国的变化太急遽、太巨大了，也太复杂了。它要求作家的高文化和学者化，要求作家具有思想家、改革家、社会活动家的品性。这里，首要的是用心去感应，这又要求有一个能够从历史、民族、文化角度去感应世界的内在感应器，这就是作家的与时代、人民相通的心灵和创作心理。作家的向自我内心转化，向狭义自我表现的深入，是一种思索，是一种社会的和艺术的现象。在这遽变时代，带有某种必然性，至少是有其社会的艺术的根由；但这不会是主潮，难为大多数社会受众所接受。它在社会精英文化层——但往往是在貌似精英文化层中，悠然飘摇，却像油浮在社会之海的表面。文学的某种程度的沙龙化倾向，既不利于文学的发展，又有损于作家自身的成长。在现代社会难有完全独立自存，而不渗透着历史、社会、文化内涵的个人心态，完全描述这种心态的自我表现，只会是虚假的臆造的"孤独心灵"。今日之中国，谁人的心态能够规避改革浪潮的冲击与渗透？

在"遽变的世界"的大海面前，历史和时代的呼唤是思索，深沉的思索。但，不是个体的、个人的、向内转的思索，而是"世界、民族、历史、文化"的整体的人格化的思索。

文学：在新世纪的文化图景中①

·人类文化正在由"高科技型文化"向"科技-人文型"文化转换
·文学的存在取决于其他知识体系的存在
·人类在经历了20世纪的"百年辉煌、百年反思"之后，对于科技力量有了更全的认识和把握

人类在20世纪形成的，对于三大认识对象——自然、社会、人——的系列新认识和理论基础上，形成了被称为"新亚当苹果"的新的认知体系并在这个基础上构筑了异于原有的新的对宇宙、世界、社会、人的全面认知图景。这不仅仅大大拓宽了人类物质的与精神的视域，而且，改变了他们原先对于许多事物的看法和理论，从而引起人类理性世

① 原载《辽宁日报》2000年1月4日。

界和情感世界的深刻变化。宇宙、世界、社会、人与人生，都在人的眼中变型、变性、变色，人类自身的文化-心理结构，也发生巨大深刻变化，从而人性又获得一次巨大前进性演变。这样，对于文学艺术的认知也相应地发生变化，并在这个认知基础上提炼出新的文学、艺术学、心理学、美学等新认知、新理论。

人类文化已经和正在转型。正在由"高科技型文化"向"科技-人文型"文化转换；而为文化所装备的人-人性也在实现转换；由"经济、科技、城/乡"人，向"经济、科技、城乡结合、文化"人转换。

在这宏大而深厚背景中，人类新一轮"艺术再觉醒"开始了、来到了。在从"前艺术期"→"原始艺术期→"到……→"20世纪艺术"的漫长发展史中，人类经历了许多次艺术再觉醒；而21世纪的"再觉醒"，则具有巨大而深刻的划时代、划历史时期、原则性和带根本性的意义。

随着经济-社会的发展、文化传播手段的高科技化、人类文化的更大普及等这些文化现象的出现，文学艺术的泛化，其他事物"侵入"文艺和文艺"侵入"其他界域，这一早已出现的走势，将更加强化。大众文化的发展兴盛；艺术体操、时装表演、发型设计、通俗文学、文学广告、广告文学等的发展；科学技术以至高科技在艺术领域中的运用并大显身手，影视的电脑制作并超越人的自然表演；如此等等，都表现了"艺术-其他事物"之间的双向"侵入"。这种泛化，既会造成文艺的艺术性与文化含量的降低，又能在"数量产生质量"的规律下，在作者-读者（欣赏者）的共同努力下，部分地产出高质量作品。其中少数优秀的、审美文化层次高的部分，由"俗"入"雅"甚至进入人类文艺-文化总积淀之中。可以预期：将出现在新一轮人类文学新"意义"基础上，以新的姿态和能量，参与社会-文化的活动与发展，发挥更大的作用。

人类将开始对传统文学作品的新轮阅读与创获。"21世纪阅读"，由于人类具有了更高水平的科技、文化、艺术素质，将是更高、更深入的挖掘，更加在"文学内在本质"上的重读细读；"古典新义"，接受美学大家尧斯所说的"在接受上的'重新发现'"，将创造性地出现。同时，20世纪的足可进入人类总体艺术-文化积淀的一批杰出作品，将逐步"经典化"，在公众阅读中阻滞妨碍创获审美意韵、文化潜能的社会-

政治云翳灰尘将会消失，而审美的、文化的意识强化，从而使阅读-欣赏的水平和"获得"大大提高。

文学的叙事意识、内涵、范性、主题、话语都将发生变化，新的"21世纪叙事"会产生、发展、成熟。首先是叙述内涵、反映对象的变化与转换。自然/自然与人/自然与社会/自然-生态-社会伦理，都将成为作家艺术家和读者关注的主题。"环境""自然""生态"，将成为文学艺术的"角色"。"环保运动""生态主义""绿色运动"，成为社会和人们高举的旗帜和践行的原则。对现代哲学影响巨大的德国哲学大师海德格尔，长期居住乡村，他的"林中小木屋"，成为一个"现代生存符号"，他的话语"都市社会面临着堕入一种毁灭性的错误的危险"，成为一句名言。英国作家彼得·梅尔迁居法国僻乡，他的《乡居岁月》畅销。"环境文学"兴起。这些，都反映了一种当代哲思-艺思，一种生活与审美情怀。都市里"水泥包裹"、紧张竞争、享乐繁华的生存方式，使物质戕害了心灵。"人类寻找丢失的草帽""人类走向回家的路"。对自然的亲近、对简朴生活的向往、对"鲜花与小鸟并不追求经济效益"的"羡慕"，构成一种抑制"疯狂的现代享乐"的"返璞归真"心态。这一切，从内容到形式地带来、引起叙事范畴的一系列思想-审美素质的变化。

人类在经历了20世纪的"百年辉煌，百年反思"之后，对于科技伟力有了更全面的认识和把握。今年召开的首届世界科学大会提出"新的承诺"："在科学与社会之间建立一种新型关系"。增强科技的人文性，强化它的人文关怀，与之相协调地发展人文-社会科学，使科技具有人性和人性地使用科技，是21世纪的大趋势。摆脱机械世界观的拘束，突破技术对人的统治，信奉有机论，尊重主体性、多样性、情感性、随机性，"学会与偶然性相处"。由此，人性也在进一步发展，改变马尔库塞所说的"单向度的人"，向马克思的"全面发展的人"前进一步。人类重新"塑造"自我形象。这些文化转型性和"人类转性"的"人文现象"，都必然作用于作为"人学"的文学之中，和为文学艺术所反映。新的"主角"、"英雄"、艺术典型，将出现在21世纪的文学艺术画廊。

纽约上演莎士比亚名剧《仲夏夜之梦》，演员几乎脱光。评论讥讽说："艺术成为'脱光还是不脱光'的问题，这就成了问题"。中国"复原"的敦煌古舞，享誉欧洲。东方艺术受到重视。我在德国的一个圣诞节晚上，连赴三场音乐晚会，演奏的都是古典乐曲。中国和日本的禅宗、印度的瑜伽，在西方受欢迎。文艺批评理论上的社会批评、历史批评的重现等。以至于提出"现代性是不是出了问题"这样的问题，提出"从古代智慧寻找现代灵感"，这些，都反映了"向传统的适度回归"趋向。文学的创作方式、艺术形态、审美理想与美学素质，将会从传统中取得新智慧。

因此，对传统的重新检索、挖掘、整理，作新的解读、诠释，以至"现代化处理"，在理论上和创作实践上，都会受到注意。本世纪同龄人、有"新小说之母"之称的法国女作家娜塔丽·萨罗特最近离世，而"不玩弄太多蛊惑人心的现代花招"的法国作家让·埃舍罗获得声誉颇高的龚古尔文学奖。在这方面颇具象征意义。

20世纪被称为"理论的世纪"；21世纪将更加会是理论的世纪。新的社会状况、新的文化状态、新的语境，是广阔的时代-社会背景，是宽广汹涌的文化大河，文学将会也必须从中获得支援、支持、推动和灵感，来改革发展自身。20世纪文论中许多有益的成分将作为历史积淀和理论资源、"留用"于新世纪；而部分有潜力和发展余地的理论，如巴赫金的"对话理论""复调小说"，具有民主性的接受美学，语言与心理学理论批评及文学与人类学的交叉研究等。而且，文学理论批评将越来越成为具有自身独立价值、同创作平行的社会-文化叙事。

文坛骚乱：捣蛋的"莽汉"与变异的"上帝"①

——一个非文学的"通俗文学"透视

　　文坛似乎发生了骚乱，基本状况是所谓通俗文学猖獗，而"纯文学"沉寂。前者是越禁越烈，越压越旺，后者是扶持、鼓励、呼吁、奖励，然而"每况愈下"。这究竟是好事还是坏事？偶然现象还是必然现象？会长久如此还是稍纵即逝？议论纷纷，愤然慨然。然而我以为问题出在非文学领域，是既有文学领域里发生的"内乱"，又有非文学领域来的"外祸"，而且我们更忽视了从接受领域伸来的"上帝"（读者）的神拳。只就文学来谈"通俗文学"，想仅从文学领域来探寻社会领域、经济领域、历史领域里的问题，如何能讲清问题，探明症结？就是我们的出版行政部门，又何尝不是有点手忙脚乱，按倒葫芦起来瓢，说明有的抓住了一面，又网开多面，也很难抓准问题和了解全貌！

　　我们首先应该正一正名。现在的所谓"通俗文学"，其实有许多不是文学，人们也并不拿它作文学看待，这种已经不是文学的通俗文学，你非当作文学问题来谈，未免难达鹄的，文不对题，或文难解题。尤其是，我们常常拿它同"纯文学"比照着来谈，就更未免隔靴搔痒，因为两者不在一个"笼子"里，如何能抓得住？"纯文学"的式微和通俗文学的兴盛，当然有关系，但它们之间并不具备你衰我荣、此消彼长的关系。它们各家还有自己的命运，与对方如何无关。"纯文学"的式微，除了"通俗文学"的冲击，更根本的是它自己的发展规律所致，通俗文学的兴盛，也自有它的应运而生的种种因素，并非靠着挤垮"纯文学"来肥了自己。

---

① 原载《当代作家评论》1989年第3期。

"通俗文学"像一条财大气粗的莽汉，突然闯进了文坛，但实际上它是闯上了中国当代的整个社会舞台，当然其中也包括文坛。但它主要不是以文坛为活动地盘，更不是以文坛为它的祭坛，斩杀了"纯文学"。"通俗文学"的兴起，有它的开阔而深沉的文化背景，也有它的开阔而深沉的经济根源。它关系文学现象的变迁，但又远不是一个文学现象。

当今之世，是一个世界文化大发展和大文化发展的时代。在中国，则是一个真正的文化复兴时代。这是历史发展，尤其是"五四"以来新文化发展史的一个必然结果，也是中国近十年来的改革和经济复苏、增长和发展所促成的，作为它的表现形式而出现的时代的、社会的现象。一个最值得注意的表现是，以亿计的人口，突然涌进了文化圈，他们以前几乎与文化绝缘，现在又"一夜之间"进入，既有饥不择食之态，又有不会选择和只能品味粗粝食物之势，最合他们口味的自然是非文学的通俗文学，只要一个曲折的甚至未必曲折的故事就行，此外别无所求，久渴者一杯冷水即可消渴，高级饮料倒是食之无味甚至倒胃口。这是一种广泛的、汹涌迫切而又粗粝的文化需求。这种需求形成了一个庞大的文化市场。"通俗文学"作品一销几万、几十万，甚至百万、千万，就是这个市场需求造成的。这里是一种最初级的文化要求，几乎谈不上审美的愿望。

但更深刻的是经销原因。现在有种说法"倒卖书籍是倒卖软黄金"，意思是赚大钱的买卖。事实上也确实有许多人靠此发了财。君不见"第二发行渠道"开辟以来，有多少人涌了进去，不仅小贩，也不仅待业青年，而是不少新老干部，不少文学爱好者，以至文人学士、作家艺术家们，投身于这一捞钱浪潮，他们之中无论何人，目的均不在文学，眼光所向，如农民所言"黑眼珠子对着白花花的银子"，有钱便是一切。可叹而可怕的是，有些出版单位和他们的编辑，也热情高涨，投身其事。卖书号，收买粗制滥造的"译""著"。一本连"How do you do!"（你好）都译成了"你干什么"的译作，也能很快出版，有很广的销路。这里出现了一个以挣钱为唯一目的，席卷了下、中、上三个层次的人物在内，专制粗粝精神食品的编、译、著、出版、贩卖的庞大的网。如此强大的物力、人力、财力、精力，投入这一"事业"，去满足那个汪洋大海般的初级文化需求市场，"通俗文学"还能不兴旺发达、经久不衰、愈演愈烈?

这里还涉及几方面的问题。一是社会观念与价值取向的变化。经商成热门,挣钱是好汉,弃去正业奔他业,已经成了一种强大的社会观念与社会心理的狂潮。教书的不热心教书,搞科研的丢弃科研,搞创作的弃文从商,这都加强了这个潮流,他们成为通俗文学兴起、泛滥的强大后盾,而且是一个有智力、有能力、懂行道、有门路、有权势的强力集团。二是鄙弃文学与文化。文学算老几?文学有什么用?文化值几个钱?人们的眼睛叫一块银元遮蔽,不仅文化,就是道德,起码的道德都不存在了。挣钱就是一切。三是庞大的读者群,也鄙视文学与文化,在各种挣钱之道上风尘仆仆,他们所求的就是消遣、娱乐、"玩儿",看热闹,过眼不留。一方面是要什么给什么,一方面是给什么要什么,共同创造了通俗文学的兴旺市场。因此,少林和尚、皇帝后妃、古今宫闱秘史、外国妓女、中国女犯、凶杀、怪诞、色情,写不完地写,卖不完地卖,何尝不公式化、概念化?何尝不重复?但又何妨,本来意不在审美。因此,是一种强大的经济"特灶"和社会"特灶"养大、养肥了一个"通俗文学"的莽汉,它财大气粗,来头大、靠山硬、权势壮,怎是小小的"纯文学"抵挡得了的?

广泛深刻的社会变动,也是养肥这条莽汉的一大原因。随着改革的深入发展和社会结构的变化,社会变迁和社会流动现象也广泛深入地发展。这里仅就人口、地区性流动(机械流动),还不涉及企业、地位流动,就可列出十几种:农民进城、工人下乡、南人北上、北人南下、皖女进京、"黔军"入川、高级人才东南流、初中级人才走西口、儿童出走等。这些以十万、几十万计的流动人口,或奔驰道上,或暂居异地,都需要消遣,而最好的也就是"通俗文学",看不用心,看后就扔。这也是一个庞大的流动通俗文学市场。

我们当然不能说,这与文学完全无关。莽汉的出现与闯荡确实抢走了纯文学的部分读者、占领了纯文学的部分市场,改变了一些纯文学读者的口味,但是,它本身的出发点和归宿都不是文学与文坛,它自身的品性也是非文学。它引起了文坛的骚乱,但它更引起了社会的混乱。要解决这个关涉文坛但又并非纯粹的文学现象的"通俗文学"问题,还得用非文学的办法,通过非文学的途径,才能奏效。

至于"纯文学"的式微,除了莽汉的冲击,还有它自身的原因,还有它的"上帝"（读者）心态变异的重大原因。这些内因和"内-外因"，同前面的文学的、社会的、经济的原因结合起来，共同发生作用，并发生一种综合的作用。

在当今文化大发展的时代，亚艺术形式的发展和不断产生，是一种必然现象。绘画上的连环画，音乐上的流行音乐，文学上的通俗文学，影视上的某些通俗、娱乐片，以及艺术体操、健身操、服装表演等，都是对于"纯文学艺术"的一种冲击波。文学艺术的向非文艺领域扩散和非文学艺术的向文艺领域侵入，是一个历史发展的规律性现象，也是当代的一个突出现象。纯文学的受到通俗文学（这里指真正的、严肃的通俗文学，我曾在一篇文中称为大众文学）冲击，便是这种现象所产生的社会的与文学的效应。这种纯文学与通俗文学、精英文化与大众文化的抵触与消长现象，还要在人类文化史上继续一个相当长的时期。今年我在访问法国时问及他们最受欢迎的作家是谁时，得到的回答是"火车站文学"，那里也同样存在通俗文学的冲击波。这种冲击波既有消极作用，又有积极效应。两者在碰撞中，是会互相渗透以至彼此推进的。文学史上不乏此类先例。

从接受美学的角度说，文学的产生与接受，第一个影响因素便是写作、出版、发行的条件和社会环境；这一方面，我们在前面已经说过了。其次，但却是最重要的，就是被称为作品的"上帝"的读者了。中国当代文学的"上帝"，已经发生了变异。以前在中国，这个"上帝"是被压抑着的，并未登殿，他是文学虔诚的信徒，因为文学与政治、教育，与"上"紧紧相连，读者是它们的臣仆，文学写什么就读什么、信什么、爱什么，直到发展为样板戏那样，文学艺术成为圣品，接受者只可顶礼膜拜，没有其他。现在，信徒一变而为"上帝"了。在商品经济发展的社会运行机制中，他通过金钱的力量，来实现选择、自身意志与审美情趣、审美理想，从而造成了"纯文学"遭冷遇的命运。但在总体上和长远意义上这是一件好事。

同时，现在中国的这个不正常的突然成长的"上帝"，成分也发生了很大的变化。前面说到的以亿计的新近进入文化圈的人们和以万计的流动人口中的一部分人，现在都进入文学领域（或者说"文学接受领域"更为科学），成为面南而坐的"上帝"了。这个"上帝"同以前的"上帝"由于成分变化而带来了"接受屏幕"和"期待视野"的变化。

这是文化层次更低的"上帝"。他们在接受意识上，更多地受到传统的影响。中国传统文学的叙事程式和风格，最易为他们所接受，目前，"通俗文学"中大量存在和选择的题材、人物、故事、情节、情趣和艺术气质，也最为他们所乐于接受。而对于当今纯文学中时髦的意识流、心理描写、黑色幽默或其他种种新手法、新艺术气质，则不理解、不喜欢。"什么玩意儿?"这是最常见的评语和选择决断。纯文学的式微，与此关系甚大。一方面是拖着传统的接受意识和期待视野，一方面是追新趋时，南辕北辙，弄不到一块去，纯文学的销路就大受影响了。"以油浸芝麻更出油"。泛滥的通俗文学更培养了他们这种接受意识和期待视野。——这对纯文学的发展更不利。同时，所谓期待视野，还包括作家创作时对读者的期待视野投其所好，是部分作家的抉择。于是他们也成为纯文学式微与通俗文学泛滥的推波助澜者。

此外，还有"上帝"群的分化性变异问题。一部分文学爱好者、文学青年，包括那些曾迷恋文学意欲献身文学的人们，现在转身而去，爱好和献身于别的挣钱事业了。他们冷待文学了，口味变了，他们从纯文学的读者变成了路人，或者从行家变成了陌生人。偶尔接触，他不要求审美愉悦，也只求消遣而已。

就是那些"留下来"的"上帝"，心态和接受意识也发生了很大的变异。所谓审美多元化倾向，便是一个重要的表现。轰动效应的失去，实由此起。很难再像过去那样，全民共赏一篇小说、万民同读一部作品了。整个社会生活变化了，结构变化了（社会审美结构、心理结构、情感结构都起了变化），那种"一元化政治性生活"和与之适应的"大一统文化心态"已经破灭了，人心活了，情感多样化了，审美要求和情趣也就变异了。这带来了连虔诚的文学膜拜者也心态变异、欣赏趣味与选择改换的大变化。而且，他们之中的许多人，眼界开阔了、情趣异化了（异域文化倾向）、文化层次也提高了，因此，对纯文学的接受意识丰富了、提高了，期待视野也丰富而提高了。在它面前，纯文学不得不有所改变，有所思索。

忧患意识与社会责任感，不仅是中国士阶层（包括作家在内）的共性意识，而且也是中国文学的"上帝"的共性意识。在改革深入发展，中国社会正在进行新的构造运动的时期，这些高层次、中层次的"上帝"，关怀世事，注目社会，思考前路，他们希望从文学中得到自己需要的东西，这是他们期待视野中的重要因素，是他们审美要求中的重要因素。然而，我们当今的纯文学，却不免有越来越"纯"之嫌，触及现实生活不多不深，表现自我内心细致入微，未免离这部分"上帝"的心态较远。纪实文学和报告文学的勃兴和大受欢迎，正说明了这部分"上帝"的期待视野得到满足的效应，也说明有些纯文学失去读者的原因。

透过这种纯文学的视野的透视，我们看到，"通俗文学"这条莽汉的闯荡，有它的历史必然性和时代的、社会的、审美的原因，有其文化背景，绝非偶然，它一方面是一种消极的现象，另一方面又是好的、前进的现象，有的将会产生好的效应。这种现象会要持续一个时期，但不会永久存在。需要的是总体的文化整合，需要的是整体的文学倡导。对于非文学的通俗文学需要引导，使之走上正轨，走向健康，逐步提高。《西游记》《水浒传》《三国演义》都从通俗文学中来。纯文学和作家们也需要反思。但是，像过去的那种"纯文学"的繁荣与轰动效应，是不会再有了。——这种改变和消逝，是文学的好现象，是文化的进步表现。

论作家的"情结"①

作家都有自己的情结。大体是两种：作家的共性的情结和每个作家独自具有的特异情结。正是情结，决定作家之成为作家，也正是特异情结，决定了每个作家的特殊艺术素质与艺术风格。我们也许不妨说，不具有非"凡人"所有的情结，就不能成为作家，没有特异非凡的、既深且强的情结，也难于成为优秀的作家。

那么，作家的情结是什么情况呢？

说到情结，人们常常想到弗洛伊德和他的学生荣格。弗氏著名的俄

---

① 原载《芒种》1998年第11期。

狄浦斯情结，是人们十分熟悉的。他用这一"情结说"来涵盖一切人和文艺作品。荣格观察到许多病人的情结。他们都强调了，不是人支配着情结，而是情结支配着人这一点。从他们的论述看，情结包含着，也可说突出的意义是感情深处的结缔和症结，是情感病灶，是痛苦，是赶不走、摆不脱、隐隐中存在、暗中袭来的感情魔障①。真理与灼见同谬误与偏见混合在一起。弗氏和他的大弟子确实发现了人类情感–心理中的一大隐秘，对它于人的潜在意识及其作用做了揭示。这种"隐力"暗中支配人们的行为，它是人们心中的妖与鬼、隐形的上帝。它确实有时与隐秘的性的欲望或性意识、性根源有关，它也常常是病的症状，是人的情感的结晶和症结。许多——也许几乎全部的精神病患者，都有自己的情结，造成了他们心灵的迷狂。一旦解开情结，豁然而释，神志恢复正常。如此等等，都是正确的。但是，真理不要说已经过了头，就是仅仅再迈前一步，就越过了真理的边缘而进入谬误。弗洛伊德用性欲解释一切，让泛性论笼罩自己的学说整体，为其核心，为其贯穿线，这倒真的成为他学术上的一个情结，荣格则以病人来囊括正常人，也难免走入谬误。正常人也并非没有弗氏所说的情结者，荣格的病人症状也会在正常人中存在（当然程度会有不同），而正常人与病人也是流变的，可以互相"变位"；在文学家、艺术家中，在他们的一些作品中，也会有为弗氏情结所擒，在创作中为其所支配。在作品中有所流露甚至为其左右者，他们之中有的人也会神经不十分正常以至曾经是或后来成为精神病患者的。但是，这一切都是部分，不是整体，是"有所"，而不是"所有"，以偏概全，难免失误。当然，在科学上也许无论哪位伟大的科学家，都不能说他所发现的真理，会全部、永远是真理，更不能说他的表述全是真理。弗洛伊德与荣格亦然。他们的确发现了而且也很好地阐发了人的心理与情感中的一个重大的内在奥秘，他们用之于解释人的心理、解释文学艺术创作、治疗病人，收到了一定的效果，自然有不可磨灭的贡献。但是他们的阐释褊狭。我们不在于报之以同样的以偏概全，完全否定他们的成就，拒绝吸收他们学说的有用之处；我们的任务是要取其精华用其所长，避其所短以至改造和发展。

---

① "当我们说某人具有某种情结的时候，我们的意思是说他执意地沉溺于某种东西而不能自拔。"（霍尔等著、冯川译：《荣格心理学入门》，生活·读书·新知三联书店，1987，第36页。）

首先，我们应该承认，人们在自己的经历中，由于种种原因——比如，某个突发事变，某种深刻的刺激，生活中某种给予影响至深的人，在童年时留下的某种难忘的印刻①，或者在少年、青年时代留下的同样的遗痕，更多的是，在生活中长期的、经常的、不断重复的、影响其物质生活的人和事，等等，在生活的入侵中，在心理的反抗和内化过程中，漩涡滚滚、波澜迭起、时静时动、时起时伏、去而复来、欲忘不能、欲舍难弃、藕断丝连、流连不去、流连忘返、又恨又爱、欲得难能、欲失反得、久而久之、反而复之，吸吮、渗透、凝聚、结晶、升华，终于形成情感上、心理上、思维上的一个个不能去、不可解的"结"。"我们谈论一个人时说他有一种自卑情结，一种与性欲有关的情结，一种与金钱有关的情结，一种'年轻一代'的情结或与其他一切事物有关的情结。"②这是一组一组的心理内容组成的一簇心理丛，它就像一个人的完整人格中的小人格一样，有自己的内驱力、自己的强制力，它会控制一个人的思想和行为。有时是不自觉地听命于它而不自知，有时是极力想要改变它而不能，无能为力地听从了它的指挥。"情结"的力量是大的。

但是，关于情结，有几点必须辨明。

第一，并非总与性欲有关，而且往往多数与性欲无关；第二，并非都是病态——一在其性质非病态，二在其强度未过正常的、合理的界限；第三，它们并不总在几个固定的情感模式之中，并非只有某几项情结，而是因人因事而异的；因此，第四，这种情结，是生活的产物，是人的活动的产物，是心理的产物，是情感的结晶，生活有多么复杂多样，人的个性人格就有多么千姿百态，情结也就有多么复杂多样、千姿百态。这样，情结就不是病人才有、治病才用的命题和范畴了。它也许可以说是人皆可能有之的了。

不过，如果说人皆有情结，或者说绝大多数人都有的话，那么，其

① "印刻，指早熟动物如鸡鸭等的一种特殊依恋现象，表现为刚出生的小动物对它第一次看到的活动着目标的接近反应和追随反应。印刻是幼小动物依附成年动物的一种适应方式，在动物生长中是一种十分重要的习性。"（K. T. 斯托曼著《情绪心理学》）这里借用这一术语，既沿用其原有含义，又附加社会内容，表示除人也有人的印刻之外，还有社会生活在人的童年及少年时期的印刻性影响。（作者）

② 见霍尔等著《荣格心理学入门》，三联书店，1987，第36页。

性质也是各不相同的，其强度、明晰度和作用力，也是不相同的。作家艺术家至少有三点异于常人：（一）他们一般都有情结，没有是极少数的、个别的；（二）他们的情结的强度、明晰度、作用力都高于常人；（三）他们的情结笔下多数都要转化为创作心理的一部分，物化于、寄托于作品之中，升华为作品。

由于情结是生活的结晶，因此，生活越是丰富、经历越是曲折，情结的"结"，也越有可能形成。而且，一般总是生活中的不幸、痛苦、艰难和震撼心灵的人事，能够形成情结。可以说，生活中的劫难，更易成为心理上的情结。对于作家来说，这是心理"相似块"中之"块"，是"块"中的灵犀，有了它乃能更利于文学创作。它是创作心理中的灵窍。古今中外许多作家艺术家都有他的心理的情结、创作的灵窍。鲁迅从家族的败落、家庭的崩毁，感受到国家的兴衰，从十八岁来到南京就痛苦于祖国之零落式微，到日本留学又深受异邦弱国、沉沦游子的苦痛，而他以辛亥革命时期的精神界之战士的思想高度，试图发动新文艺运动和思想启蒙运动，遭到失败，如入生人之境而无人应答且无人反对，他陷入深深的痛苦与寂寞。而辛亥胜利，民国成立为时不久，旧相败露，他又被寂寞难耐啃噬着自己的心。以后"五四"风云，全国奋起，曾几何时，又即分化。他"荷戟独彷徨"。……事实上，这种寂寞一直伴随着鲁迅。"寂寞情结"正是鲁迅的创作心理的特色之一。但这不是个人的寂寞，其中含着深深的历史、民族、时代、人民命运的内容和意蕴。鲁迅在思想上和艺术上的上乘之作，往往都蕴含着这种"寂寞情结"。而"爱情-不幸的婚姻情结"，在鲁迅的创作心理中，也具有不可忽视的作用，它除了在个别的、少数的文章中有比较直接的投射之外，主要的，是折射和潜隐于他的创作的心境中，成为一种酵母和心理汁液。此外，郭沫若、郁达夫、茅盾、巴金、沈从文、丁玲、萧红，也都各有他们的情结，这些情结在他们的创作心理中，占有重要地位，影响了他们的创作，形成了他们创作的特色，赋予了他们的作品以艺术-情感-激情的素质，从而获得成功。

托尔斯泰可以说有两大情结："命运"情结和"爱情-不幸的婚姻"情结；歌德的"爱情"情结是很突出的；罗曼·罗兰的"矛盾-均衡"情结，酿成他的名著《约翰·克利斯朵夫》。加缪的"荒谬"情结、毛姆的"流放"情结、海明威的"苦斗"情结、卡夫卡的"死亡"情结……

对于创作心理来说，对于作家艺术家来说，情结的重要意义还在于它是一种创造的因素，一种创造的内驱力，"它们可能而且往往就是灵感和动力的源泉"。这里有两点值得提出：第一，正如荣格自己后来所发现并做了纠正的，情结并不总是消极的，并不总是人的调节机制中的障碍；第二，作为情结的积极方面，其中有一部分更不仅是一般的具有积极因素，而且是创造性的因素，是创造的动力；对于作家、艺术家来说，它还是动力、灵感和创造力的源泉。为什么会是这样的呢？因为情结一经形成，就在情感上、心理上成为一种症结、一种隐形力量，消极的，会导致人的扯不断挣不脱的扭结和纠缠，解不开的冤孽魔障，从而使人陷入精神分裂的困境，成为疯子、癔病患者、痴情人、心理障碍病患者。但如是积极的，那么，那执着、那缠绕、那迷狂、那沉浸、那陶醉、那痴情、那激情，那献身的热忱，那不达目的誓不罢休的内在的、往往不自觉无意识的，如荣格所形容的"残酷的激情"，如鲁迅的话所说的"纠缠如毒蛇，执着如怨鬼，二六时中，无有已时"[1]，这力量自然是强大的、热烈的、持久的、深沉的。它一方面，用之于事业、用之于文学创作，自然是一种难于消磨、一往直前的力量；另一方面，那情结本身的内容，也推动人去创造、去追寻、去求索。这都归结为一种创造的推动力和内驱力。

同时，更为重要的是，情结，是情感化的，是心理化的，是人生的重大问题和意蕴的化身，因此，更有利于灵感的产生，更适宜于文学艺术的表现。因此，也就成为创作心理的重要内涵、艺术思维的重要结构因素和创作成功的重要因缘了。

在创作心理形成的过程中，在作家的"生活学"中，情结的形成，是关键的、根本的一环。它同前述诸心理能力与机制的关系、与"生活学"中的诸项内容的关系，不是隔绝的，不是各行其是的，而是紧密相连的，是前面种种能力、机制、生活经历发展的自然的和必然的结果，是水到渠成的过程。前有因，后有果。从这点出发，我们可以注意两点：（一）一个正在形成自己的创作心理的预备作家，应该和可以仔细地来鉴别、分析、体察自己的心理发展过程，辨析是否有情结形成，又是什么样的情结。以此可以认识自己、掌握自己、引导自己的发展。

---

① 鲁迅：《华盖集·杂感》，见《鲁迅全集》第3卷，人民文学出版社，2005，第52页。

（二）一个作家，也不妨回顾、分析一下自己情结之是否形成和存在，它的性质如何，它在自己的创作中如何表现，如何发生作用，在自己的作品中如何体现——显露的或隐藏的，解情结之所在、之所属，从而运用它，发挥它的作用，改造它，引导它向有利于自己、有利于创作，向符合自己之所愿的方向发展。

这里，我们还要提出一点：作家往往有一些共同性的情结——自然是大同小异，在情感模式上是相同的，但是，内涵上却各不相同，情结的具体表现也因人而异。因为引起情结的生活波涛和刺激是一人一个样的。这些共性情结，至少可以列举如下几种。

（一）童年苦难情结。海明威说，一个作家最好的早期训练是"不愉快的童年"。这是很有道理而且概括了许多作家的一个共同现象。不少作家有着童年的苦难，而且这种苦难对于他们成为作家和对于他们的创作，都产生了重大的影响，不少作家直接或间接地把这种苦难写入了作品。童年的苦难刻痕深、影响大，尤其对于心灵的刺激深沉，令人久久不能忘怀。不能说凡有童年苦难的人都能成为作家，或者说凡是作家都有苦难的童年，但一个不可否定的事实是，童年经历了苦难生活而又形成了情结的作家是相当多的。许多作家幼年失怙，有的失去母爱，有的父母双无，或是后父后母，或者是寄养在他人家；有的幼年或童年家庭遭灾，父母陷入困境或苦难，有的父母不和，有的父母偏爱（作家往往是童年不受宠爱者）。因为童年正是印刻的关键期，所以容易形成情结；而且，这种"剥夺"（感情剥夺或依恋剥夺），也是造成儿童心理发展障碍的重要原因。这些，都是具有心理学依据的。

（二）孤独情结。由于生活的种种条件和变故，家庭的状况及个体生活的状况影响，许多作家在童年、少年时代，或至青年时代，都体验过孤独的情结。有的是与前述的童年遭遇相连，而造成了"孤独情结"。孤独不仅是生活上的，更主要的是心理上的。孤独把人引向好沉静、多思索、喜想象、爱幻想的倾向。这种孤独因为感情上的需要不得满足，更造成重感情、易动感情的情感类型心理。由于孤独，也常常引起对于文学艺术的爱好和欣赏力；文艺作品本身也常常是孤独的培养基（因为许多作品中的人物——那些超凡出众的人物，常常是孤独的）。这样便又更助长了孤独感，甚至引导进入自觉状态，这些，作为情结的内涵，恰好都是有利于创作心理的成长和有利于创作的。

（三）情爱情结。作家总是多情而敏感、在心理和情感上早熟的。许多作家在少年时代，甚至童年时代，就有爱恋的情愫甚至暗中爱上了某一个人或真的恋爱了。这种早恋，或幸或不幸，其情感经验都对于后来心理的成长和发展有深远的影响。当然，这种幼稚的爱恋，往往都是不结果的鲜花，正因为如此，给人的依恋之情更深，因此造成情结。在以后的生活中，这种情结还会不断生发、增长，在创作心理和创作上，发挥着重要的作用。

（四）艺术情结。这里把对于艺术的爱好作为一种情结来看待。因为，第一，作家艺术家往往是由于一种偶然的机会，由于一个人、一本书、一幅画、一出戏剧甚至是一句话，而引起了对于艺术的至情爱好，他由此而喜爱艺术，从中得到无限慰藉，也仰慕作家艺术家，进而更对这种劳动和事业热爱至深；这种情况像是一见倾心，像是雷击电闪，一触而通，心有灵犀。第二，这不是一般的喜好，而是乐此不疲、非此莫属，心向往之，舍死忘生，这是一种"以心相许"，一种舍身献身，一种"瘾"。因此，构成一种情结。没有这种"艺术情结"者，是不能成为优秀的作家艺术家的。——当然，不是有此情结者，皆可成为作家。因为还需要有其他条件。

（五）创造情结。对于艺术的至情爱好，还不仅是一种单纯的对于艺术的喜爱，而且还包含对于创造，尤其是艺术创造的一种至情爱好。这种爱好往往是超功利的，与名誉金钱无关（当然不排除在实际社会中与它们的关系和这种关系入侵主体而引起的心理、情感与思想上的变化，但无妨于它的基本性质）。这种情结往往与孤独中欣赏艺术得到心的寄托、情的宣泄时，油然而生对艺术创作的仰慕感、神圣感、充实感、力量感。这种生活促成了这种情结的萌生。当然还与其他许多因素有关。如对于其他创造性工作的感应等。这种创造情结，正如荣格和霍尔·诺德贝所描述的："例如一个沉迷于美的艺术家就不会仅仅满足于创作出一部杰作。他会执着于创造某种最高的美，因而不断地提高其技巧，加深其意识，并从而创作出大量的作品来，任何人都会想到凡高，他把生命的最后几年完全献给了艺术。他就像被某种东西支配着，牺牲了一切，包括自己的健康乃至生命去绘画。"荣格谈到艺术家这种"对于创作的残酷的激情"，认为"他命定要牺牲幸福和一切普通人生活中的乐趣""这种对于完美的追求必须归因于一种强有力的情结；微弱的情结限制了一个人只能创作出平庸低劣的作品，或者甚至根本创作不出任何作品"。

以上列举了五种情结，这种作家艺术家共同的普泛化情结，对于创作心理的形成来说，是关键性的。它们是创作心理构成之宝。在生活中，作家就是要形成这种情结中的某几种或一种，才能建构一个好的创作心理。

时代与文学，创作与批评①

——在辽宁作协理事会上的发言

我实在怀疑，我是否还值得一说；尤其怀疑大家是否还值得一听。但我还是说一说。这个题目就很宽泛。可能讲得很空洞抽象，但我却觉得这里要谈的，同我们当前的文学发展是有关联的。

我先谈第一组问题：时代与文学。先谈"时代"。对于时代，它的内涵呀，性质呀，特点呀，等等，可以从很多方面去观察、去描述、去体会，一般地说，很难用一句话去穷尽它的各个方面。最近我常常想，20世纪是很有意思的。它以一个巨变开始，又以一个巨变结束。20世纪最初的十年，是人类历史发生转折的十年。它以第一次世界大战开始和俄国十月革命成功告终。人类历史从此翻开了新的一页。20世纪最后十年的90年代，又发生了巨大的变化。东欧局势的变化，预示了一个大变革，在这中间将结束20世纪，迎接和开辟21世纪的发展前景。我们站在马克思主义和社会主义的立场上，以此为坐标来观察时代，那么，可以说，20世纪第一个十年是巨变的时代。20年代是危机的年代，资本主义发生了空前大危机，就是马克思主义所说的资本主义总危机，经济大萧条，社会大动荡。30年代，是革命的、红色的年代，苏

---

① 原载《中国作家协会辽宁分会第五届理事会全体会议材料汇编》。

联社会主义建设取得很大成绩，中国革命深入发展，先是农村革命深入，十年内战，土地革命深入，然后是，"文化革命"深入；再后是抗日战争，全民族奋起，革命根据地扩大。中国的革命文学也是在30年代兴起和发展起来的。40年代是战争的年代，第二次世界大战，战乱影响了全世界。"二战"对于世界历史的影响是极为深刻的。"二战"史是当代社会科学中一个重大的研究课题。可以说，当前世界许多问题的产生和解决，还同"二战"有联系。直到近年还有追索惩处"二战"罪犯的事情发生，"瓦尔德海姆问题"就是其中一个。50年代是胜利的年代。"二战"中民主国家获胜，尤其是中国革命胜利，建立了中华人民共和国，东欧革命胜利，以苏联为首，产生了社会主义阵营。60年代是动乱的年代。70年代是经济起飞的年代。日本等亚洲四个新兴工业区的经济起飞。这有很多因素。80年代是改革的年代。一个巨大的改革浪潮席卷全球。全世界有两种性质、三种类型的改革。这就是社会主义的改革和资本主义的改革。前者的目的是巩固和发展社会主义；后者是期望通过改革来保持资本主义制度的永恒性和解决目前困境中的问题。三种类型是政策改革、政府改革、体制改革。这是20世纪的、恰好每十年一个变化的大体状况的扫描。这种时代与社会的变迁自然也带来、引起和推动文化的变迁，或者说以文化变迁为其重大表现形态之一。文学，自然也在其中，也为重要形态之一。20世纪初西方的现代主义的产生和以后的发展，显然都同这种变迁有着"血缘"关系。

90年代，也是科技革命进一步发展的时代。电子计算机、超导、生物工程、宇航技术等都将进一步发展，它们将带来生产、生活、社会的更巨大深刻的变化，也将带来人类科学、文化和思维、认识等的大变化。这一切，也将在文学艺术方面，引起变化，产生影响。会在表现对象、表现领域和内涵方面，在表现手段方面（物质手段，包括艺术生产的材料、制作和文字表现上的印刷出版等条件），在创作意识方面，都影响文学的发展。科学技术的革命性变化，还会带来人类认识和思维的变化，从而影响文学的变化。这些很难具体来描述，但可以预测它的一些方面。

现在也还可以说是一个文化大发展和大文化发展的时代。由于科技革命的发展和社会的进步，客观世界的物质性变化发展，人类文化也在大发展；而且这种发展是一种"大文化"的发展。这种"大文化"的发展，将会带来人类社会、人类自身的巨大深刻的变化。这种变化本身就包含文学的变化在内。同时，它也会引起文学的变化。

现在还可以说是一个新的实践时代和新的理论时代。这方面的特点就是，当代人类的实践中，理论含量很大。一个用粗笨锄头刨地的农民，其实践中的理论含量不是太大的；但一个开动机器的工人的实践，理论含量就很大了。一个开动电脑操作、生产的工人，他的实践的理论含量就更大了。另一方面，现在的理论的实践含量也很大。这有两方面的意思。一个是，理论之中的实践含量大，也就是说，一个理论，一个观点，是其中包含的实践含量，包括它的涵盖面、它提炼过程中吸收的实践层次与内容，都很大；另一个是，理论的实践品性加强，一是理论的实践性、操作性加强，二是从理论到实践的过程缩短、频率加大。比如说，一个理论从提出到变成生产技艺，到在车间生产产品，过去是几十年，现在有的可以只要几年或者更短时间。另外理论的传播、推广时间也缩短了。理论⇌实践，这样子来表现两者之间的关系，也许是一种现实特点。

第二点，我想说一下人类文化现在发展的一个特点，这种状况就是：现代人在寻找人类的精神家园。这是一种文化状态、一种心理状态，当然也是一种社会状态。这主要是指西方社会，指物质生产、生活高度发展的社会而说的。但与东方、与发展中国家也不是没有关系。这关系表现在两个方面。一方面，这种西方病、现代病、心理病，也会传播、传染到东方来，侵袭到东方人身上来；另一方面，在目前的世界形势下，东方各国在经济增长、社会发展的过程中，在工业化、城市化、商品化的过程中，即在现代化的过程中，也会"自然地"产生这些社会、心理、文化病症。当然，可以预防，可以控制和抑制，也可以不同程度地规避。

所谓寻找精神家园，是说现代西方社会，在物质生产高度发达、生活享受越来越物质化以后，社会生活和精神生活的特点是：物质发达，精神凋敝，情感萎缩，理性异化，人伦淡化，人们在物质手段的"挖掘"下，掏空了自己的精神世界。这样，一方面是人类文化在前面说到的各项原因的基础上，前进性地发展，使人类文化面临一个新的文化转型期，产生新的文化组合。所以有人说，现在正在进行人类文化的"重新积累"，正在发生人的"重新觉醒"。这是一种现代觉醒。而另一方面，人类又在寻找自己的精神家园，以安自身的心理，以安自身的灵魂。这又是一种文化的复归、文化的寻觅。不少学者在本国或在东方，寻找人类古老文化的精神，并且期望对过去的文化做现代化解释之后，同现代社会结合，"重塑"文化。这些问题，现在正在实现现代化的国家和民族，也同样遇到了。不过，第一，不像西方发达国家、资本主义国家那么严重；第二，性质不同；第三，在短时期内，我们面临的主要不是这方面的问题；第四，我们还可以预为之谋，减少、减轻和规避这种文化问题、精神世界的问题的产生。当然，我国还可以发挥社会主义制度的优越性来处理这种问题。而且，社会主义的现代化，在行程中，由于制度本身具有的"抗毒素"和其他优越性，有许多这方面的问题，是不会发生的，就是发生了，其性质、程度、影响面和克制的能力也都与西方资本主义国家和社会不同。情况会比他们好。对中国来说，传统文化的优势和优点，还可以发挥作用。当然，这也要求我们方针对头、处理正确。

当今世界文化的发展还有一个突出特点，就是中西文化的"互见""互补"，既互相渗透，又互相撞击。现在，欧洲中心论和欧洲先进论，已经被怀疑、否定，世界文化在多元化地发展，尤其是东方文化（包括中国文化），西方许多人认为可以补西方文化之不足，可以救其时弊，纠其偏颇。当然，东方（中国）也发现了西方，或者更准确地说是在现代化途程中，再一次发现西方文化的优胜处，比如科技文化的发达，等等。对于我们来说，是在世界总体文化对话中自我发现和走向世界。我们要在继承发扬本体文化、传统文化的基础上，在对传统文化做"现代解释"和"现代处理"的基础上，参与世界文化对话，既发展自身文化，又参与和做贡献于世界文化的发展。这就是中国文化从传统到现代化的创造性转变。

在这个过程中，文学的任务，文学的责任和功能，它自身和它对文化总体的作用，是很明显的，也是值得注意的。有出息的作家，自然会体认这种发展态势，做出自己的抉择，奉献自己的力量。也会审度客观需要和自我力量与本身特点——主要是生活经历、文化修养、知识结构、审美特点等，去选择自己能做的事情。这天地是广阔的。

说到这里，我想可以总体来说几句。在当今这个时代，时代的面貌，时代的内容和特点，总要在人类自我实现——换句话说也可以叫作人类的生活——的基本范畴中得到表现；或者反过来说也可以，时代总是会要决定——当然是在基本的方面——这些基本范畴的内涵与形态。这些基本范畴就是科学、宗教与文学艺术。另有一种说法是：工具、火、语言、艺术。这个面更广，把生产包括在内，也把物质生产包含在内了。我所说的主要是精神领域。

现在，我想我们可以进入文学问题的探讨了。我谈的是文学的基本品性问题。这既是一个老生常谈的问题，又是一个宽泛的问题。但是，我还是想从对文学的基本认识上来谈一些看法，同大家讨论。

我看文学有几个根本性的特质。现在分别说一说。

第一，文学在本质上是现实的，就是说，文学是社会的产物，是社会生活、人们心态的反映，是社会所产生、为社会所接受，又为社会服务和影响社会的。不管作家的主观态度、创作目的、创作意识如何，也不管他对文学持什么观点，都是如此。概莫能外。因此，文学是具有社会性、时代性、群体性的。它绝不是纯主观的、抽象的、孤立自生的、自在自为的。不管作家本人如何地标榜自己只是在"自我表现"，如何地在"我自为之"地"玩"文学，也都还是逃不脱这个"如来佛的掌心"的。作家是社会的一分子，文学是社会的一种现象，文学艺术是从实践和实用中产生的。这从艺术发生学来看，是很清楚的。无论从模仿说、巫术说、劳动说，还是从生殖崇拜、爱情吸引等各种学说，解释来说，文学艺术的发生都是社会的、群体的。

第二，文学又总是带有主观性、个体性的。从它的创作动机、创作个性、创作过程来看，都是这样的。文学是作家的主观对于客观世界、对于社会生活的反映；反映就带有主观性，反映就是一种创造。反映、创造就会有变形、变态、变色，注进个人的色彩、特性。心理学已经说明，人的最初级、最简单的感觉，都带有主观的色彩，不可能是完全如实、真实、准确地映照对象的。至于知觉，那就更不用说了。进到更高级的文学艺术的反映，那就主观作用更大、主观色彩更浓了。法国心理学家吕凯说，原始艺术和儿童艺术，都是"精神的现实主义而非客观的现实主义"。儿童画的人和树、山、鸟都不是原型，而是加上了自己的主观想象。事实上，把对象夸大或缩小了画下来，或者把主体的对象，变成了平面的画下来，这就变了形，就要用想象，就有主观色彩了。形式主义学派的创始人之一什克洛夫斯基有一个命题"城堡上的旗帜"，是很有意味的。他说，一面城堡上的旗帜，你去描画或描述它，都不会是原本的样子，总会有差别。这差别就是由主观不同而产生的。诺贝尔奖获得者加西尔·马尔克斯说："我认为，小说是用密码写就的现实，是对世界的揣度。小说中的现实不同于生活中的现实，尽管前者以后者为依据。这跟梦境一样。"（《番石榴飘香》）"密码""揣度"这都是作家的主观的东西。

第三，文学创作又都存在广义的象征主义。这是鲁迅说的。对现实的符码性表现、表述，这本身就带有象征性。因此最写实的作品，也具有象征性。而作品的深层次的意蕴，也正在于它的象征意义。象征是具象的，又是抽象的，又是意象的。因此，它具有隐含性、普遍性、模糊性、被破译性，也就具有审美性。最近看电视台放映两部外国片，一个是《罪恶》、一个是《明星秘史》。它们是写实的。但我看是都有一定的象征意蕴。《罪恶》的最后是女主人公海伦"走向生活、走向丈夫"；《明星秘史》的最后，明星是"走向母亲"。这都是透露出对于资本主义社会，人们为了个人的事业、幸福，而失去了人（女性）的基本需求、意义与价值；于是电视片体现（象征地）它的反思、反义，走向母亲、丈夫、生活，走向人性的基本需要，这是"人性的复归"。它在象征意义上，批判了资本主义社会人的异化。这就使电视片的意义深化了，它们运用了象征主义。

鲁迅的《狂人日记》，尤其是《野草》，也大量地使用了象征主义。

第四，文学都具有接受性。把"接受性"纳入文学的本质规定性的范畴，这是接受美学的一个基本观点、基本原则；同时，也是一个贡献。接受行为——阅读，是一种生产，接受是生产的过程，是一个创造（再创造）的过程。这就要求两方面的创造：一是作家的创造，要提供条件、创造基础，使作品是内容深厚丰富的，可供创造，可供破译，可供想象；另一个是读者要有理解力、创造力。因此，文学的接受是一种对话，作家与读者的对话。这里提出了一系列创作的问题值得研究。所谓"一千个观众就有一千个哈姆雷特"，所谓"艺术永远是一个谜"，说的就是两个方面，一方面作品要提供基础，一方面读者要具有水平。但从作家来说，首先是自己的水平如何。这就是接受美学提出的，作品本身要有"未定点"，要有"空白"，要具有"空筐结构"，这样，人家欣赏时才有回旋余地和回味劲头，才能想象、创造、发挥。

第五，文学艺术总是"生活"在一个开放的、演变的大系统中；因此：第一，创造者首先是一个接受者，所谓"大师也是模仿者"就是这个意思。未见过一个人从未看过小说却能写出小说、写好小说的，总是看多了才会写的。而且，不断创造，还要不断"模仿"。第二，要不断地吸收社会的、生活的、世界的各种营养，使自己发育生长，不停地发展、前进。第三，注意接受新的反馈，并使这种反馈内化为自己的东西。

从开放大系统来说，作家的天地是非常开阔、深邃和丰富的；但是，要求也是多方面的、严峻的。从这一点说，作家并不是自由人。创作自由是有限度的。

现在，我来谈第二组问题：创作与批评。先谈对创作和批评的看法。文学的基本性质已如上所述，这就基本规定了创作的性质、特征和功能，也规定了批评的性质。

总体地说，文学创作是一种创造。批评则是对创作的一种接受与评估。创作给批评提供理论素材，理论反映创作的实践经验。创作实践给理论以生命基础；文学理论使创作获得自觉性。这是就两者的一般关系而言。现在分别来说一说。

文学创作，最基本的意义是什么呢？我们可以最概括地表述，就是："给人生经验赋予一种形态"，或者详细一点说：是给人生经验赋予一种艺术的叙述形态，并使它具有审美素质。荣格说："艺术是人生的梦"。这"梦"，就是一种人生经验：经验化为、变成、结晶为一种愿望、向往、追求，这都是从生活中产生的，失掉了什么、得到了什么、缺少什么、追求什么，这些都含着作家的体验在内，于是化为梦，形成作品。苏联有位做通俗音乐的女歌星叫阿拉·布加乔娃，她说："我的梦就在我的歌里。"作家也可以说：我的梦，也就是我的人生经验就在我的作品里。

因此，我们看到，创作涉及四个条件、四个结构因素，这就是：（1）事实——社会生活；（2）经验——对生活的掌握和体验；（3）形式——对经验的表现；（4）技巧——对符码的掌握与运用。

面对四个结构因素，我们可以设想到创作的机制问题，就是要抓住的几个关键问题。

第一，重要的是在作品中灌注自己的人生经验、生活体验。鲁迅的小说，都是如此。法国作家乔治·杜亚美说："长篇小说就其本质而言是精神小说。"其实，短篇、中篇也是如此。诗歌也是如此。抒情诗是抒情的，但情里含着某种人生体验。杜亚美还说："使小说家感兴趣的与其说是明显的现实，不如说是深藏的隐藏的现实。……现代小说家想要了解的主要是心灵，它被看成基本的最高的现实，决定着其余的一切。"这里说的深藏、隐藏的现实，就是现实中蕴含着的内在意义，在事实-现象中隐藏着的本质、规律、意义，作家去剔抉、选择、破译它，写成文学作品，那就是一种人生经验。所谓"心灵"，可以是作品中人物的心灵，也可以是作家的心灵。但两种都是一个东西，就是作家的心灵。这心灵的基本内涵，无非是对世事、人物、人生、社会、历史的一种看法、理解、阐释，总括起来就是人生经验。阿德诺·豪泽尔说："我们通过艺术去发现世界的本质。""本质"的意思，也就是我们前面说的那种广义的人生经验。

第二，从世界性、总体文学的观点来看，人类叙述文学的发展史，大体可以概括成这样的路径：

事实1→故事2→奇事3（古今奇观传奇）→事4＋人→（突出）5人物（突出）6典型→性格典型7→心理典型8（现代人特点）→变态心理9（人性和异化）→人的心态的文化整合10……

这当然是一种"非科学"、不全面的大体的揭示，它不是科学的概括和总结，而是一种大体如此、突出主要又并不排斥其他的约略提示；不是说在某个阶段就只有某种形态，而取消了其他形态，而是说，突出了某种形态，某种形态为主或占优势。

第三，就作家来说，创作意识中，有两种基本因素，这就是：

（一）事件意识、故事意识、史传意识；

（二）心态意识、文化意识、诗骚意识。

第四，因此也就有三种大类型的作家区分：

（一）作品是政治的、社会的、事件的、历史的；

（二）作品是道德的、心态的、文化的；

（三）两者的结合、水乳交融。

三者当然都是一种基本的区分，不是说只是如何如何。尤其是，只能有风格、状态的区分，而没有层次的高下。高下只在这种意义上来分：就是它在自己的规范中（形态中）是否题材、人物、风格、语言、

122
彭定安文集 18
文艺理论与评论集

技巧运用都是一致的，而不是分裂的、南其辕而北其辙的。比如说，杜甫、白居易也许可以说是第一类型的；李白、李贺、李商隐是第二类型的。尽管历史上可以发生、也发生了抑杜扬李或抑李扬杜的不同评价和不同接受，但他们是各有千秋、各有价值、各有功用的。俄罗斯作家中，普希金、果戈理属于第二类型，托尔斯泰就属于第一类型；后来的高尔基属于第一类型，契诃夫就属于第二类型。陀思妥耶夫斯基是最典型的第二类型了。但是，我们同时可以说，他们又都是第三种类型中的最高成就者的系列中的佼佼者。中国现代作家茅盾是比较典型的第一类型，而鲁迅则是第二种类型的出色代表。但他们二位大师，又都可以称为第三种类型的。从各自的特色来说，是有区别的；从其巨大成就来说，又都是综合的、结合的。

现在来谈谈批评问题。

对批评的认识，茨维坦·托多洛夫说得好："批评不是文学的外在的附属物，而是文学的必不可少的一面（因为，文学作品本身永远不能说出其全部真理）。"这里有两点值得注意。第一，文学批评是文学创作的不可少的一面，就是说，这是一个整体，批评是它的一个方面，不可缺少。第二，之所以如此，是因为文学作品永远不可能只凭它自身把全部真理（不是世上的全部真理，只是指作品本身试图要说的真理，也就是人生经验）都说出来。这个说法是符合文学作品的实际的，也是接受美学的"基本原理"。因为创作，总是"表现或客观呈现生活的'原生态'状貌"，它有丰富性，含着许多好东西，但并没有完全"说"出来、"说"清楚；如果这样，就不会是好作品了；它需要批评去给它挑明、提出、概括、总结、提示，即补充说明白、说清楚。两者相辅相成。

不过，批评的历史发展和表现形成了两种不同的批评类型。它们的着力方向不同、批评原则不同、分析方法也不同。因此，它们对作品的发掘和诠释也不同。功能因此也不同。在这里，也同样是有类型之别，而无高下之分的。

（一）外在的批评。它主要是做价值判断，社会分析，提出作品写了什么，这个"什么"是什么类型，有什么价值，作家写了这个又有什么价值，它在社会中起了什么作用，又有什么价值，如此等等。批评史上的，批评学派的历史主义、实证主义及马克思主义的批评，都基本上属于这一类。有的文艺理论家称这种批评为"占有真理"。

（二）内在的批评。它主要是分析作品是"如何写"的，分析它的结构、形式、技巧等，形式主义、结构主义、新批评基本上属于这一学派。这些学派被称为"舍弃真理"，就是说，批评家不做价值判断。

对于批评还有另外一种分法，就是按照接受和阅读的不同需求与态度来分，也可以分为两种，就是：

（一）消费的阅读和接受。它主要是内容为先，价值评估。

（二）批评的阅读。它主要是从形式入手，做结构研究。

根据上述两种状况，批评的基础框架，可以这样来分：

第一组："镜子"与"七巧板"。这是杨周翰教授的分法。他是国际比较文学协会副会长、中国比较文学学会会长，不幸于不久前病逝了。所谓"镜子"，就是把作品看作客观世界、社会生活的镜子，批评者追究作品反映了什么？它的价值如何，也就是作品"说了什么"？说的价值如何？"七巧板"呢？就是把作品当七巧板看，我不问你反映了什么，价值如何，而只是研究、分析你是如何反映的？结构如何？说得怎么样？特别是分析结构。像七巧板一样，你是怎样的拼法？

第二组："镜"与"灯"。

"镜子"：你反映了什么？

"灯"：你自身如何发光？

第三组：单口与对话。一个是批评家在那里只管自己说，你听不听、信不信、接受不接受、你自为之；就是说，我自言之，你自为之。各司其"职"，也各行其是。

但一种是对话。这是美学家托多洛夫提出来的。他说，批评是对话，是"两种声音的交汇"，特别是，他说得很机智也很俏皮："不是谈论作品，而是面对作品谈"，或者说"与作品一起谈""不排除两种声音中的任何一个"。这就把作品，也把作家本人，拉扯上了，拉进来了。这就热闹而有意思了。

我觉得这种"对话"式批评是很好的。

第四组：按照艾布拉姆斯基的说法，艺术总是涉及四个方面，这就是作家、作品、世界、欣赏者。世界就是指社会、社会生活。如果按照如何对待这四个方面的问题，即对四者之中，侧重研究哪一方面来分，各种批评和文学理论学派，可以这样划分一下。

（1）侧重分析作品的——形式主义、新批评、结构主义；

（2）侧重分析作家的心理状态——精神分析学派；

（3）侧重"世界"分析——马克思主义批评、新历史主义、女权主义；

（4）侧重欣赏者的分析——现象学、阐释学、分析主义、接受美学。

综合以上，各派有各派的侧重点，有各派的长处和短处，或者说各有各的发挥，各有各的追求。但对于我们来说，则需要一种总体批评。就是说，要取各家之长，吸收各家的特点和有益的东西，同时形成一个总体批评意识、批评框架，不偏执一方。当然，这也不是杂乱拼凑。我们需要以马克思主义为核心、为总纲，来批判地吸收其他东西，融会贯通，取我所需，为我所用。马克思主义是开放的，也是不断发展的，我们可以做到这一点。我管这种批评称为马克思主义的、消化融会其他学派有益东西的总体文学批评。

"问渠那得清如许，为有源头活水来" ①

——"文艺与人民"简论

"问渠那得清如许？为有源头活水来"，宋代朱熹在《观书有感》这首诗中，吟咏"书"是他思想学术的源头活水，可谓说到了本质处。我们借用来论述"文艺与人民"的关系，却也是十分贴切而深刻的。只是我们必须把朱熹诗中的"书"这个主题项，更换为"人民、人民生活"。人民、人民的生活，永远是文艺的源头活水，这是一个被中外文学史、艺术史和文化史证实了的颠扑不破的真理。

---

① 原载《辽宁日报》2014年10月28日。发表时题目改为《人民是文艺创作的源头活水》；因版面限制，文章第一部分删去。

一、人民生活的生产和再生产，产生了和发展着文艺

恩格斯在用最精练的语言论述历史唯物主义时，曾经说："根据唯物史观，历史过程的决定性因素归根到底是现实生活的生产和再生产。"①所谓"现实生活"，就是"人民的生活"，因为人民是生活的主体、社会的主体。因此，人民和人民的生活，是历史过程的决定性因素；而文艺，是历史过程的一部分、一个门类，它的决定性因素，也就是"人民和人民的生活"。

文艺是怎样产生的？从发生学的角度来论述，最能看出它的本质。文艺起源于原始人类的巫术活动。原始人类为了渔猎的俘获、生活的温饱、身体的安康及种族的繁衍，或者为了庆祝这些"生活事项"的成功，而举行巫术活动，祈求和感恩神灵。其中"诸位一体"地蕴含着原始的宗教、语言、科学、舞蹈、音乐、美术等。以后，随着人类社会和人民生活的生产和再生产的不断发展、提高和文化化，这些"事项"便一一分门别类地发展，直到现在这样现代化的发展高度。但最初的"原质"、DNA从此形成而不变。所以，使命感、人文关怀和良知激情，就成为文艺永不消失和休竭的"三不朽精魂"。而人民的生活就是它的永不衰竭的源头活水。正是在这一根源性上，格罗塞在《艺术的起源》中指出：艺术，一方面"使各个人坚固而密切地跟整个社会结合起来"②；另一方面，又发展人们的个性，"把人们从社会的羁绊中解放出来"。这就是说，艺术既使个人与社会结合起来；又使个体得到发展，"从社会的羁绊中解放出来"。这是艺术的起源所决定的艺术的极大功能。"文艺是生活的教科书"，就是这一理论的通俗表述。

二、文艺既是人民精神的火光，又是引导人民精神前途的明灯

鲁迅曾经精辟地说："文艺是国民精神所发的火光，同时也是引导

---

① 恩格斯：《马克思恩格斯选集·致保·拉法格》，见《马克思恩格斯选集》，人民出版社，1995年第2版，第695页。

② 格罗塞：《艺术的起源》，商务印书馆，1984年10月第2版，第241页。

国民精神的前途的灯火。"①他用通俗的比喻说：这好比麻油是从芝麻榨出的，而用麻油浸泡芝麻，"就使它更油"。这段警策语，论证了文艺的两个根本性质：第一，文艺是人民的精神升华，也就是说，"人民和他们的精神"，是文艺的源泉；第二，文艺这个"国民精神的火光"，回返影响，又可以引导人民精神发展的前途。这里既包含文艺源泉论，又蕴含文艺的功能论。

鲁迅之所论，在美学和文艺理论中，应属于"文艺发生学与起源论"范畴。这一理论，以及现实主义理论，近些年，受到了国内理论界一些人士的挑战、否弃以至于嘲笑。有些论者及一批文艺新潮人，拾人牙慧，借并未消化的洋理论而"抒己见"，标榜"写自己""玩文学"，有的论者甚至堂而皇之扔出"文学与时代无关"的宏论。他们鄙弃文艺反映人民生活的理论和创作，背向着我国从未有过、引发世界瞩目的社会发展和历史进步，来歪曲地阐述理论和从事创作。

事实上，20世纪西方文论，不管怎样花样翻新，"离经叛道"，其根底和实质仍然脱不开"文艺是社会现实的反映"这一基质。从亚里士多德的《诗学》提出"模仿说"以来，直到现今西方高等院校普遍采用的文科教科书、韦勒克和沃伦合著的《文学理论》，都证实了这一点。《文学理论》中就特辟了《文学和社会》一章，其中指出："总之，文学无论如何都脱离不了下面三方面的问题：作家的社会学，作品本身的社会内容以及文学对社会的影响。"上文已经提及"人民是社会的主体"；因此，这里所说的"社会"，即可代之以"人民"，也就是等于说："文艺在三个基本方面都脱离不了人民"。它永远是人民精神和引导人民精神的火光和灯火。

三、伟大作家都是人民养育的时代之子

历数中外文学艺术历史，凡是伟大的作家、艺术家，都是在人民（人民的生活和精神）的哺育下成长的，都是用自己的作品反映了伟大的时代，使之成为时代精神的表征、时代的号角和人民的心声。中国伟大丰富、居于世界文化史上的光辉篇章地位的历代文艺作品，无不如

---

① 鲁迅：《坟·论睁了眼看》，见《鲁迅全集》第1卷，人民文学出版社，2005，第254页。

此。从屈原的《离骚》，到唐诗、宋词、元曲、明清小说，直到鲁迅的作品，都是实证。这里只说鲁迅。我曾经在自己的《文学笔记》中，如此描述他："历史产生了鲁迅；人民选择了鲁迅；时代考验了鲁迅；民族养育了鲁迅；世界文化丰富了鲁迅。"他一生坚守"俯首甘为孺子牛"的人生宗旨和创作追求，直至"我以我血荐轩辕"。所以，具有70年历史和世界影响力的英国企鹅经典文库，收入蓝诗玲（Julia Lovell）新译《〈阿Q正传〉及其他中国故事》。美国汉学家华志坚（Jeffrey Wassercrom）对此评论，这是"有史以来出版的最重要的一部企鹅经典"。他指出："首先，公认鲁迅是世界上人口最多国家之成就最高的现代作家，而且是绝对不可缺失的作家，此类作家，其作品内含线索，可供人解读一国之文化，这些作品本身，也融入整个民族的DNA"。

我们再看世界文学史。每个国家、每个民族，在每个时代，产生全民族的生活理想和精神诉求，同时是会应时代之召唤、民族之养育、人民之催生，产生一批民族精英，为民族的感应神经，为民族的思考人和代言人。其中，尤以作家艺术家为斥候、为灵魂，为形象表现者与奋力呼号者。他们的作品，便成为表达民族精神、民族命运和民族愿望的民族文本。但丁、莎士比亚、巴尔扎克、歌德、普希金和托尔斯泰，这是可以从世界文化史上列举出来的著名的民族文本的创造者。这种民族文本，其源泉是人民的生活和精神；其成就则是反映人民精神和引导人民前进的火光和灯火。

意大利的但丁，恩格斯赞颂"他是中世纪的最后一位诗人，同时又是新时代的最初一位诗人。"莎士比亚，英国文艺复兴时期的伟大剧作家、诗人，他开启了英国和欧洲人文主义的伟大思想浪潮。德国的歌德，恩格斯说"他的气质、他的精力、他的全部精神意向都把他推向实际生活"，所以他才能成为德国人民的精神导师。法国的巴尔扎克，宣称自己要当"社会的书记"，他的91部小说构成的《人间喜剧》和他的全部作品，"汇集了法国社会的全部历史"。恩格斯说，他写的那些"共和党英雄们""的确是代表人民群众的"。普希金（俄罗斯诗歌的太阳）和托尔斯泰则声言自己要写"人民的历史"。

正如丹纳在他的《艺术哲学》中所指出的，艺术家不是孤立的，而是属于社会群体，"我们隔了几个世纪只听到艺术家的声音；但在传到我们耳边来的响亮的声音之下，还能辨别出群众的复杂而无穷的歌声，……在艺术家四周齐身合唱。"他还特别指出："只因为有了这一片和声，艺术家才称其为伟大。"

总之，艺术家都是人民养育的时代之子，他们从人民生活中获得了取之不尽的创作源泉，汲取了人民的精神哺育，反映了人民的声音而又取得了群众的和声，因此，他们的创作是"国民精神的火光"，又回照人民，引导他们精神发展的前途。这是最真实、最珍贵的文艺史实和精神启示。值得我们深思和学习。

四、文艺与人民：巨星还是流星

从前节简述中，我们可以领略到：那些文艺的奥林匹克山上的巨人们，是由于甘为人民之子，从人民生活中汲取营养、接受人民的精神养育，又以杰出作品反映人民的生活和物质与精神的诉求，而成为人类文化星空上耀眼的明星，永远照亮人类的精神世界和文化天空。

不过，我们现在却会发现，当今文艺生活中，却不乏"言不及社稷，情不系苍生"的作家和作品。他们（它们），背离人民、脱离社会实际，编造故事、虚构生活、违背历史逻辑，制造出的作品，生活空虚、思想苍白、人物畸形，创作的追求是市场效益，是金钱和由金钱而得来的物质的享受。他们一时间可以作品流行、收入丰厚、誉满国中，但终不过是"江山代有才人出，各领风骚三五年"，用不了多久，便都成为历史的过客，草上必偃的飘风。

中国改革开放以来的发展，亘古未有，震惊世界，如今已经走在世界的前列，在世界民族之林中，举足轻重。社会现实已经酿造了产生文艺大师的历史土壤和时代条件，人民也呼唤大师的出现，民族也寄望大师的精神灯火的映照。

然而，明星乎，流星乎？取舍之间，就看在人民面前创作的心性和理想！

「问渠那得清如许，为有源头活水来」

越过"铁门限":生活对文学的召唤①

一

"铁门限",这是王夫之对于生活在文艺创作中的地位和作用的提法。这提法,颇为深刻,颇有斤两。他说:"身之所历,目之所见,是铁门限。即极写大景,如'阴晴众壑殊'、'乾坤日夜浮',亦必不逾过限。"②

这里说,即使是写乾坤宇宙这样的"大景",而且是大而化之地写,也要亲身经历、亲自所见,否则是写不好的。如果是这样,对于叙述文学来说,要"极写"社会生活和人,包括诸多细节和心态,就更加要求做到这一点了。这里所说,自然是一句老生常谈,无数遍地被提起论及强调,甚至被人向作家不断地耳提面命过的。我这里再次提起,是想从两方面来加以申述,未必有多少新意,都是含着一些自己的感受的。

第一是王夫之这"铁门限"的说法,令人甚感兴趣。我们不妨理解为铁的法则、铁的硬指标,铁的谁也逾越不过的门槛。这道理也无须多说,大家都是知道的,但是,是否大家都在按照这种认识去做?这都很难说。这并非一般推理。我们近些年常常可以看到一些作品,包括小说、诗歌以至某些报告文学,却是难免令人感到是"铁门限"外面的述说,多少窥见一点生活的形影,加上并非够格的艺术想象,加上所谓技巧——实际上可以说是一种"组建"某种文学样式的一些技术,就凑合成一篇作品了。还有一种情形是,多少一星半点身边的琐细经历、街谈

---

① 原载《鸭绿江》1992年第4期。

② 王夫之著,戴鸿森笺注:《薑斋诗话笺注》,人民文学出版社,1981,第五五页。

巷议或朋友叙谈中的一些耳食之言，就凭"技巧"筹谋成篇了。"铁门限"之外的跳舞，即或美丽，也仍是苍白。我想是有出息者所不屑为的。

第二点感触是，当今之世，无论从世界范围，还是从中国境内来说，都是一个划时代、跨世纪的大变动、大变革、大发展、大转型的时代。在这个大时代的"铁门限"外面，真是有无限的风光，丰富的生活，有写不尽的、空前未有的社会与人的千变万化的材料。它对作家具有无比的诱惑力、推动力，是艺术创造力的源泉与动力源。问题只在越过"铁门限"。

我国当代社会正在发生急剧的、深刻的、空前的变化，这是一种历史的巨变，这种巨变具有与历史上任何巨变不同的性质。中国正在发生的是一种社会的重新构造运动。社会的重新构造，一方面是引起了对传统的既扬弃改革又继承、发展，既承续又改塑，出现一种社会变迁的流徙、革新过程，出现一种社会的旧质的蜕变和新质的产生。另一方面，又出现对于现代的和外来的社会新质的引进、筛选、过滤和改塑与接受。这里是充满了千姿百态、纷繁复杂、矛盾交错、潮流汹涌、变异万端的社会景象。可以说，为文学创作提供了极为丰富多彩的素材，有写不尽的新鲜事、诉不完的人间情。

随着社会的变迁，必然引来人的变化，人的文化-心理结构的变化。目前在中国所呈现出来的各阶层人们的精神世界、情感天地和心理渊薮的无比巨大而深刻的变化，可以包括于"由传统中国人向现代中国人转化"的总题目之中。同步发展和互相渗透、互相影响的是文化的由传统向现代化的创造性转化。这一人的大千世界，与社会变化的繁华世界互相结合在一起，为文学创作，更提供了写不尽的"人物画廊"，足供作家们写出新的人物形象、新的典型性格。

这种社会与人的空前的巨变与遽变，根本的动力源是新的社会生产力的产生和发展。在农村，在商品经济发展和农业生产的商品性的增长，特别是在乡镇企业发展的基础上，生产结构、产品结构都发生了巨大而深刻的变化，由此而产生了新的社会阶层，产生了原有社会阶层的新旧质的蜕变。专业户、个体户、乡镇企业的经营者、工人及统属于第三产业的种种从业人员，都是一些传统农业生产和传统乡村所未曾有的新阶层或是具有了新的社会属性的新旧交替的"旧阶层"。原有的阶层中，"农民"这个传统的阶层概念也有了新的变化。有不少农民已经不再是传统的"庄稼人"，而应合理地称为"农民-商人""农民-工人""农民-专业户"了；有些，还难于用一种社会称谓来概括。这种变化，带来了新的社会分工，而"分工"正是马克思主义所肯定的社会发展的强大杠杆。可以说，社会分工，就是社会分化，也就是社会进化。因为这种分工和分化，带来了社会的细密和繁复的发展。这同时就引起了生活的细密而繁复的发展。由此，也就产生了社会结构的变迁，并顺应地带来了人口结构、家庭结构、情感结构、心理结构、人际关系和整个农村感性世界与理性世界的变化。这就是整个农村面貌的变化以及人们心灵的变化。在这个变化的急剧、迅速、频率高、幅度大的过程中，有多少家庭与个人的升迁浮沉，多少悲欢离合的故事，多少新旧行为准则、道德规范、价值观念、生活信念以至于审美心理的矛盾冲突。真正是有写不尽的新鲜故事、新的人物。

谁想要描绘中国几千年来农村社会空前未有的变化途程与图景吗？那将是可以获得丰收并且取得巨大社会的与文学的成就的。这方面的文学描绘，可以并应该是史诗式的，因为这是一次冲破了中国几千年传统社会格局的巨变，又是震惊世界并会推动世界改变的巨变。而且，这种变化本身就是整个东方巨人变化的最重要的方面和表现。最近在哈尔滨举行的全国农村题材创作研讨会上，作家们发出呼吁：文学界不应冷落农村。会议指出，当前文学创作中，农村题材的创作没有跟上时代的脚步，没有获得丰收，尚在低谷中徘徊。报载金河等人认为："这与作家深入农村、贴近生活不够有关"。他们说，"在农村、农民中作家的身影少了。"这不能不说是一种遗憾，但更加是一种损失：作家的损失和文学的损失。

二

在农村发生巨大变化的同时，也是在重要程度上以这种变化为基础，城市以至全社会，也在发生社会范围（不仅是地域）更广泛、内涵更丰富繁杂、社会阶层更多样、也更带现代性的急遽而巨大的变化。生产的结构和产品的结构发生巨大的变革，不断产生新的事物，社会的分工越来越细密周详，随之而产生各种新的阶层、群体和亚文化，城市基础设施、公共事业和庞大复杂的第三产业的共相配套的发展，引起社会结构和社会面貌的全面的、深刻的、日新月异的变化。就像我们在当今中国的各个大小城市所见到的"市面上"的繁华扰攘、丰富繁杂、令人眼花缭乱的变化一样，整个城市和全社会的深层次的变化也是同样景象，甚至更超过它。只是其中有许多"隐藏着"、潜在着，在社会发展之河的深层潜流中，不为肉眼所能见而已。工业化、商品化、城市化、社会化的整体过程，蕴含着整个社会的无比深刻的变化，又引来了（这是必然的）广大人群的共相的，又有各自独立性的深刻变化。

在这个过程中，人的文化-心理结构的变化，简直可以说是暴风雨式的，迅猛急骤，是心灵的跃动、奋进、震颤。这里同样有写不尽的人和事，有中国数千年来未曾有的种种故事、种种世相，提供了数不尽、用不竭的文学素材。

这种城市和全社会的变化，更为突出地带着现代性。这是在新的科学技术武装起来的新的社会生产力所发动和引带的生产方式、生活方式的全面变动，不仅引发了社会内底的全面深刻巨大的变迁，而且必然引来第一批现代化国家即现在的发达国家的种种新技术、新科学、新思想、新意识、新观念、新心理素质。但"新"未必就是"好"；"好"又未必就是"对"——同中国的传统"对口"，符合中国的民族性。然而无论接受方的接受心态如何，来者必然来。于是也要产生种种剧烈深刻的矛盾冲突甚至斗争。

把这种"城市风景"和前述"农村风光"结合起来，视为整体，我们会发现整个中国的物质世界和精神世界，都在发生真正翻天覆地的变化。

作为社会生活的产物，以反映社会生长为必然结果，又必然产生社会效应的文学，在这个剧变中的社会现实面前，是大有可为的，也是应该大有可为的。作家们应该为此而手舞足蹈。身逢其时，作家之福。这是需要大师也能够产生大师的时代。描绘这个急遽转型、迅猛发展的社会、伟大民族和社会主义建设过程，这不仅是作家们的社会责任，而且也应该是他们的自觉的要求，一种发自内心的愿望。

三

中外文学史上，都产生过辉照人类史册、做伟大贡献于本民族的文学、文化大师。他们都是社会的产物、时代的产儿、民族的子孙。既是时代造就了他们，他们又做伟大贡献于时代。他们都是越过了那"铁门限"然后取得这种巨大的成就的。远古的时代和巨人，我们且不去历数其迹了。仅就文艺复兴时期以来而言，被恩格斯称为旧时代最后一位诗人、新时代最初一位诗人的但丁，一首《神曲》，不就是产生于那个时代的意大利以至欧洲大陆的社会生活，又服膺于当时的社会并开启了以后一个新时代的吗？以后，意大利的薄伽丘，德国的歌德，法国的雨果、巴尔扎克，俄罗斯的普希金、果戈理、陀思妥耶夫斯基及契诃夫、高尔基，印度的泰戈尔，中国的鲁迅，等等，哪位大师，不是身逢其时，产生于大变革的时代，同时，又由于他们投身于这个时代、这个社会，并用自己的思想和作品反映了这个社会的变革和变革的社会而成就其伟大业绩。

就是那些似乎并不强调社会生活的基因，创造新的文学形态的大师，那些不被列入现实主义作家行列的作家们，又何尝不是如此：受惠于和立足于时代、社会，从而反映了它，对它做出了反应，这才创造了不朽的作品；虽然，他们自己未必如此承认，文坛评论又更多地把注意力放在他们的内心和艺术这方面。但实际上却都未逃出社会-生活这个"如来佛"的掌心。无论是尼采的文学、哲学著述，波特莱尔的《恶之花》《巴黎的忧郁》那些忧郁而"恶"的诗歌艺术之花，还是普鲁斯特的《追忆似水年华》这部真正的意识流小说的开山之作，还有福克纳的《喧哗与骚动》这一更高程度上的意识流小说，还有乔伊斯的《尤利西斯》这种难读的熔当代生活与荷马英雄史诗于一炉的现代派作品，以及卡夫卡的《变形记》这种变态小说，马尔克斯的《百年孤独》这种魔幻现实主义，如此等等，哪一位作家、哪一部小说，不是反映了他们的时代、他们各自所属的社会，不是用自己的作品记录了他的那个时代、社会的生活实情与心灵风光。不同的只是，他们用了曲折的、变形的、魔幻的、新奇的、晦涩的、奇特的手法、语言、结构，总之，一种不同于现实主义创作方法的创作手法和艺术形态。透过那奇幻朦胧的艺术面纱，我们仍然能够看见那"赤裸裸"的他们的"当代社会生活"。他们的艺术创造是在社会生活的舞台和基础上进行并获得成功的。他们不是虚浮在半空中的花。

前人的足迹，启发和引导着后人。我们回首历史，转脸就应听见当今中国社会生活对我们的呼唤：越过"铁门限"，无限风光在眼前！

在中国文学史上，有两次社会的大变动与迅速发展，从而带来了文学创作上的新发展、新成就；或者说，在文学上得到了应有的反映：这可视为社会发展的成就和文学创作的成就。这两个时代便是宋元两朝和明清之际。前者，当新兴的城市经济蓬勃发展、小生产汪洋大海之中诞生了百作荟萃、客商云集、帆樯如林、车水马龙、人口集中的城市（如杭州等）之后，便产生和发展了辉照中国史册的宋元话本小说。明清之际，以躁动于封建母腹之中的新兴工商业和新的社会生活为基础，又以宋元话本小说等为文学前驱与"艺术资料"，乃有《金瓶梅》《红楼梦》的出现。回顾这两段历史，也使我们从本土文化上，受到刺激和启发，思考今天应有的责任和独自的幸运：无论是从社会变化之大、之深刻，还是从文学创作的"生态环境"更优厚来说，我们都远远超出了古人。我们应当比他们做得更好。

当然，无论是前面说到的欧美的情况，还是后面提及的本土文学历史，都不是说，中外古人都是幸运地赶上了大变革时代，仅凭"社会生活基础"就大获文学创作之成功。这只是基础，同时，还有艺术上的才能和努力、创造和成就。没有这些，也还是不能有所成的。仅说宋元话本和《金瓶梅》《红楼梦》，在艺术上，都是既继承前人又摆脱、超越了前人的，都可以说是自己那个时代的"现代派"。

我以为在这里可以看到"生活的召唤"和"艺术的创新"的统一性。

四

在生活对于文学的这种巨声宏音的召唤面前，有出息的作家，无论是出于自觉的社会责任感，还是出于自发的艺术家的良知，抑或是发自一种作家的"职业爱好"，都应该是"循声而去"，扑向生活之流，投入社会深层的。这同近些年来的文坛盛行的所谓"艺术追求""艺术探索"并不矛盾。只要在生活／艺术的结合层中，处理得当，两者是相得益彰的。只有如火如荼的丰富多彩的社会生活才能提供艺术追求与艺术探索以鲜活的素材，才能提供艺术加工以源头活水；否则，追求也好，探索也好，都会是一种浅薄苍白的艺术游戏。我们近些年来不是见到过这种忽视以至无视生活而只在艺术形式上用功的追求与探索吗？他们的作品或在当时就"打水漂了"，或者引人于一时，甚至轰动效应不小，但曾几何时，便销声匿迹了。

当然，生活变成艺术，是需要在转换之间付以作家的心血的。那里不仅蕴含着一个被作家反映的客观世界，而且同时蕴藏着一个作家自身的精神世界。只有两者的契合，才能获得一个主客观和谐一致的完整的艺术世界。美好动人的生活素材，具有时代的、民族的、地域的及"社会分类"中的有特点的生活素材，自身就要求和刺激特有的艺术框架、艺术形式、艺术素质。这就决定了从生活向艺术转化过程中的艺术上的追求和探索的动力、中介质和艺术机缘。这里蕴含着巨大的艺术潜力。

但是就目前的情况说，即使一时间还不够熔铸划时代或具有代表性的艺术精品，只要是认真的、严肃的创作，丰富鲜活的生活和一定程度的艺术加工，也足以取得相当的成绩，而为世人所欢迎和肯定。这是因为当今社会重新构造运动中所涌现的人和事，自然地就具有其时代的与历史的价值，处身于时代与历史交叉路口上的、创造历史的人们，对它自然会感兴趣。这就是为什么近年来纪实性作品——纪实小说、新写实主义作品及报告文学——大走红运、甚受欢迎的原因。当然，我们并不会满足于这种成就。一方面，我们相信这类作品如果属于上乘，也会有它的长久的艺术生命力；另一方面，按照艺术发展的规律，在一段时期后，还会产生艺术上更精细、更成熟、更深刻、更具有历史深度的作品。但无论何种作品，作为历史贡献、作为历史档案、作为当代社会生活的精神产品和艺术反映，都会是具有价值的，不仅为当代人，而且为后世的人们所欢迎和肯定。作为这一社会转型期的"社会发展史""人民心态史"，定会具有当今的和后世的历史-文化-艺术价值。

五

文学作品所创造的世界，作为社会生活即第一世界的反映，作为第二世界和第二自然，是由"事件"和"话语"所组成的。后者包括整个叙述所采用的话语和在这个虚构的世界中的人物各自和互相所讲的话语。这个构成艺术世界的"两大部分",只有越过那"铁门限",走进了生活,才能获得。"事件",这在我们之前概述略论(这只是蜻蜓点水式的)过的社会大变迁中,是多不胜数的,而且许许多多事件自身就很具有代表性、典型性、丰富性、生动性,有一种"自在的艺术性",作为创作的素材,它是高品位的艺术之矿。至于"话语",无论二者之中的哪一种,是都只能到生活中去寻找的。而且,作为社会生活变迁发展的表现形式和必然结果,当今社会话语的变化很大很快,带有时代色彩,有浓厚的生活气息。有人已经收集和列举过改革开放以来,随着商品经济的发展和社会生活的变化,在京沪两地,社会话语的巨大变化,旧词新意、新的语汇、新的语言构造,以及新的语境,都令人十分感兴趣。"以活人的口舌为源泉来改造自己的文章",这个鲁迅当年未曾实现的宏愿,我们今天得社会生活之赐,可以看条件来实现了。

当然,这也要求我们越过"铁门限"。

我们还不仅仅在收集"事件"和"话语"的素材,在"采矿"的意义上强调"越限"的重要作用。而且,还有更重要的是,你要写出社会性的,以及你个人的"生活经验"和"人生体验",你必须到生活之海中去感受。感受群体的,即各个社会群体、各个亚文化群的感受,并获得自己的感受。你也必须到生活中去接受刺激,才能感应触发,而产生自己的体验。体验生活之意义,更重要的是那种对别人(社会的)和对自身所得的"诸种体验"的体验。普鲁斯特说:"文学作品是诗化过高的、象征化了的作家的精神世界。"作家在获得这个自我的精神世界之前,需要到生活中去获得物质世界,并获得社会群体的精神世界,由此而熔铸自己的来自社会-历史-文化的精神世界,然后才能将这"精神世界"在艺术创作过程之中,诗化、象征化,而成为充实着社会现实生活而又蕴含自我精神世界的艺术世界。所以,这里是"三步曲":客体—主体—客体。在这"三步曲"中的第一步,是越过"铁门限",去了解、体验和获得客体。

祝福有志者的合理合情的丰收!

1992年1月20日

鲜活的当代文化史向我们走来①

感谢《沈阳日报》开辟《图说往事·老艺术家》专版，从今年元月10日开始，以著名大画家宋雨桂开篇，连续刊发我省著名作家艺术家的生平故事，至今已出12期。我每期都很有兴味地阅读这些故事，并且深受教育和启迪。我感觉到一种生动鲜活的中国当代艺术史–文化史向我们走来，好像与这些老艺术家们促膝倾谈，听他们娓娓道来，叙述自己的人生故事，颇有"共话巴山夜雨时"之感。

首先我要表示感谢并深感欣慰的是，终于在报纸上，在住房、股市、车市、体育、娱乐等每天都有的专页之外，出现了"老艺术家"这样的文化专页，而且持续下来了。它，也许是读者寥寥或为某些人所不屑吧，但这些专页却蕴含深深的、富有启迪意义和现实价值的内涵，它活泼轻松，却饱含深刻的人生哲理、艺术体验和引人思索的内蕴。它在传播一种严肃而有价值的人生态度、理想志气、价值观念和人格追求（这一点，我在后面再细说）。而这些，是能够起到"启迪青年人格追求和重塑国民性"的作用的。

其次，这种策划的立意很好，有新意、能"出彩"，它不仅图文并茂，以事解图、以图说事，而且要求采访对象，"讲自己的故事"，不是高头讲章，也非叙谈全面人生经历，更不是板着面孔述说艺术大道理，而是笑谈逸史、趣事、轶闻，"谈笑间，沧桑扑面会心"。

现在，就读过12期内容之后的感受和思绪，来简略叙说。我感到，在他们的人生经历和艺术历程中，有三个方面的共同点，但又各有其个性，读了令人深思，令人感发，令人回味历史、反省自身，并且展望未来。

---

① 原载《沈阳日报》2014年8月5日。

第一，他们大都出身贫寒，经历过苦难或困窘的童年，或年少从军，或早岁接受过革命的艺术教育和培养。著名作家韶华出身贫苦，只念过四年半书，14岁参军；著名京剧表演艺术家李麟童11岁进戏班（穷人的孩子才学戏）；大画家宋雨桂是"四岁随父母逃荒到吉林，种地、砍柴、放马、讨饭"；著名导演刘喜廷，15岁参军，现在是"三刀"（手术刀）、"九架"（心脏支架）老人，但依然还在导戏；著名芭蕾舞艺术家、导演张护立"童工考学上鲁艺"；歌唱家、民族声乐教育家王瑞江则是"老师的小礼物，改变了那个要饭小孩"。有句流行的说法："苦难的童年是作家、艺术家的摇篮"，这些便是出色的例证。它不是很具有启迪意义吗？我们现在不是常常慨叹"官二代""富二代"的问题吗？苦难育人才，权钱常误人！

第二，他们都年届古稀或已至耄耋，大都有越过贫穷、经历过风风雨雨、"栽过跟头吃过苦"的曲折经历，也得到过胜利与成功的喜悦和荣光，"曾经沧海"，他们在此基础上，悟出了属于自己却具有普泛价值的、深刻的、启迪人的、包含个性的人生感悟和生命体验。请听他们感悟话语吧！韶华："我要创造一个像曹雪芹熟悉大观园那样的自己熟悉的环境""我总是处在快乐之中"；李麟童："一定要活出个人样来"；经历坎坷的著名民俗学家乌丙安却说："我就是要证明一道简单的算术题""我一直有一个动力，我这一生将永远画正号"；著名书法家、一专多能、人称"学者风度，诗人气质"的董文说："人总是要有所为，有所不为。有所割舍，才能有所发扬。"宋雨桂之言，带有总结性："苦难对于天才是起飞的基点，但苦难对于平庸，苦难就等于苦难。"

第三，作为著名的有很高成就的老艺术家，他们对艺术都具有深刻而具个性的体察和总结，很富有艺术教育的意义，并且越过艺术层次，迈向"人生与艺术的天地境界"。乌丙安把人生与专业-事业结合起来，认为"从人生到专业，是交叉的，彼此要互补、互吸收。"这很深刻地阐述了人生充实专业、专业成就使人生绚丽的道理。他还说："文脉是先有根脉再有须脉"，叮咛"根脉为重"。宋雨桂则言："我有一个讲法叫'万法一瞬'，你的修养、学养、教养、性格、人品、技巧等，一切的一切，最后体现在落笔一瞬。"我初读此言，颇有振聋发聩之感。人的表现、艺术的创造，就是"瞬间显全部"，"片时千古"——"千古"之劳，凸显于片时；"片时"的表现爆发出"千古"的修炼。摄影家王玉文的说法则是："摄影创作的立足点还是得在我们生活的半径之内"；"如何创作就看你自己的修养和能力。"宋雨桂是"由远及近"，他却是"由近及远"，从"生活的半径之内"，再到片时的"千古之练"。那位"三刀""九架"老人刘喜廷的真经是："我不和别人攀比，只是不断地超越自己""我这一生就这个观念。"别人的东西可以学习和借鉴，但无须与之攀比，我自为之，但不断越过自己。小时候当过"压轿郎"、喜欢听婚庆的唢呐，那首唱遍全国、流行不衰的名曲《在那桃花盛开的地方》的作者、著名作曲家铁源，以"民族—民间"营养为自己的"根"，他说：那是"从生活之树上采撷的桃花"。他告诫："流行是进步，但不要忘了根！""获奖获了个满贯"的著名歌剧作曲家徐占海，说自己是"四盒（歌剧）录像带，彻底把我勾进歌剧"，这是鲁迅所说"拿来主义"的硕果。从事"洋艺术"芭蕾舞创作的著名编导张护立，则强调："我创作芭蕾作品有一个奋斗目标，那就是要做到'芭蕾之体，民族之魂'"。这是汲取外国艺术精华，而又灌注中华魂。这也就是乌丙安说的"根脉"、铁源说的"根"：他们的艺术体验与宗旨是一致的，但各有自己的特殊体察。董文提炼了八个字："博观约取，厚积薄发"，并诚言："机遇使我亲聆一代名流的教诲，站在这些巨人的肩头，我看到了山外青山。"这是功成名就的老艺术家不忘师恩，摆正自身位置，更能居高远眺的艺术胸襟。

　　这些人生哲理和艺术感悟，既是他们人生与艺术实践的结晶，却又都是他们心里的"私藏"。现在，诉予公众，就成为社会财富了。这足以教育他人、启迪后进。这可视为当今文化建设的一个有益举措。

杂文：在"社会批评"与"文明批评"中发挥作用

我曾有一文，题为《杂文，你怎么啦!》。在这篇短文中，我主要谈了两点意思：第一，在新时期的文学繁荣中，小说、诗歌、散文、报告文学等样式，均有令人欣喜的大发展，一片繁盛景象，而唯独杂文，则不景气。这不景气产生的原因是多方面的。而其中主要之因是"杂文不像杂文"。现在，十多年过去了。我对自己的这个看法有了改变，但更准确地说，是文坛的情况有了变化。首先，现在不能再谈杂文是不景气的了。事实上，几乎所有的报刊，都有杂文这种样式的专栏，或直以"杂文"称之，或以"××谈"之类名目出之；而且，栏外还发表种种的杂文作品；因此，一个报刊一天或一期中，可以在几块版面上刊载杂文。同时，杂文作者的队伍也大大地扩大了，不限于作家、文人，而是各行各业的人都有。尤以各种报刊的编辑记者更为引人注目。出了不少颇有成就的杂文作家或杂文专栏作者。这些，还不足以打破了、改变了杂文的不景气状态吗？

再说第二点，我之所见大概有一点保守和褊狭，即以一种规格来评断杂文，好像鲁迅说过的有一种衡文的绳子，在那里一横，高者矮者均不合"规格"，不予承认了，而事实上呢？杂文自身是多样的，也是发展的，不能以"一"概之，也不能静止地对待。前面所说的报刊杂文及其作者之状况，即表明了这一点。现在的杂文，更加不那么"文学的"了，它不只是在文学刊物上现身，而是常常和更多地在时事、政治、经济、理论、文化等类刊物及其他各种专业的刊物上和在日报上出现了。它已经成为一种评论、言论、意见的表达方式了。但在总体上，它却不是一般报刊评论，而是可以纳入鲁迅所说的"社会批评"和"文明批评"之中的。其"杂文性"之强不强，往往就在其笔调上去衡量了。不过无论评论之结论如何，其性质为杂文则不可否认。

这里我以为有两点可喜之处。一是究竟仍有着许多人，尤其是报刊编者记者，热心于世事，关心社会文明方面的问题。系怀苍生，为老百姓的柴米油盐事操心。二是这些文字之发表，针砭时弊，揭露批评消极的人和事，总会为社会进步、精神文明建设、新的公民文化性格之培养起到一定的作用。这也就是它的社会效果和文化效果了。这样说来，我以为这比之那种广告式报告文学、莫名其妙的诗歌、吟花咏草歌颂妻儿宠物的散文之类"文学"要高明得多、有用得多而值得一读了。

正是在这个意义上，我为陈乃举同志之杂文再次结集出版而感到高兴，向他在杂文写作上的勤奋和收获表示祝贺和敬意。他正是那些身任报刊编辑而关怀世事写作杂文的许多"业余作家"中的一员。是杂文队伍中的这批中坚的创获甚丰的一位。

如果再往深一层次来说，那么，我还要说，乃举的杂文，有他的独自的成就、个人的特点，这就不是一般的成绩，而是杂文写作上更高的收获了。这方面我以为也是两个方面：一是他的杂文内容方面的特点和好处；二是这些杂文的艺术上的独创和佳构。

就第一点来说，集中之杂文均先后发表于多种报刊上，堪称"时文"，是都汇入于"社会批评"与"文明批评"的舆论与文明建设大潮之中而发挥其社会效用的。乃举的杂文，内容涉及社会生活的多方面，表现了他的社会参与的价值取向和积极精神，对于社会不良风气、不良心态的种种表现，他进行了揭露和批判。我感觉他对文化问题，尤为关心。从小学生上学到文人下海，从"文化兵败"到"教师就业"。他都发表了精到的议论，而且相当的深刻。这既反映了文化问题在当前的急迫意义，又表现了作者的关注重点。社会的需要和作者的内心取向一致。杂文之评论区别于一般的评论，重要的一点是知识性。因为具有知识性而具有可读性和吸引力，也使人读了感到受益：于知识之增长、见识之拓展、智力之加强，均有好处。乃举之杂文，也具有这一特长。诸多文章中，引用历史故事、文化典故甚多，而更可取的是，故事引用贴切，所借以发挥之议论也贴切。有的是"旧典"翻新意。如《无事议南郭》，而更多的却是引用并不习见的故书古事，也还有外国典故之借

彭定安文集 ⑱
文艺理论与评论集

142

用。如此等等，对于文章之生辉、思想之发挥、文学色彩之增加都是有益的，读之也令人兴趣顿生。

我还想着重指出的一点是，集子中有些篇章我以为称得上杂文上品，可谓佳构的文章。它们构思巧妙、叙述潇洒、富有韵味。而各有特点。《"礼"兮祸所伏》等篇以分析深刻见长。《关于"拿来"的断想》，则借鲁迅的《拿来主义》一文主旨立意，但做了自己的发挥，文章①、②、③、④、⑤地罗列而出，是一种思想评论，文化评论的正宗行文。但由于思理清晰、见解可取，而引人一读。《但愿常闻驼铃声》，于歌颂"老黄牛精神"之外，提出"骆驼精神"。有新意，而以叙事抒情为主，议论在最后出现，颇有散文韵味。《龟兔第二次赛跑》，立意巧妙，将收受贿赂、弄虚作假这一受抨击对象，纳入习见广闻的龟兔赛跑的故事框架中，一切均在"讲故事"而未予置评，但揭评自在叙事过程中。至于《顾荣眼里的李向南》，则一切以"顾荣视角"与"顾荣观念""顾荣口吻"出之，让"主人翁"自我暴露式地登台献演，自我讽刺一番，却又是揭示了一种共同的保守心态。这里都含着明显的和隐在的幽默。它们为杂文增辉。

乃举同志，谨将点滴读后感写出，以供同人品评。

（这是陈乃举同志《夏雨集》的序文，题目为编者所加。该书由春风文艺出版社出版）

内容充实艺术新颖①

——评舒群近年的短篇小说创作

近年来舒群同志发表了四篇新作，都是短篇小说，数量不算多，然而，却以其思想上的敏锐、内容上的充实和艺术上的新颖，显示了它们独创的特色。

我们如果把舒群同志从1979—1981年先后发表的四个短篇小说的主题按照时间排列一下，就能看到：这位二十世纪三十年代的老作家的政治热情、政治敏感和社会责任感是令人注目的。发表在1979年第二期《人民文学》上的《题未定的故事》，写了一位中年厂长刘文钊在"三反"运动中被错整了，但他对领导运动的党委书记却不计前嫌，在这位老干部后来处于逆境时，秘密地给予帮助。而当打倒"四人帮"后，这位老干部重新走上领导岗位，与刘文钊偶然相遇得知内情向他表示感谢时，刘文钊的回答是："李书记，想过去，看将来吧。"这篇小说正是在大量平反冤假错案的时期创作的。这时期，各方如何正确地对待历史、自己和别人，正是一个迫切需要解决的社会课题。

第二篇《思忆》，写了周恩来总理如何关怀、使用一个犯过重罪被判死刑，但甘心服罪并能悔改的犯人，使他发挥了自己的一技之长，为祖国服务，对宇航工业做出贡献，并得以重新做人，获得新生的故事。故事是通过一位老干部的生活经历来叙述的。"设法使这种人为革命而有所用"，"而不是割舍或丢弃"，这样一个主题思想，在发表当时（1979年7月），以至于现在，其思想意义是很明显的，尤其是在当时，正有大批重新获得工作权利的人走上新的岗位。此时的"思"与

---

① 原载《人民日报》1980年9月29日。

"忆"，不是颇令人深思吗？

几乎与《思忆》同时的是第三个短篇《别》。它的题材新颖：一位在中国生活了二十多年的美国战俘，要回国与老母团聚，而他在中国的家庭却要"分裂"，中国妻子与儿子留在自己的祖国；他自己带着待业的爱女，回到大西洋彼岸。但是，就在飞机票已经买好，临别前夕，女儿决定不走了。她不愿"舍掉母亲和哥哥、祖国和故乡，而远走他乡异国"。事实上，当她同意去美国时，就同父亲约法三章了："第一，我要保留中国的国籍"；"第二，我要保留拥护中国共产党和学习马列主义、毛泽东思想的权利"；"第三，我要保留从事高尚职业的志愿"。这实际上就是这位待业女青年爱国至诚的表现、她的行动的思想基础。当这篇作品在《当代》第三期（1979 年 9 月）发表时，正有不少人去国离乡，而且社会上存在着一股同情这种行动的思潮。这篇作品在当时有点"逆潮流"的味道，然而今天却显出了它的思想光彩。

第四篇《少年 chén 女》是 1981 年出现的优秀短篇小说之一。它提出了我们当前一个值得注意的严肃的社会问题——如何关怀、帮助、教育曾经受到伤害的年轻一代：既要帮助他们正确地认识现实、理解生活，又要帮助他们解决亟待解决的实际问题，这个问题是现在大家都十分注目的。

从以上的情况中，我们不是鲜明地看到，作家是如何感受着生活的脉搏、人民的思想，体验着党所关心并着手解决的政治、社会问题吗？他并且用他的作品，反映了这种生活之流的激荡前进，提出了这激流前进中的课题。也许有人反而会以此相讥，认为这不又是"配合任务"，又是为当前政治、政策服务吗？然而，我既无此意，而舒群同志创作立意之可贵，也不在于此。问题的实质在于，作家确实需要这种现实感，这种热切关心人民生活、社会重大问题的热情、敏感与社会责任感。这正是他们的思想的才能与艺术的才能的高强之处，这正是革命现实主义精神的体现。当有些同志不免矫枉过正回避这种创作立意与题材之时；当不少作品争写爱情、惊险故事，在这方面争奇斗胜之时；当不少作品在诉说怨苦、衷情，不免浅吟低唱、意趣消沉之时，舒群同志的创作确乎在对比中显出难能可贵之处。

舒群同志作品富于思想意义的主题，他所提出的紧密地结合着社会生活的严肃的课题，都是既来自生活，又用生活本身来"说话"的。他的作品的主题与内容所含的思想，饱含着他所见到的生活和他对生活的感受、思考、分析与评价。作品既是他对生活的提炼，又是他的思想的结晶。他的四篇小说内容上共同的特点是：写平凡的日常生活，故事可谓平淡无奇、朴实无华。但是，跳荡着的生活激情却蕴含在对平凡故事的朴实的记叙之中，敏锐的观察和深入的思考，正是通过这种记叙透露出来的；作家的重大责任感也正是在对这种日常小事的反映中反映出来的。

这几篇小说的故事确都闪现着舒群同志自身生活的印痕和素材。《思忆》中的老干部也记录了舒群同志自己生活的印痕，周总理的那段故事也是有生活依据的。在《别》中，更是具体地记录了舒群同志刚从逆境中解放出来在北京某大宾馆"待业"的生活情景，那儿，也确是往来着众多的异国朋友和旅客的。至于《少年chén女》中，那位老干部的家事，关于搬家的记事和新住宅周围环境的描写，以及年轻的女清洁工的工作、装束的记叙，都是舒群同志自身生活的映写，同样是有些地方达到了"细节的真实"的程度。在这里，我们不是想做那种无意义的考证和索引，而是要从此看出作家是如何从日常生活中去提炼主题、发掘社会课题的，看出他如何在身边琐事中就地取材，然而又从广阔的政治与社会的视野上，进行了细密的观察、深入的思考、深刻的开掘，提炼了迫切而严肃的社会课题。我感到，作家这种社会责任感和创作方法是值得称道和学习的。尤其是回顾几年来文学创作的状况，更感如此。

正由于作品是这样产生的，好比一枝花，它植根于社会生活的土壤，饱含着生活的露珠；又如一幅风俗画，它反映了我们都经历着的日常生活，而又做了取舍，提出了我们忽视了的或者是见到想到而未能表达出来的生活的课题。因此，当作品写到关键处，由人物（也可说是作者）发出寓意深刻的话语时，它并不给人以从传音筒里出来的声音的感觉，而受到倾听肺腑之言的感动。这情形见之于《题未定的故事》，也见于《别》，而以见于《少年chén女》中为最精到而动人。这是因为，这些感慨话语，都反映了生活的逻辑，是从生活之源中自然流淌而出的甘泉，是人物经历和性格所产生的心声，带着生活的芳香和哲理，饱含对生活的体验和结晶，不仅可亲可感而且可信。

最后，我还想指出，舒群同志以老年多病之身，而在艺术创作上精益求精，这也是值得我们学习的。他这四篇小说，可以说在艺术成就上形成几个梯级。如果说前两篇小说还显出停笔多年后在创作上的生涩、迟滞，作品不免平实，那么，到《别》便显出一种跳跃式的前进与提高。笔墨放开了、笔力畅达而洒脱，叙事周密隽永，结构平实中透出巧思。而《少年chén女》则从一个侧面展开了社会生活的画面，人物性格鲜明突出，故事于平实中自然形成跌宕，在跌宕中发展情节与人物性格，而语言则更加精熟，显出一种恣肆汪洋的气势。

思想与诗情①

——评邵燕祥几首长诗

> 让我的诗／随着粮食、蔬菜、牛奶和信件／送到每一家摆放鲜花或贴着窗花的宿舍／每一座冒出牛粪烧的香甜炊烟的毡包／每一个冰雪高原上的兵站／以及每一间护林、护路的斗室门前
>
> ——邵燕祥《走遍大地》

如引诗所言，诗人这样规定了自己的作品的品格、作用和意义。这是他的创作的动机与总体立意，他的诗情。他要使自己的诗，成为群众的精神食粮和像信件一样亲昵而受欢迎的使者。他希望自己的诗到生活和群众中去发挥作用。因此，诗人首先要求自己从江河一般奔腾的生活之流中吸取诗情。我以为这也就表现了诗人自身的品格：以生活和人民为自己创作的出发点和归宿。

邵燕祥是勤奋的。在这两年里，他写了多首长诗，已经发表的就有6首。读罢这些长诗，我仿佛见到了诗人严肃而诚挚的面孔，眉间嘴角透出思考者的深沉与智慧。

"你怎么想到要写长诗？"我这样问过他。他说："我想要发议论。"

---

① 原载《人民日报》1983年5月24日。

我赞同他的想法。然而，或许有人说：你们都不懂诗吧，诗是发议论的吗？但我想，诗苑或许有这个禁令，但美学园地里似乎并无这样的条文。鲁迅说过他写小说是要想发议论，他也以杂文发议论而进入诗的化境、美的领域。大师们的足迹与风范，不是后启来者、养育继起者的吗？

问题在于发什么议论和怎样发议论。诗人从现实生活和人民的希望、要求出发，进入历史、民族、祖国这些辽远而宽广的领域，而又围绕着理想、英雄、生命的价值这些人生课题去思考。这些，正是当前我们社会中活跃着的领域和思考的课题。诗人感受着这脉搏与心理，诗情滋生于此也以此来充实，思想则凭诗情而打动人、升腾而又沁人心扉。这是情与理、诗和论的统一。邵燕祥的诗动人心弦又发人深思的奥秘正是在这里。在《不要废墟》这首长诗里，诗人面对着"昨天和明天之间"的祖国，他"放声歌唱又低声自誓"："让每一寸国土／不再出现历史的废墟／让每一寸心灵／不再出现精神的废墟"，而是要"咬着'建设'两个字／我们重新建设／社会主义的中国／不是回到五十年代／而是跨向新的世纪"。在《长城》一诗里，诗人在追溯了祖国悠久的历史和灿烂的文化之后，发出了这样热情的呼喊："应该有比飞天更绚丽的幻想／应该有比云冈石佛更内在的宏伟的力量／应该有比丝绸之路更长远的航程／应该有比边墙更坚固的围屏"，"而今天的中国人／要倚着长城屹立在东方"。在其他几首长诗中，历史、人民、祖国、社会主义融为一体，并且深化、具象化为理想、英雄主义、生命的价值等，使祖国与个体、人民与自身结合起来了。

我们经历了很多很多。我们民族的欢乐和痛苦、挫折和胜利，都是丰富的、意蕴极厚的。由此它引人思考，启人思路。从邵燕祥的长诗中可以看出，诗人的思考是严肃的、深沉的、积极的。"面对着／光色斑驳的世界／脚步蹒跚的历史／面对着几代烈士的血迹／我沉思"（《不要废墟》）开始，我们不免带着沉重的心情去朗读，然而逐渐地引起沉思，深入于世界、历史、祖国、社会与人生，从国家、民族、人民的命运，进入人生的具体范畴、个人的思想领域，在不知不觉中，我们同诗人一同驰骋而得出积极的结论，从而提高自己的精神境界和理想、情操。我很欣赏这样的诗句："我愿像高压电线一样／带着电走向天涯地角／我愿作长河流水流贯焦渴的大地／但是不夹带泥沙""考验英雄的不仅有战场和刑场／更有那日常生活的研磨""可能最终算不上英雄／但你要有一点英雄主义"……读着这些熠熠发光的诗句，我们的心灵能不受触动，对人生能不做新的思考吗？

　　每个作家都是根据自己的个性、兴趣、生活经历和艺术修养，做出自己的审美选择，歌唱自己的美学理想的。有的诗人们写小草、花、星星、恋情、乡思，或者从一片叶、一株草、雪花、雨丝、小路中深入进去，说出一腔诗情、一缕思绪、一点哲理。邵燕祥的风格迥然不同。他的长诗，处理这样宽广的题材，接触这样深厚的主题，议论这样普遍的人生课题，它开阔、辽远、深邃、丰厚，如观海、听涛、看长卷。这也是美，一种以思理的明朗、识见的精到、感情的纯真而产生的美。

　　诗人不能不表现自我。问题在于这是怎样的"自我"。邵燕祥写过一首长诗《我是谁》。是谁？"我是中国民主中的绝对多数／又是这多数中小小的一个／我和十亿人口中九亿九千九百九十九万九千九百人一样／是挺起腰杆的炎黄胄裔"（《我是谁》）。在别的诗中，他也多次回答这个问题："我是运河开掘者的后裔／我是长城垒筑者的后裔"（《走遍大地》）；"我的故乡是中国／我的姓名是人民"（《不要废墟》）。诗人与人民融合，人民是他的整体，他是人民的一分子，这自我，通向人民。

　　邵燕祥的诗具有思辨美，当然其中包含着感情因素，但他的长诗厚于前者，薄于后者，却是值得注意的。此外，他的诗颇有散文韵味，但锤炼的功夫再深一步，会更好。鲁迅的散文诗，夹带着韵律感。公刘、流沙河的诗也不乏长句，但规整与韵律增加了诗的美。邵燕祥的这几首长诗中，不乏精彩的段落，但在一些地方却也有炼句不够的失着。

　　注：这六首诗是《长城》（《长城》1982年第3期）、《不要废墟》（《春风》1982年第2期）、《北京与历史》（《新港》1982年第8期）、《我是谁》（《上海文学》1982年第7期）、《走遍大地》（《芙蓉》1982年第5期）、《与英雄碑论英雄》（《中国青年报》1982年10月28日）。

惊涛起处见性情①

——评陈世旭的新作《惊涛》

陈世旭的新作《惊涛》（载《人民文学》1984年第三期），以一场突发的洪水为角力场和试金石，展示了今日农村所发生的经济与社会变化及它们在农民心理上的反映。

洪水滔滔，墙倒屋塌。决口处，公社书记呼叫着，鸣枪警告，命令春甫停船救人。但这个养鱼、运输个体户竟然充耳不闻，驾着自己的汽船扬长而去。春甫来到洪水包围的家门时，却发现竟然是那个挤了他的位置的公社书记的儿子为了救护他的父亲而无私地献出了自己的生命。简直像电闪雷击，一下子照见了、猛击了春甫的灵魂，使他震悚、羞惭、自省，就像他的父亲也经历了这个同样的"电闪雷击"一样。在这一简单的情节中，春甫父子与公社书记父子这两对老小四个人的灵魂都在彼此纠葛中，互相对立、互相撞击、互相渗透地表露出来了。而且，正是在这个心理冲突中，既写出了农村各类人物身上的缺点，又写出了他们怎样在一场洪水面前，抖落了心理上的历史遗垢和现实负担，更表现了他们扬弃这些之后所闪射的思想性格的光彩。

作品也写了爱情纠葛，然而却以"理"的斗争盖过了"情"的缠绵，避免了习见的脱离社会生活的空乏与苍白。在第二篇《烽火》中，秋霞与李欣，一对正在酝酿着爱情的青年男女，在洪水决堤的关键时刻，一个逃走了，一个点燃了烽火，而逃兵却无耻地承受点燃烽火救了乡亲的荣誉和尊敬，勇士却被恳求去承认这一切，交换的条件是得到她期待着的那个男子的爱情，还有从乡村进城市的实惠。她拒绝了这场交

易，灵魂闪出高尚与纯洁的光亮。春甫作为秋霞的未婚夫，原是秋霞想抛弃的；但在抗洪斗争中，他进步了，而她追求的李欣却在抗洪中暴露了自己卑劣的灵魂。于是她重新向春甫靠拢了。这样，秋霞与李欣之间灵魂的相击，其火花与前面的两对父子灵魂之间相击的火花，便相遇、相交叉、相融汇，因而更为绚丽了。

作为社会关系的总和的活生生的人，其思想、灵魂和命运，都不是简单的、单线条的、直线式的，而是复杂的、丰富的、多方面的、曲折的。这是社会和人的性格的丰富与复杂性所决定的。公社书记父子，曾经利用手中的权力，挤掉了一个农民的儿子的位置，这是缺点与秽渍。然而，又正是他们，在洪水面前，在群众生命攸关的突发事件中，舍私为公，一个在滔天洪水中指挥战斗，一个在洪水中为救人而舍弃了自己的生命。春甫父子则先是舍公为私，暴露了灵魂的瑕疵，然而后来却又深自反省，做出了实际的改正行动，表现了巨大的进步，又显示了灵魂的光洁的一面。李欣是那么能干、受宠；秋霞曾经想要与农民春甫离异，却在惊涛骇浪中，那么勇敢地点燃了烽火，又能在利诱面前，鄙弃那包着丑恶灵魂的漂亮潇洒的美男子。他们都不是简单化的人。这是社会的、真实的人。这便是非概念化、非脸谱化的人物和性格。

在这场惊涛的冲击下，人们的灵魂、思想都在发生变化，行动也改变了方向。破产的是孤立主义与个人主义，明确了的是集体主义与社会主义的方向。责任制实行以后的农村和农民依然是、也必然是社会主义大树上的枝叶、社会主义肌体上的细胞，在经济上是依附，在生活上是附丽，在思想、心理上应该是集体主义。

这才写出了今天的农村和农民。有思想与灵魂的揭示，也有批判和指斥。《惊涛》凭此突破了现在农村题材小说的某种模式和普遍的浅露状况。它的深度表现了作家对于生活和对现实农民观察与体验的深度。

小说在技巧上的突出成功是它比较充分地表现了短篇小说的特点。它确实是截取了生活的一个横断面，笔力集中地写生活的重心，而人物的心理，则都从他们的实际行动中去体现——这是我国古典小说的传统手法，尤其值得短篇小说去运用。小说的另一出色处，是作品在结尾时，突兀而出，以一惊人的意外之笔——人物的突变行动，来展示、突现人物的灵魂。就像莫泊桑的《项链》一样，在结尾的关键处，以突变形态出之，使整个作品一下子变了"脸"，一下子露出本质与真意，使读者豁然开朗，而在审美心理上则导入一种意外、惊讶、欢快的状态中，而得到美的享受。这不是故作高深所能做到的，它要求对生活做深入的观察和选择，要求合理的安排与发展，这才有真实感，才能反映生活的本质与人物性格的本质。作家的功力也正表现于此。

越过生活的"恩赐"①

——评邓刚的小说《迷人的海》②

这是一篇具有特异色彩的作品。无论题材、立意、艺术构思，都带着很大的特异性。你听说过"海碰子"吗？你知道他们是怎样发挥人的生命力和意志力，同海、同鲨鱼、同礁石、同海流拼命搏斗吗？这位作者，他竟是"海碰子"出身，他亲身参加过这种海里的搏斗，那个海里的世界呵，丰富繁华，而又艰险冷酷，那种"奋斗——否则死亡"的为了别人的享乐资料（海参）、自己的生存资料而做生死搏斗的劳动和谋生手段，这一切，岂止色彩特异，而且，惊心动魄！

他写出了这一切。他在创作上所能做到的，是别人都做不到的。因为，至今我们的作家和业余作者中，有过"海碰子"生涯经历的人，还只有他一人。生活曾经那样对待他，使他在别人都戴着红领巾在双亲膝前受宠、在教室里读书、在海边嬉戏的少年时代，就以一个"海碰子"之身，在海浪里弄潮，在海流中拼命了。然而，今天，这种苛待，竟一变而成为"恩赐"了。谁能像他一样，写出这海里的天地、海里的遨游、海里的拼命及海里的世界，而且写得那么丰富、生动、真切！

小说的开头就令人惊心动魄。一个老"海碰子"，"像一个绛色的海

---

① 原载《当代作家评论》1984年第1期。

② 《迷人的海》原载《上海文学》1983年5月号。

参"，"爬向暖和的岸"，他已经精疲力竭，浑身冰凉，他艰难地爬到岸边一堆在下海之前就搭好的柴草堆前，把手在鹅卵石上蹭擦干爽，再拿起事先挑好的三根最好的火柴中的一根，划着，点燃柴草，火烟冒起，他的生命也就得救了。——如果这一切没有成功，他就会冻僵、死去。他把冰凉的身躯趴在火上烧炙，像猎人渔夫在火堆上烤炙野猪或鱼类。皮肤在火舌中像被无数钢针扎刺，黑色皮肤上现出了块块红斑。当他恢复过来之后，他又拿起鱼叉、网兜，奔向大海，投身海中，去寻找和采集海参了。再一次拼命，再一次搏斗，再一次烤炙。

接着，出现了一个年轻轻的、嫩扑扑的小"海碰子"。他来自海湾的那边，他要来这里经受更险恶的风浪，得到更难得到的收获。他走着与老"海碰子"同样的生活和命运的道路。

作者本可以以这老小两代"海碰子"的生活与命运为线索，展开一场特异的生活图画，来揭示他所要表达的主题，来传达他的思想与感情。他有足够的生活积累和创作素材。他将获得成功。这本是生活给他的"恩赐"。他将以题材的新颖、生活的特殊、人物的新奇，而为我们的文学画廊增添新画幅，获得称赞、受到欢迎。即使他的技巧不足，人们也会谅解他，即使他炫耀自己特异的生活，人们也会接受他。然而，他没有这样做。他越过生活的"恩赐"，寻找新的艺术途径与新的艺术天地。他对那惊心动魄的生活，进行了沉静的思索。这思索，包含着思想上的分析和沉淀，理性上的琢磨和穿透，感情上的提炼和升华。这是一种深刻的艺术上的酝酿，是一个思想和感情对生活素材进行"酶"化的复杂过程。最后，这是一种带有自成特性的审美选择和审美供给。他竟把社会生活推到远远的后方，甚至隐蔽不为人所知。何时、何地、何许人也？年龄、姓氏、家庭、身世？环境、生活的细节，故事的社会性情节、次要人物、周围的人们的群像等，全没有。作者只写了老小两代"海碰子"两个人物，故事情节只限于他们在海里如何与海水、海流、海草、鲨鱼、珊瑚周旋、搏斗，艰辛地寻找和采集海参。贯穿和交叉的矛盾只是他们与海的矛盾和他们之间争强的矛盾。作者的艺术功力正在此处表现出来。以如此简单的故事情节、单一的生活场景、平常的矛盾"斗争"，而能构成数万字的小说，吸引人一口气读下去！当然，"海碰子"生活的特异和惊心动魄，真切的难能可贵的海里情状的描绘，给了作品以基本的引人的内涵。然而，这只不过提供了自然的、质朴的甚至是粗拙的原料，那艺术上的加工，才见出作者的真本事，才是作品的吸引力的本色。不过，作者如果只表现了这一方面的艺术才能，固然也值得赞许，但究竟是一般化的成功。具有这种描述技巧，到底不是十分困难的事。

困难的，当然也是可喜的是：作者在这里进行了巨大的生活与艺术的提炼，独特的艺术构思和他对生活的思索。他描写了老"海碰子"如何要拼着性命去寻找那为错鱼守护的六垄刺的海参；这是他的父辈也在寻找的，他们为此牺牲了性命，为未得到而抱终天之恨。而且，小"海碰子"，也怀着同样的愿望。他也描写了老"海碰子"对于小"海碰子"的竞争心理，写他由内心排斥、小瞧到嫉妒而又羡慕（小"海碰子"有脚蹼和鱼枪这些"现代化设备"），到友好、帮助，直至最后在暴风雨与海涛将要吞没小"海碰子"时，他及时而至——他预计到小"海碰子"的心思：会在不应出海的气候下，冒险出海。在这样一点简略、单纯的情节中，我们领略到世间最特殊的职业与劳动之一的"海碰子"生涯的情景与况味，也接触到他们的特异劳动和生活环境所形成的他们的社会与文化。后者，集中地、"人化地"表现在老小两代"海碰子"的思想、感情与性格之中。他们则体现于始终贯穿着的强烈的意念：同海、同海里的一切敌对生物和敌对状况（如海流与珊瑚等）的拼死的、机警的、敏捷的、高技能的搏斗中。海参，是他们追求的猎获物。但是，作者却不是把它作为他们的生存资料来描写，而是作为他们追求的劳动与生活、心理与性格的高标准目标来树立的。因此，他们不满足于已有的，而要去夺取那最高贵的，然而是最难得的目标——六垄刺的海参，即使极难寻找，又有错鱼守护，而这个传说中的怪物，谁要不慎，碰上它就会被齐刷刷拦腰切为两截。然而，正是这种艰难、困苦、危险，使得那目标具有更大的诱惑力，使得一代又一代的"海碰子"，都怀着理想，勇敢地要去试一试。先辈的鲜血与尸骨，不是他们心灵上的阴影，而是他们性格中的动力。他们要寻觅、追求、搏斗、夺取、献身！他们不是谋生，而是夺标。这是他们的劳动的幸福，生活的理想。

于是，我们在这里看到的是从具体到抽象、从物质到思想、从生活到艺术的飞跃。我们看到的不是生活的原型与初貌，听到的不是直接发自生活的声音，也不是人物在生产、生活中发生的情绪与愿望的直接单纯的抒发，而是抽象了的、理念化了的，这是写意画，是音乐，是生活的"天籁"的鸣响。

有人说，这是象征主义。我以为不确。现实主义作品中的某种程度的象征手法和象征意义，不等于象征主义。《迷人的海》并没有以某物去象征一个与其本质本相毫无关联的另一物。它只是把生活进行了艺术的抽象，然而又是具象化地表现了它。海的平静与咆哮、海里的奇异景象、对于海参的难度与险情都使人惊心动魄地寻觅与采集，"海碰子"的劳动与生活，他们的思想与感情，他们的体魄与性格，语言与心灵，都是真实的、写实的、具象的，是"这一个"。然而，又不仅仅限于此。它的外延与内涵更广更深，更有意蕴。它既有生活的实感，又有观念的空旷和丰厚。而两者又是紧密结合着的。它不仅可以做一种解释，而且可以做多种解释。它可以因欣赏者自身的经历、文化素养、理解力的不同水平而有不同的吸取和赋予；它因审美者的不同的美学修养而变化其审美心理活动。但它的意念和整体构成所给予读者的品性是确定的东西，其方向、内涵、格调都是确定的，而不是含糊的、非稳定性的。老小"海碰子"两代人（及他们的先辈）那种不畏艰险同自然搏斗的精神，使我们联想到人类为了生存、为了自身的幸福曾经、已经和仍将进行何等大无畏的斗争；他们那种不满足于已有的、易得的、既成的，而要去夺取更新的、更高的、更美的，即使艰险，危及生命，也无所畏惧、无所顾惜，而只是怀着理想，怀着美好情操，怀着战斗、夺取的勇气与信心，去探寻、追求，这种思想、感情、愿望、性格，不是具有一种鼓舞人的力量，给人以美的愉悦的力量吗？它使我们想到我们的民族、我们的人民、我们的历史，想到这一切的昨天的艰辛困苦和胜利搏斗，今天的排难克险和美好理想，明天的灿烂光明和新的斗争征途。我以为这里体现了我们今天的生活和生活中的困难、排除现实中的污秽、建设新的社会，去振兴古老的民族，夺取美好的、新的、更高的目标。因此，我也以为，这部作品的时代性和社会意义，正在于此。我们的人民，世世代代锤炼自己的理想，并为这个理想去奋斗。世界上农民起义次数最多的国家，便是这个奋斗的历史的证明。然而一直到马克思主义在中国这块土地上生根之后，才找到科学的理想和达到理想之路。于是在中国共产党的领导下，奋斗了几十年，经历了千辛万苦，达到今天的成就，并要去夺取更高的成就。我们人民的这种追求理想和为理想而奋斗的思想、感情，在作品中得到体现，在人物身上得到寄托。

作为性格典型，我以为老小"海碰子"两辈人，凝练着"中国人性格"的内涵。性格，往往在某个具体的行为中表现出来，这具体行为可能是一个历史行动，但也可能是一次小小的实践，但从具体到一般，无论大小，都反映性格的内核。邓刚不是在历史性行为中，而是在一种既具体又"抽象"的劳动搏斗中，写出了他的人物性格的。这是他的特殊的立意、特殊的艺术构思、特殊的审美选择所决定的。他的成功的作品实现了这个决定。

显然，这是一篇特异的作品。作者不仅有这样的特异的生活，而且，他更特异地反映这段生活。它于是成为一种特殊的小说、特殊的艺术品种。在艺术特性上，在反映生活的特殊性上，它属于中国画、书法、器乐曲等类的艺术范畴。它与徐悲鸿在抗战时期和抗战胜利后画奔驰的马、张大千在海外画《长江万里图》及古人陈子昂写"前不见古人，后不见来者"的诗句于唐诗的开辟期，在艺术上具有同类性。然而这些早已有之的艺术品，属于诗与画与音乐，而邓刚竟以这样的艺术构思与风格来写小说，他提供了一个新的小说作品。

我们应该赞许这种艺术上的开拓。艺术的多样性和社会审美活动的多样性（"双百"方针反映和概括了这个客观事实），都提供了这样做的基础。这篇作品在"百花齐放"的小说艺苑中，绽放了一朵异花。当然，如果以这朵异花之异，去否定其他的小说之花，认为"旧套""老模式"，不值得一读，那是不对的。这里，我以为牵涉一个原则性的艺术理论问题，即是否艺术形式、艺术风格具有完全独立存在的价值和完全独立的决定作用？回答应该是否定的。内容决定形式。而且，按照马克思的说法，内容是成为内容的形式、形式是化为形式的内容，两者间有着原则区别，但又是有机地存在着的一个整体。《迷人的海》在艺术形式上的特异和成功，当然表现了在形式和风格上的成功；但与内容无关吗？如果不存在我们在前面述及的思想内容上的内核和成功，形式、风格就是苍白的、空洞的，那就不是赞赏而是贬低了《迷人的海》和邓刚。

虽然，作者从海明威的《老人与海》受到启发。他在艺术构思和立意上，从海明威得到了益处。但是，就像鲁迅的《狂人日记》与果戈理的同名小说一样，前行者启发了后继者，但后继者的作品在"流"上吸取了异域他国的艺术滋养，而在作品的"源"上，却仍然是植根于本国的社会生活土壤中，是在本民族的文化素养基础上开出的花朵。人物性格和思想，感情和理念，都是完全不同的。艺术风格也很不一样。

同样明显的是，作者写出这样的作品，是他的艺术再觉醒的表现。他的足迹踏进了一个艺术新天地。这当然不会是偶然的。无论是从个人的和社会的范围来说，都是如此。我们民族、社会的生活和文化、劳动与斗争，都在向新的天地发展，一个社会主义的新天地正在展现，它每天在发展，这必然带来我们民族的艺术再觉醒的发生与发展。这可以看作邓刚艺术再觉醒的大背景。他的创作和成就，是这个艺术海洋中的一个浪花。

当然，如果我们肯定了作者是把社会生活和时代背景，"隐匿"于自己的特殊艺术创造之中，他不是直奔主题和简单地演绎主题，那么，我却又不得不指出，他的成功中也带着弱点和缺点，这就是社会生活和时代背景，又过于隐晦了。如果不是有"脚蹼"和"鱼枪"的出现，我们几乎很难清楚地确定事情的年代和时代区划。更主要的是，无论是理念还是思想，感情还是性格，作者都可以和应该点染得更明确清晰，使人明了人物和生活的时代背景和社会环境。折射不是直奔，但却不能曲折无影响。也许作者是有意为之。果如此，则更值得提出并提请注意。因为文学艺术家虽然应该用独特的艺术手段和美学设计来创造自己的产品，但他在任何时候都不能忘记作品的社会性和自己的社会责任。为美而斗争和为人民生活的美而斗争是一致的，是一个整体。

越过生活的「恩赐」

张抗抗小说创作中的文化 "相" ①

——从她的两部中篇小说所作的透视

文学作品作为文化的组成部分，它自身也有一个文化问题。它包含着文化水准的高低深浅和性质的内涵与归宿。张抗抗属于新一代作家的行列。他们的作品本身的文化水准，同前辈比，不能简单划一地衡量高下。在某些方面他们逊于前辈师长。然而，由于社会和人类生活的发展和质量的提高（其主要标志之一就是文化因素的增长）、人民平均文化水平的提高，还由于青年一代经历的坎坷和独特，接触社会面有更为深广的一面，因此，又自有其水准为前辈所不及之处。张抗抗的作品在后一方面，显出一种特色：生活知识和科学文化知识比较丰富。北极光的进入作品和对它的描述（见《北极光》，载《收获》1981年第2期）；微量元素的掺入作品结构框架（《在丘陵和湖畔，有一个人……》，载《十月》1982年第1期）及整个作品表现出的知识性，都体现了作品的文化水准具有一定的高度。这是她的作品具有一定的吸引力和精神营养价值的一个重要因素。而且，更重要的是，这种文化因素，不是作品的外加和游离部分，而是融合于其中的有机成分，并且渗透于作品的总体立意和设计之中，成为其中的闪光的 "石英粒"。北极光是陆岑岑儿时就朦胧向往的祖国边陲的自然奇观，然而又是她的生活理想的象征。当

---

① 原载《当代作家评论》1985年第3期。

作者附言：相，古义为质，但这里主要的却是借用自然科学方面的含义，即在某一系统中，具有相同成分相同物理、化学物质的均匀物质部分。所谓文化 "相"，即在小说创作这个系统中，具有相同思想、意识、情趣、美学理想的均匀 "物质" 部分（文化）。借用这个名词，意在体现作品中的文化状态，以统观作品的含义与美学成分，一个作品的文化相比较全面地体现了作家的主观世界和对客观世界的认识。它当时是作家不自觉地反映出来的。由于它的这几方面的性质，所以是衡量作品的价值和了解作家的主观世界的主要 "通道"。

然她也是作者赋予理想之光的一束"光"。因而，也是作品的闪着秀丽的倩影的光环，具有一种引人的力量。微量元素，特别是钷和硒掺入作品（《人》），钷作为主人公的名字，硒作为探索克山病病因的一个追踪对象，都是生活的实际。一个是父亲纪念新元素的发现而为儿子命名，另一个是一项科研题目。但无论是钷还是硒，都不仅是作品结构中的重要材料（穿插于作品中的关于微量元素的描述一再出现，显示了作品的文化素质，含着深意，且令人甚感兴味），而且是作者含义和思想的结晶。

这些，都表现了作品的文化水准和作家自身的文化水准。这属于作品质量标准的范围之内。反映作品质量的还有由于作者经历带来的佳果：南国姑娘，塞外插队，她能写南方知青的姿态，也会画北方青年的豪壮。她的笔下，有着对塞外雪花、冰凌、旷野、雪原的生动引人且富于哲理的速写，也有对西湖、葛岭、柳丝、绿茵的明丽南国风光的蕴含诗意的轻描。南国与北方，同一文化体系不同的质地与外貌，都熔于一炉了。这是生活留下的印痕，是坎坷经历留下的积极成果。作品因为具有这些而显出绰约多姿之态。

这是张抗抗作品的文化相。它具有区别于老年与中年作家作品的不同的质。它的特点即它的优点。它的优点即它的色彩。如果说不少经历过坎坷生涯的中年作家（如王蒙、从维熙、张贤亮等）具有反映他们的特殊生活经历的文化相，那么，作为年轻一代的张抗抗的另一种坎坷生活所带来的文化相，则是另一种。它属于又一个时代，属于年轻的一代。

然而，文学作品的文化相的更重要方面，却在于它的内涵和归属。在这方面，张抗抗的作品所显现的状况是：基本明朗和健康，但略带含混和"杂色"。《北极光》中的陆岑岑的眼睛，是一个人生摄像机。她睁着、审视、过滤、摄取雪花、冰凌和北极光，从自然景象到社会现象，她鄙弃、嘲笑社会上在某种程度上弥漫的市侩哲学：钱、麻将、酒、录音机、摩托、进口烟，定亲、结婚、"来派"、礼俗、男的要财、女的要貌（割双眼皮）。这也是一种文化："无论内容多么丰富，总有点不伦不类"。岑岑在一只脚已经跨进去了的时候，气恨恼怒地拔腿跑了。北极光在这里被金子的色泽和贪欲的眼光淹没了。她在鄙弃与寻觅的苦恼中发现了另一种文化：费渊，一个大学生，有学识、有思想，然而他说：

"任何人都受着命运的摆布与愚弄，希望只是幻想的同义词"，"人是虚伪、丑恶的，我看透了，彻底看透了，个人的利益是世界的基础和柱石"。这种文化使岑岑觉得可爱，因为它"有文化"而不像前者那么粗陋、洁净而不像前者那么庸俗，然而岑岑又觉得它寒气逼人。它不像前者那么热乎乎，缺乏人群的温暖和生活的乐趣。北极光在冷峻的空间没有踪影，在苦痛和彳亍中，她发现了第三种文化：曾储。他的外表是文化浅一些：穿着工作服的水暖工，高中生。然而他研究经济学。他的话中响着另一种新的声音："如果每个人都仅仅只追求个人的幸福，其结果就是谁也得不到幸福。对人生哲理的探求会促使人们懂得必须努力地去改变自己的生活环境。"当岑岑又一次问道（她一直执拗地追问）："你知道北极光吗?"他的回答是：他知道，向往过，然而：

> 我现在已经不像小时候那么急切地想见到它了，我每天在修暖气管，一根根地检查、修理，修不好就拆掉了重装……这是很具体的劳动，很实际的生活，对不起，它们虽然不发光，却也发热呵……

在这里，北极光由光变成了热，由远渺、虚幻、变得切近实在了。这是能的转变也是力的转变。理想变成了现实行动。

在文化思想的内涵素质上，总体上是明朗的、健康的，归属于社会主义思想体系。人们曾经以爱情上的理想主义向她提出质询，而有的更以"喜新厌旧，朝三暮四"来指斥岑岑并以此责难作者。然而，作者笔下的岑岑是在生活的道路上，寻觅人生的内涵与新模式、思索社会生活的真谛与新模式，爱情是借以抒情写理的"外壳"。"始终飘浮"的诤言值得记取，而过于求实的道德评判却未免过苛而且在文化思想上带着较浓重的过去的余音。一个爱思索、热切探寻人生真谛的、有理想而严肃的姑娘，在择偶上的选择行为是不能与"水性杨花"相提并论的。今天的社会生活和男女青年的交往方式及处理恋爱、婚姻问题的方式都已经变化了、前进了。这种进步的正确形式和歪曲表现是外同实异的。

《在丘陵和湖畔，有一个人……》则是扎实地对于生活目标的奋战与追求。同样是两种文化的对立。杜辉煌用密告、卖友等行为来达到自己的卑劣目的，李钜则用艰苦的学习、认真的劳动来实现美好的理想。总体上同样是明朗、健康的。

那么，含混和杂色何在呢？主人翁思想深处带着一点个人奋斗的色彩。如果说岑岑"始终飘浮在对生活的思索中"（但她仍在生活中），那么曾储虽然脚踏实地，却也未免有一些飘浮在社会的实践之中（说实在的，这个人物形象本身的生活基础就不免有些飘浮）。李钜则一直在苦斗中。人"是自身命运的创造者"，这是他的动力。在作品中它是精神上的支柱。但是，无论是硒也好，石头也好，都是整个物质世界的一纤一毫，不可能脱离。遭遇坎坷的画家对于山间危石因为有根而不掉的一番话，表明了正确的思想。然而，"根"是什么？它在哪里？没有指明。在社会生活和精神世界中的游离感，在岑岑和李钜身上却潜在着。这里似乎蒙着一点萨特存在主义的灰尘——自觉或不自觉的。这同那些在二十世纪五十年代从生活中被逐出的中年作家的文化内涵确是有着不同的质，这里无法评断优劣。本来就反映着不同的时代不同的两代人。这在文化思想的体系上说，属于过去的和现存的个人主义。作者在这里未能很好地从社会生活到人物思想的有机联系上，在社会整体上去刻画人物的性格，用生活、典型形象证明每个人的思想和社会思潮都不过是物质世界在人的头脑中的反映，是意识形态化了的物质，结晶为文化的物质，而人物的好或坏的命运，固然离不开自我努力，但也逃不出"社会关系的总和"这个"命运"的网。这是否透露了作者自己在文化思想上的含混？

　　我以为，这属于理论范畴，解决的途径也在于马克思主义的理论武装。

　　恩格斯说过：德国哲学"是德国文学的补充"。这里需要的正是哲学的补充。张抗抗颇爱哲理的思考并在作品中体现出来了，她有在这方面向前发展的好基础。

白水清风显性情①

——读王充闾散文集《清风白水》

读王充闾同志的散文集《清风白水》，感到书卷气扑面而来。这表现在两个方面。一是中国古典诗词随处可见，"文必有诗"；二是遣词用句、叙事状物以至抒情言志，都是一种中国传统散文笔法。这当然表现了作者对于古典文化的成竹在胸和渊博的学识。儒子学人之风，蕴于诸篇章中。这本身固然是可读可取可学的，令人于读这种颇有"学者散文"之风的文字中，于知识学问方面多所获益。这应该说，也是散文作品的一种功效：一种社会效益和文化效应。简而言之，于其中得悉诸多诗词歌赋、文史知识，不也就是一种学习和一种审美愉悦么？有人或许以为这不合散文规范，有的赞美这本散文集的评论者亦于此不无隐然的保留。然而我却以为不必以形式拘囿内容，也无须用一种规范来要求散文的叙述范型。时下之散文风格的确"转型"，不仅离"五四"时代的散文美文形态甚远，且不同于 20 世纪 50 年代、60 和 70 年代之作。然而，即此也仍然可以有更具传统风骨的"古典式散文"。就像我们现在仍然在写古典诗词而仍然有人爱读一样，充闾同志的此种散文风范，也仍是有它的社会与审美价值的。但我这里并无论定充闾的散文就是古典式，而只是说，具有古典散文的风范。的确，他的许多散文，尤其是那些游记，读起来，常常使人感到作者受到《石钟山记》《岳阳楼记》等这些古典名篇的影响，也许作者并非有意为之，但由于烂熟于胸，于创作心态中即蕴藏此种"古典因子"，所以握笔行文，自然流露这种风格。我所要说的也正在于此：是自然流露，所以既显古文学修养和文笔之老到，却又无效颦学步之态、刀刻斧凿之痕。对于作者来说是一种文

---

① 原载《辽宁大学学报（哲学社会科学版）》1993 年第 2 期。

化、文学素养，对于读者来说，则是一种审美享受。

这里还需再回到书卷气来说几句。我所谓书卷气，并不是指文中诗古文辞多或文章中引的故典旧籍多。当然，这也是一种表现形式，也是必具条件。但却不是凡具此即书卷气。那种文抄公、掉书袋式的博征繁引，并非博学多识。有一种"为文造情"者，更是情未到意未到，为作文章去翻书，找些名句塞进去。这都不是真正的书卷气。我说的书卷气是一种自然的流露、自然的运用、自然的表现。我常有机会听充闾同志讲话，也常在一起谈话，他总是说及某事某物某人，夺口而出地引几句诗词以表情达意。这自非"为情造文"或"为情找文"，而是一种自然的流露。我每于此时常心中暗想："他能背诵的诗词真多，记得这么熟。"他写散文，也是如此，是一种自然的流露，见景生情，情景交汇，熟记心中的有关诗词油然而起、喷然而出，握笔为文时也就自然地运用抒情于其中，加以自然地运用。正因此，所以没有斧凿痕迹，而文字流泻顺畅，所引诗词是一种"外在的内在物"，而不是"外在的外在物"，很自然地镶嵌在文章中，融汇一体。《读三峡》一文是最具代表性的一篇。历代文人墨客所吟三峡诗句都是很自然地引出和运用的，而且也是同他所面对和描绘的三峡景色气象妥洽地融汇一体的。其他如《月明，人在天涯》《梦雨潇潇沈氏园》等篇，也都是如此。这里，就有几重的认知和审美价值：重温或初识诗古文辞、多识于花木鸟兽虫鱼、欣赏这些古典诗词、欣赏为其所描绘的过去的和眼前的风物景色、欣赏作者的博识与运斤之功。

所以我以为主要的还不在于博引诗古文辞，而在于能够将所学得者自然地运用于文中而又自然地表现自己的知、情、意，并达到审美境界。

正因为此，所以我以为充闾散文必须采取古典风骨的散文叙述范型，才能取得内容与形式的统一和引文与行文之统一，从而具有审美价值。否则，很有使叙述文与引证文格调不一、情不顺、意不达、文不畅的危险或弊病。然而，在这种范型之中，又不时露出一种现代人的观念意识，使传统风格之中蕴藏一种现代意念与思考。比如《读三峡》开篇不久，在夹引夹叙描绘迎来山峡奇景之时，忽写道：

　　游人也随之从现时的有限形象转入绵邈无际的心灵境域，与其玲珑相见，灵犀互通，开掘出溶心理境界、生活体验、艺术创造的第二自然于一体的多维向度。

这从文字到审美意念都是现代的表述，表明作者并非不能写作充分现代风的散文，而是在创拟自己的散文风格。在《梦雨潇潇沈氏园》中，在慨叹陆游、唐琬的爱情悲剧之后，说道：

> 人的真诚的爱恋行为一旦发生，就会在心灵深处永存痕迹。这种唯一性的爱的破坏，很可能使尔后多次的爱恋相应地贬值。在这里，"一"大于"多"。对这种现象，我们应该提到爱的哲学高度加以反思，而不应用封建伦理观念进行解释。

这一段解释，是发前人之所未发的，也具有现代哲理意蕴。

这些，同时显现了作者的性情：爱读书、爱中国古典文学和中国文化。他自称是"嗜书如命"的"书痴"，"座前、案边、眼中、心上，无往而不是书卷。孤寂时，有书相伴，会觉得'书卷多情似故人'；夜阑人静，手倦抛书，也习惯于'三更有梦书当枕'。"作者也向我谈过他的苦学经历和现在的"忙读书"：一边洗着脚、一边看着电视、一边手捧诗词读而诵之，集中有文称这为"主体交叉工程"。《节假光阴诗卷里》一文，更是全面、系统地写出了他的读书观和读书生活。这种情状，自然已非苦读而是"乐读"，爱书、迷书，即爱文化、爱艺术、爱美。这种读书已进入审美的生活态度和人生境界。我以为这显现了正在"为官"的充闾同志的心性与情愫。应该说，对于一位官员来说，此点比之在一般人身上，更为可贵。

充闾同志曾有诗自称"俗吏"，这是谦词。事实上，他这个"吏"并不俗。在《清风白水》中，他"读三峡"、游绍兴、走南疆、入西藏、到冰城、访呼兰，到沈园而悼陆哀唐，访萧红故居而白云遐思，小楼听雨而怀先师，偶然巧合而赞人间真情，到南京要访秦淮倩影，盖不忘《儒林外史》、《板桥杂记》和《桃花扇》，游杭州舍西湖而寻九溪十八涧，以及记买豆腐、写安步当车，等等。这些不都体现了一种性情吗？那是一种爱自然、爱人生、爱事业的心性，以审美的态度投入自然，以平凡的眼光、心境理解人生，愿意接近世俗、人生，此种性情，对于一般文人是一种可取的入世精神，而对于充闾同志这种以文事为业余活动的官员来说，则实为可贵。

我并且以为这种在文事写作中体现的内在性情，也是会在工作中、在处理人事世务中体现出来的。不过，这已非文评的"责任"与"权力"范围之内的事了，故从略。

卓然古风意象新①

王充闾古典诗词集，收他1980年至1992年的诗词作品62题169首，十二年间，写作这么多诗作，对于一个政务繁忙的领导干部来说，是难能可贵的。然而我尤以为贵的是这种心态——一种创作心态、文化心态。人有两种生活：物质的、前台的、热闹的、工作的、世俗的生活，精神的、后院的、寂静的、休闲的、超脱的生活，前者是形而下的，后者是形而上的。两者互相区别又互相补益，二者都不可或缺。然而尘世之中，往往有许多人，偏重前者而忽视后者，甚至后一种生活贫至无有。这对于一个人的生活是有损有害的，因为最终必然觉得空虚失落。后一种生活是后在的、潜隐的，然而是深沉的，引导人们进行生之思索。业余的文学创作以至一般文化创制，都是这种内在生活的外在的、物化的形态。能有"闲情雅趣"来创作诗词，即已表现了这种可贵的内在精神生活之丰厚，而作品自身之思想文化内涵深厚，则又证明这种内在生活文化之厚积深蕴。

我读充闾诗词，常感卓然有古风。这令人读之爽意沁心，享受一种唯中国古典诗词才能有的类似的韵味。我以为这是古典诗词之为古典诗词的必备文学素质。当然这不是今人说古话。这是今人承继了古人的审美传统与风范。这种风范神韵之构成，我难说清楚，但是，字、词、句之"原型构造"，它们之特殊组合，它们所牵惹连累到的历史—文化—

---

① 原载《王充闾诗词创作论集》，辽宁人民出版社，1996年4月第1版。

社会情状及文学传统，以及由此构成的总体神韵，所有这些，大概可算是主要构成因素。如果要我准确说出充闾诗作之"古风"来由，我想，具有这些素质，就是原因所在。读充闾诗作，就感受到读古人诗词时的那样一种审美韵味。随手抄几句，如"青山隐隐接层霄，溪啸松鸣慰寂寥。俯瞰恍疑天上坐，抬首依旧月轮高。"（《妙香山》）"为晴为雨总由之，埋首沉酣澹定时。异样丰穰同样乐，渔翁垂钓我吟诗。"（《棋盘山水库即景》）就其风姿神韵说，确是古诗风范。

充闾古诗能达此境界，最直接的原因是他对于古诗词的烂熟于心。他不是"外在的"背诵，而是内在地以诗词话语为思维素材和"思维符码"，所以随口吟来，事是今事，景是即景，但运用的语言符码和词句皆化用古诗词。按照结构主义的说法，诗人的话语来自一个特殊的话语系统，不同于普通的话语系统，这既包括对于现时代的语言的运用，也还包括对于昔日诗歌语言的运用。充闾之古体诗具有别人难于得到的古诗之风，原因和动力，正在于此。然而这却不只是记忆和熟练之功，更重要的在于创造。美国著名的结构主义文评家罗伯特·肖尔斯在分析蒲普的诗作时，就指出他不仅记住了德莱登、弥尔顿和莎士比亚等诗人所使用的语词，"而且也熟知他们运用这些词的数不清的语境"，因此，他能一方面创造出自己的语境来，一方面又在这种语境中创作出自己的语词来。功夫在语境的创造。这就使语言大师索绪尔所说的语言的历时性意义在被诗人通晓后，能够收到真正的共时性意义，使诗人能"昔日-现在"对话，"这个历时的语境使以往瞬息即逝的诗歌措辞具有了新的生命力，重新活跃在诗人的语句中，同时使它们超越了它们自己的时代。"（以上均见罗伯特·肖尔斯：《结构主义与文学》，1988，春风文艺出版社）

我以为从这种分析中，可以看到充闾之诗的特殊的审美素质和构成这种素质的诗人的学力与才力。

不过，如果仅仅参与，也只是具有地道古诗的味，实为不少学者根底中所具有；更可贵的是充闾诗作的古意古韵中含着新的意象，使语境和词语都越过历时性意义而具有时代的共时性价值。这无论是在他的山水纪游、赠友人、吟古今兴亡，还是在咏物颂人、生活素描诸诗作中，都明显地体现出来。在这里，为了"一举两得"，我且举两首为例。一首是（阳关口占）："浊酒一杯寄意深，诗文千古留情真。如山典籍束高

彭定安文集 18
文艺理论与评论集

166

阁，三叠《阳关》唱到今。"另一首是《昭陵怀古（之一）》："关中访古事清游，汉寝唐陵弥望收。一纸《兰亭》珍万代，皇王速朽剩高丘。"这两首诗，古意盎然，阳关三叠、兰亭古序，古今流传，脍炙人口，然而诗中却咏出新意，三叠《阳关》至今传唱，《兰亭》序书万代珍爱，寓意文化及文化精神之终古价值，表现出一种文化性的终极关怀和价值取向。在这些古风新意象中，诗人的心性跃然纸上。

这种诗人心性，在其他诗中也多所表现，而为充闾诗之另一重大特色。他谦称自己为"俗吏"，而以书为友，读书而读诗读史读人，读古今兴亡事，所谓"书斋兴会读中秋"（《读书纪感》），"朝朝埋首勉如初"，"清宵苦读一灯孤"，显示一种书情文心。他不避言"我"，引古人诗"诗中无我不如删"以自勉，而他的诗中也确常流露他自己的心性情怀，令人兴会感应。

史学与文学的交汇①

——读王充闾《面对历史的苍茫》

读王充闾散文集《面对历史的苍茫》（辽宁教育出版社"书趣文丛"第五辑之一，1998年2月版）体验到一种在时间与空间、历史与现实、史学与文学交汇点上，创获的审美素质：述事评史、引古论今，理性的剖析与艺术的抒情、思想与审美、史学与文学，两相结合，融会无间。这原因，我想有几个方面。其一，作者是站在现实立场上，从"现时"进入"历史"的；其二，正如他自己所说"把山水捧起来读"，大多数篇章，是由眼前的"空间"（山水、古迹、遗址等）进入历史"隧道"的；其三，作者在游览时常"被一些古代诗文典籍牵引着"，这就从"空间"进入"时间"，从"现时态"进入"过去时态"，但后者已成

---

① 原载《沈阳日报》1998年8月11日。

作者的"现时代思维"的素材，而成为"现在进行时"了。还有其四，这种"现场思绪"的诗文化，就使文章既散发历史之悠思，又飘逸审美之幽香了。

论及历史，我就不免想起法国年鉴学派历史观的一些启人思路的观念。他们提出了一个"长时段历史观"，即对历史的评析，要放在长时段中（比如几百年）来考察，才更准确恰当。他们还认为历史并不是单纯的"过去的事情"，而总是"被叙述的"过去的故事，因此，他们说，历史叙事，是"活着的人们为了活着的人们而使死人重新活一遍"。我在读王充闾的散文集时，常在思想中引起这种"史学共鸣"，并感到书中整体构成了一个"王充闾历史视界"。在这些"系列散文"中，大板块地方，大都论述的是黄仁宇先生所说的中国历史上的"三大帝国"，即秦汉、唐宋、明清时事。现今评析彼时事，确实是"长时段"的了。而他的评析，又常常能剔抉不常见的史实、历史细节，特别是经他排比考核而成的故事发人深思。比如有宋一代，赵匡胤兵变陈桥驿，强夺天下于后周世宗之妻和恭帝这个七岁小儿手中，而巧的是三百年后，他大宋天下也是"寡妇孤儿又被欺"，失于小儿之手。又如明代开国皇帝朱元璋是"僧为帝"，而其孙建文帝在"靖康之役"中被朱棣夺位后，身着袈裟，浪迹湖海，则是"帝为僧"祖孙三代二人，恰好颠了个个儿。如此种种历史的巧合，蕴含着多少兴衰荣辱的故事，多少兴亡立废的历史内涵。在这些历史的叙事中，作者确实是使死人在活着的人们面前又活了一遍。这里，包含了许多作者的历史诠释、人情体察、人生体验，使人读了之后，知、情、意均有所获，感受到思想与艺术的双重审美愉悦。

要问作者何以能致此境地？我私心体察未必准确，大体上，有四端略可述。这便是：学养，史识，情志，话语。

我常惊异于充闾同志的博学强记，掌握的历史典籍知识和能背诵的诗词之多，常于发言谈话中随遇而出，足见烂熟于心，而于写作时便是"不招而来"。他的散文中，不是外在地镶嵌着而是内在地、浑然一体地出现密集的文史典故、诗古文辞，令人有应接不暇之感，的确，没有这种学养，是难于像他那样每到一地、每游一处、每见一景，就能古往今来，运用古典史籍诗词歌赋，生发阐释，议论纷呈。当然，学养是一种思想能力的"培养基"，能产生思想火花、理论见解、生命体验，在史学方面，就是史识。持此史识，作者面对历史的苍茫，既坚持了历史唯物主义，又不是贴几张标签、立几根理论条条，而是于朝代兴替、治世之道、民生社稷，结合具体史实，有所揭示，提出独到的见解。对于宋、明两代的兴亡得失、关于徽钦二帝的被虏与流落塞外，关于宋代是中国历史上"修文之高峰却又是武备之低谷"等主题的诸多评析与人物臧否，都表现了独到的史识，一种是诗人学者而非历史学家的卓识。至于"情志"，按照王元化先生的解释，这个源自黑格尔的名词，其意义是"既非思想，又非感情，同时既有思想的某种性质，又有情感的某种性质"。我的理解是，思想情感化了，情感思想化了，二者融而为一，内存于心，遇事见景迸发而出，凝练为文，是谓情志的抒发。一曲《土囊吟》、一阕《邯郸细语》、一首《爱的悲歌》，或述史迹、或论人生、或咏爱情，议的是古人往事，运作的是诗古文辞，但感发激起的都是作者的现代阐释与感想以及意欲和可能激活的"读者的接受屏幕"。此皆以情志胜、以情志引人与动人。以上所述都是以"话语"为实现手段的，没有语言这个家园，思想艺术无以落身。作者所使用的叙事话语，我以为是以中国传统散文话语为骨骼，而吸取现代语言、语式，灌以现代意识、外国哲学–文学营养及其话语实现形态，融会锻炼而成，而其韵致是中国气派中国味，这切合集中散文的整体内涵和历史叙事的风格，但又不是旧格局。文中莎士比亚、尼采、海德格尔的思想言论及中国现代学术文化素材，都融会于其中了。这又破了传统而成为新散文。

　　如果要说缺点与不足，我以为文中思想、知识、诗文等的密集度似乎高了一点，显得厚重稍觉有余，而"闲笔"略显不足。盖闲笔如鲁迅所言是"伟树佳卉的枝叶"，也是英加登所说的"空白点"，好比音乐之休止符、国画之空白点、围棋之"眼"，有它则更有余裕。如此是否更好些？当然，这是相比较而言，不是"绝对规律"。如果是行文多枝蔓者，那就相反，是"闲笔"务去，而宜求内容厚重了。

批判的锋芒思想的光①

——试论王充闾散文的批判意蕴

"将知识提纯的批判工作"——这是19世纪末、20世纪初法国批评大师居斯塔夫·朗松的一个有意味的命题。我拟以此命题为探讨原点，来试论王充闾散文中的文化批判意识和批判意蕴。不过，首先需要做一点解释，即本文所说的"批判"，不是20世纪政治运动中习用的"大批判"的含义，那时的政治语境使"批判"一词具有"打击""攻击""对付敌对势力""消毒""对敌我矛盾者的批评"等附加与衍生含义；这里使用的"批判"，类似郭沫若的《十批判书》和李长之的《鲁迅批判》中的使用义，也就是中国语文中"批判"的正常语义，即解析、评论、批评及其"混合"的意思。

王充闾数量可观的散文作品，以历史文化散文为多，私意以为，也以这类散文为佳构，至少是此类散文中佳构为多。虽然他也写了不算少的"情感散文"，其中也不乏佳作。探讨充闾的历史文化散文，可以从许多方面着笔，比如思想，审美特质，历史哲学，历史人物的评骘，语言，等等。但不可忽视的一个重要方面，还应该包括这些散文中蕴含的作者的批判意识和作品中的批判意蕴。而这种内蕴，不仅具有思想的价值，而且还潜蕴着审美素质。因此应该视为充闾散文的思想–审美价值系列的组成部分。我并且认为，这种意识和内蕴，使充闾的散文作品，思想内容更为深厚、审美素质更为提高，更有读头也使读者获益更多。记得周扬曾以王船山的"知人论世"四字来概括鲁迅作品之予人以进益。而充闾散文创作心理中的批判意识和作品中的批判意蕴之价值所

---

① 原载《沈阳工程学院学报（社会科学版）》，2008年第4期。

在，正是在"知人论世"上，可予现代人以思想与审美的进益。

作家的文化观念与文化襟怀，是他的作品深度的源泉和底蕴。而这种观念与襟怀所包含的重要内容之一，就是批判意识。忧患意识-批判意识-超脱与超越意识，三位一体，构成文化观念与文化襟怀的基础性的和生命意义的基核。充闾散文的批判意识，正是构成他的散文审美与文化价值的基核。他的历史文化散文弥散着批判意识和批判意蕴，可以说普泛存在于他的所有这些散文作品之中。我拜读充闾历史文化散文，几乎在每一篇章中，都感受到这种历史的与文化的批判；或者批判的锋芒显露，批判的意念扑面而来；或者在行文之中，隐隐巡行，使你感受到那批判意蕴的存在；或者，在述事、讲史、诉情中，于叙事状物中，潜流涓涓，于细处、于暗中，授你以批判的意念。他的那些访古觅史、寻觅历史陈迹、评骘帝王圣贤文人学士及流人等的佳构中，无不蕴含这种批判的意识与批判的内容。这是他的历史文化散文的脊梁。

这种批判意识-批判意蕴，也就是一种倾向性。批判，总是立足于某种与其所批判的理念、价值观和事物对立的"理论立场"，总是在批判中，显露地或者潜隐地彰显着、褒奖着某种正面的东西。倾向性因此也就蕴藏其中了。恩格斯曾为维护某种"社会主义文学作品"的倾向性而批驳了否定文学作品倾向性的论调；但是，他同时指出，社会主义倾向性在文学的叙事中越隐蔽越好。这里有两条：第一，并不反对文学作品的倾向性；第二，倾向性要尽量隐蔽。不过，恩格斯所论，是指小说叙事；这不同于散文，尤其是议论性散文。公认的西方散文大师蒙田的作品，"整个"就是议论散文，或者说是用散文发议论。这一点并不妨碍他成为文学大师，也不妨碍他的作品成为散文典范。别林斯基也论述过"思想"在文学作品中的作用和意义问题。他很重视文学作品中的"思想"的意义和价值，但他着重论述了"思想如何进入"文学作品的问题。他的意思是，问题不在"思想"进入，而在于如何进入；如果思想进入作品之后，作品的质量发生问题，那么，并不是"思想"本身存在问题；而是作者对他引入的"思想"，还不熟知，还没有成为自己的血肉、自身的东西。而"进入"的方式，也就生硬、隔阂、外在。充闾散文的倾向性很明朗，不隐蔽，这是符合前面所说议论性散文的体式的；但是，并不生硬隔阂；他的批判的锋芒显露而直白，但又闪耀着自身的光芒，"思想"是属于他自己的；他当然汲取了前人的智慧与理论，但不仅经过消化、吸收，而且，内化为自身的血肉了，更重要的是，蕴含着他自己的人生经历与生命体验。——这是最重要和可贵的。比如他的批判的"对象"中，热衷事功、做官为宦是"常见客"，其中，当然含有许多文化的事理，但也存在曾经长期"为官"的作者自己的生活感受与人生体验在内。所以其所论，就不是隔靴搔痒，而是正中鹄的，既有苦涩、无奈，也有苦衷与可谅解处；既有感叹、同情，也有一针见血与诤言。

在充闾散文中，往往存在两两相对的人生课题与文化命题，它们是：入世/出世；仕途/文运；执着/洒脱；达/穷；事功/文学；庙廊/山林；身隐/心隐。这可以说是他的批判意识与批判意蕴的总体框架。这个框架，凝聚了文人学士的全部人生课题，简直是他们的生命的基本情结。然而这里不仅是事关官宦士子，同时蕴藏着中国社会、中国历史、中国文化的基本的特征性内涵。这一框架可以算作中国式的，中国独具的，"人生、生命、文化"情结与命题。它非常不同于西方从古至今的社会、历史、文化与知识分子的情结与命题。因此，解读、评析、论列和批判这一"中国特色"情结与命题，就是抓住一个"理论-文化原点"，来解读、评析、论列和批判中国社会、历史、文化与人生。也可以说，充闾散文是突破一点，又以此"视点"，透视中国社会、历史、文化、人生。充闾散文在这一蕴含丰富的框架里，驰骋思想与文采，挥洒笔墨，纵横捭阖，解析，论证，对比，批判。他的批判的锋芒总是对准前者，而欣赏与赞誉，则施予后者；思想的光，照出前者的阴影，而映照出后者的绚丽的光泽。我们在他关于严子陵、李白，关于曾国藩、李鸿章等的篇章中，就可以看出这种炽热的倾向性。

充闾的历史文化散文，每每涉及历史与历史人物。"述史""评人"，是他的题材与主题的骨干。这就涉及历史观与历史哲学问题。按照法国年鉴学派的历史观念，历史都是写史者对于历史的"重构"。而法国历史哲学的代表人物雷蒙·阿隆的说法更为有趣而中的。他说："历史是由活着的人和为了活着的人而重建的死者的生活。"①这当然不是说历史都是主观臆造的，或者说历史是可以伪造的。这就好像接受美学中的命题：接受者总是根据"作品"的"原意"，来创造"意义"；前

———————————

① 保罗·利科：《法国史学对史学理论的贡献》，上海社会科学院出版社，1992，第10页。

者是依据，是基础，是范围；主观不能按照自己的意愿来随意创造；也不许可随心所欲地伪造。他必须在也只能在"原意"的基础上和范围内来"创造"，只能在"原意"的"如来佛"的掌心中"跳舞"。历史的"重构"也是如此；对死者生活的"重建"也是如此。"历史材料"是"重构""重建"的、跳不出去的如来佛掌心。不过，这个"掌心"广阔辽远，海阔天空，足可供作家施展其想象与才华。充闾正是这样做并做得颇为成功的。

前面使用批判的"锋芒"与"显露"，来标识充闾散文，这词语可能有不确切的缺点，或者说容易引起误解。所谓"锋芒"，所谓"显露"，都是指批判的气势、力度和韵味，是一种对于文章内在气质的赞誉，而不是指文字外在的表现。事实上，在文章的运作、进行、表达过程中，充闾散文在整体上，都是行云流水，逶迤蜿蜒，娓娓道来，如涓流细泉。其批判意识和批判意蕴，率皆孕育其中，或直白论列，却也是条分缕析，不仅理路清晰，而且文采斐然。匿锋芒于华文，于隐匿中彰显，即批判不是"金刚怒目"式，而是理清情切式。我以为此中含着作者理论上的自信、情理上的通畅和心理上的自恰，还有审美理想上的圆融，故能形于外而成就优雅的历史文化散文。

历史的重构和批判，立足点和眼光，是决定性的前提。重构一个历史事件或一段历史，或者"重建死者的生活"，需要确定自己的立足点，进行批判则需要具有批判的眼光。这都不是轻易之举，也非轻易能够成功的。列夫·舍斯托夫在论述陀思妥耶夫斯基时，曾经把作家的眼光分为两个视力，他说，"第一视力"是"天然眼睛"；而"第二视力"则是非同他人的作家自己独具的眼光-视力。①我将第二视力称为"文化的眼睛"-"文化视力"。充闾的批判意识和作品的批判意蕴，正是由于他形成了并且使用了自己的"第二视力"的结果；是他的"第二视力"的思想之光，照亮了"对象-题材"，闪出了审美的绚烂。这一点，突出地表现在关于曾国藩和李鸿章的两篇散文中。评析曾国藩的《用破一生心》，首先这题目就画龙点睛，有"电光一闪"耀人眼之效。在我是一见即引起兴趣，想要读下去；及至开篇就开宗明义点出"曾国藩也被

---

① 列夫·舍斯托夫著，董友等译：《在约伯的天平上》，生活·读书·新知三联书店，1989，第25，29页。

'炒'得不亦乐乎"，把文章产生的时代背景与诞生的现时语境托出。而后，紧紧抓住曾国藩的人生观核心与生命终极追求就是一个"立功扬名"，他的行事轨迹与基本道途，就是一个"伪"字。真正抓住要害，刺入骨髓，活画了曾氏漫画像。那批判的锋芒是锐利的，那思想的光泽，闪耀全篇。

分析李鸿章的一生的《他这一辈子》，则极简略而又准确地评析式地记叙李氏一生，扼要而中肯；同时，提炼了几个关键时期、关键事件，予以透析。在人生轨迹的记叙和文章的巡进中，正中要害地提出几个"评点"："不倒翁""五子登科""有阅历而无血性"等。特别是还进行了"比较研究-比较文化研究"，拿李鸿章和曾国藩、彭玉麟比较，显出李氏的特色与特别。李、曾之比那一段，是颇为精彩的。他指出，曾氏特看重"后世评价"，而李氏则认准一条路，不管后人如何说三道四；曾氏"讲究伦理道德，期望着超凡入圣；而李则着眼于实用，不想做那种'中看不中用'的佛前点心"；对"于义有亏的事"，曾氏"做而不说"，李则"又做又说"。结论："一个是伪君子，一个是真小人"。

这里，对于历史的重构，对于"死人生活的重建"和对于历史与历史人物的批判，都闪动着批判的锋芒和思想的光。在这里，思想不是隔生的、他人的、外在的，而是成熟的、自己的、内在的，特别是，与对象的事实契合的，深入其腠理血肉的。至此，我们可以回到开始时说到的朗松的命题："将知识提纯的批判工作"。王充闾之所以能使他的散文的批判功夫达到这个程度，就是因为他进行了"知识的提纯"。关于曾国藩的史实，纵不能说汗牛充栋，却也是十分浩繁的；关于李鸿章的史实，也有很多。充闾将历史知识，进行了有效的，属于他自己的正确的"提纯"，因此能够提纲挈领，能够抓住要害，能够纵横捭阖而不脱核心与关隘。

关于李白和宋徽宗的两篇散文，是另一种类型的批判。这里的"批判"义，更加具有前述郭沫若、李长之所使用的含义了，它偏重剖析、估价、论述、评骘的意义。《两个李白》，一个是"现实存在的李白"，一个是"诗意存在的李白"。前一个李白，醉心于立功立德；"他热切地期待着'长风破浪会有时，直挂云帆济沧海'"。后一个李白，"痛饮狂歌，飞扬无忌"，"长安市上酒家眠，天子呼来不上船，自称臣是酒家仙"。但前一个李白一败涂地；而后一个李白则达于顶峰。通篇文章在这两个互克互生的"极",进行了细致的论述与评骘。批判的锋芒,不是对着人的缺陷、弱点、问题,而是人的性格与命运;思想的光映照着人生的选择与追求的得当与失着。但问题又不仅仅涉及个体的眼力和"已知"之事。历史事实就是如此:一个志不在诗文的李白,却成就为诗仙文豪,名垂千古;另一个时时想着登龙入仕的李白,终归坎坷一生,落拓穷途。结论是什么?"既是时代造就了伟大诗人,也是李白自己的性格、自己的个性造就了自己";而他的悲剧,则"既是时代悲剧、社会悲剧,也是性格悲剧"。性格,在这里成为李白把自己造就成千古"这一个"的终极原因。

贯穿这篇散文的是批判——历史批判与文化批判。但这不是文学论文。它以散文文体叙事,也以散文文体议论。是以批判的意识与理念为核心,重构逝去的历史,重建"死者的生活"。而且,它越过了李白"这一个",而提升到"李白的心路历程及其穷通际遇所带来的甜酸苦辣,在很大程度上映现了几千年来中国文人的心态。"这是作者一开始就指出来了的。于是以后的行文所及,"点"在李白身上,而整个文章的批判意义,却已经及于几千年来中国文人的心态了。

另一篇关于宋徽宗的散文《土囊吟》,是另一种批判,另一种审美情趣。宋徽宗无疑是个坏皇帝。不仅治世能力差,而且恶行也多,任用坏人、穷奢极欲、荒淫无度。然而,他却是一位杰出的艺术家,书法独创"瘦金书",画作达到北宋绘画艺术的上峰;诗文长短句亦佳。作为坏皇帝,他流落北国苦寒地,亡国之君,跌入屈辱求生非人境地。但作为杰出诗人艺术家,他却流芳后世。这是非常令人慨叹的历史嘲弄与命运悲剧。充闾的散文对此做了尖锐的批判和深刻的喟叹。

《灵魂的拷问》是又一种批判形态:比较论。通篇以陈梦雷与李光地的纠葛为经,编织了两种人生、两种人格、两种身后名的比较论列。这里,揄扬与批判同步,赞赏与抨击俱在,高尚与卑鄙、纯真与龌龊、君子与小人,强烈地对比存在。那种在高尚、纯真、君子面前和观照下的对卑鄙、龌龊与小人的鞭笞、贬斥、批判,愈显强劲、有力而深沉。这种历史知识提纯后的批判,我以为具有超越某个历史人物、某个历史阶段与事件的一般性意义,达到了批判的历史哲学的层次。

还有一种批判形式,我称为顺势的批判和捎带的批判,也是暂时离开文章主流的批判。这种批判,除了批判文字与意义的意趣之外,还有

"行文"的情趣，即文章上的"说开去""插言""顺势发挥"。这种表面的离题，却收"额外"的切题之效。比如访濠梁论庄子而批明太祖朱元璋的阴险毒辣、残酷无情；论李鸿章而批实用主义；赞陈梦雷而批电视剧《康熙王朝》的主题歌；叹香妃而批皇室；濠梁思庄子而批今日之破坏生态环境；等等。从这种文字中，我又体验到作者的创作心理中，有一种潜批判意识存在，它随遇而出，使文章生辉。批判意识的潜存，这是作家创作心理的重要构成。一般地说，西方优秀作家创作心理中普遍存在的批判意识、幽默感和象征意蕴，在中国作家创作心理中，是比较缺乏的。充闾在这方面有其优点。——不过我希望他再加强文章中的幽默感和象征手法。

充闾近作《龙墩上的悖论》更加在高层次上显示了他的历史文化散文的批判的锋芒与思想的光。先浏览这些题目：《祖龙空作万年图》《血腥家族》《赵家天子可怜虫》《天骄无奈死神何》《龙钟与跳蚤》。仅从题目上，就照见了其历史与文化的"将知识提纯的批判工作"，显示了在社会位置的显赫与"至高"上，在历史-文化的深层与厚重上，达到了新的高度与深度。但他的立论的宗旨和批判的锋芒，却是起于帝王之业的高层，而落于芸芸众生的尘世。这里且只以两篇力作为例，以见一斑。

《祖龙空作万年图》《天骄无奈死神何》，写了中国古代两个绝代皇帝。但不同于任何帝王论的论旨，两篇散文，把这两个权力薄天、威风盖世的君王，放到"死亡"这个极限面前来拷问和评骘。婴儿依赖、生命极限、生理极限，这三者是人的不可逾越的死坎。我在拙作《文化选择学》中，称为"人生三极限"。始皇帝也好，一代天骄也罢，任他们如何自信、威风、霸道，任他们如何希求长生不老，如何以为自己可以战胜一切敌人，但是，他们终究在极限面前败下阵来。对此，对两个不同时代、不同霸业、不同性格的两个绝代君王，王充闾做了这样的论述：

> ……你不是期望万世一系吗？偏偏让你二世而亡；你不是幻想长生不老吗？最后只拨给你四十九年寿算，连半个世纪还不到；北筑万里长城，抵御强胡入侵，不料中原大地上两个耕夫揭竿而起；焚书坑儒，防备读书人造反，而亡秦者却是不读书的刘、项。一切

都事与愿违，大谬不然。

这是怎样的一种辛辣而可悲的历史-文化悖论啊！

王充闾接着评论说：

> 他一生是悲剧性的。在整个生命途程中，每一步，他都挑战无限，冲破无限，超越无限，却又无时无刻不在向着有限回归，向着有限投降，最后恨恨地辞别人世。"但见三泉下，金棺葬寒灰"（李白诗句）。这是历史的无情，也是人生的无奈。

这种无情与无奈，岂止对于秦始皇是不可违逆的极限与律令呢？它的历史的教训与文化的教益的意义，不是远超出始皇帝一人么？而作品的批判意蕴也就超越"个人论"的范畴了。

至于那位所向披靡、建立了世界霸业的一代天骄，又如何呢？

> 死亡是自然对人所执行的无法逃避的"绝对的法律"。对于这一"性命之理"，成吉思汗开始是不承认的，或者说不想承认。……西征以来，特别是会见丘真人之后，成吉思汗渐渐觉察到死神的套杆在身后晃动。但他并不肯束手就擒，而是把征服一切的欲望作为助燃剂，去继续点燃生存欲望的火焰，用以取代对死亡的忧虑与恐惧。

成吉思汗在这里是以进为退，用武功与征战的硝烟来遮蔽自己的眼与心，使之看不到和感受不到死亡的威胁。这是作品对于一代天骄的"死亡观"与对待死亡态度的深刻的批判；更加是对于他的霸业与雄心的内在悖论的揭示。

但批判没有停留在这个"阶段"和这个层次。接着又进一步提出了"死不起"的论题。这个论题，使论述也使批判，更深入、更普泛化也更具人生哲理意蕴了。它不是死亡的论题，而是人生与生命的课题。王充闾写道：

> 有些人是"死不起"的。生前拥有的越多，死时丧失的就越多，痛苦也就越大，就越是"死不起"。对于那类一意攫取、不知止足者而言，这生而必死的规律，实在是太残酷了。

这里的批判、论述、指向，哪里只是一个成吉思汗，又哪里只是指出死的必然而已？不是世人皆在其中？不是越过死亡的律令，而入于生活的圭臬？

行文至此，我想起朗松论蒙田时说的话。他说，要弄清楚"蒙田的思想在什么地方引发出来，在什么地方停留，从什么地方得到营养，在什么地方把自己摆进去，在什么地方真正创造了自己的思想"①。的确，要研究和论证王充闾历史文化散文的批判意识与意蕴，还需要研究这些课题，弄清楚这些问题。不过，这应该是另一个题目，另写一篇文章。我这里则只是浮泛而浅露地说出了一些现象而已。

革命襟怀诗家情②

——谈立人《春草集》读后

新年刚过，喜得立人同志题赠的《春草集》，病中习读，感触良多。

这是一本古典诗词集。就古典词语范围而言，我以为有"诗人之诗"与"诗家之诗"的区别，或者说有两种审美特质之不同。前者才气纵横，自由奔放，不拘一格，不重规范，只取其形。后者，则学有功底，深沉周密，遵其规范，守中创获。两者有诗学风格之别，而无高下之分。窃以为立人同志之诗，乃"诗家之诗"，用词遣句、立意布局、音韵格律，悉遵规范，就是一种美，"有意味的形式"，就具有审美价值。

立人同志诗、词均作。词更重格律音韵，需要"填"，也就更具这种格律美与形式美的素质。但词的长短句，变化逶迤，又更活泼跌宕，另具美感。立人同志似更爱填词，而我以为他的词比诗更好。也许是他

---

① 利昂·拜尔编《方法、批评及文学史》，中国社会科学出版社，1992年2月第1版，第196页。

② 原载《辽宁日报》1991年4月23日。

更爱词的调式约束，这更有发挥他的学人特长之优势吧。但词的活泼音步与轻松格调，又往往长于抒情。这也与他的情溢于怀有关。

的确，他喜填"长套曲"，如《沁园春》《雨霖铃》《六州歌头》等。这需要功力、气韵与情感的充实与灌输；否则，虎头蛇尾，难以卒篇，难免苍白。但立人同志之作，却都一气贯底，不仅见学力，而且富于情感，终篇有力。

立人同志是革命前辈，革命实情是他的诗作的意义世界。这是诗之骨。但诗要有情，否则无血肉。更要二者结合，方有诗魂。立人同志之作，二者兼备，诗意乃生。我尤喜那几首"寄内"抒怀性质的诗词，二者融会，情发自内，真挚朴质，读之令人动容。

诗贵含蓄。立人同志之作，具此优点。如《卜算子·送春》《如梦令·茅屋风雪之夜》，写于"文革"之中、插队之时，前面诗句凝练沉滞，意境苍凉，如"片片伤春泪""淡月凉如水""冷炕硬衾如铁"等句都是，但结尾笔锋一转，"且待春回大地时，香色仍无愧"，"风雪，风雪，知否暮冬时节！"语句不多，然情婉意昂，含蓄蕴藉，颇有"冬天来了，春天还会远吗"的意味，更何况已是"暮冬时节"。此等处，诗人意气显见，志士节操亦露。虽是"私情"一段，但也是革命实情的抒写。

我曾以我对立人同志之诗的浅见呈刘昪云、沈显惠同志，他们都说："文如其人、文如其人！"那么，也许我的理解不算太隔。故书心得如上，就正于方家及立人同志。

描绘金河的艺术世界①

——《金河小说创作论》序

一

金河是我所熟悉的作家，我读过他的作品，也与他熟识，可算识其人亦识其文，但是，如果从文学的广度与深度来说，我可不敢妄称"知其人、知其文"，因为在我看来，要了解一位作家的艺术世界，实非易事。每位作家都"拥有"四个世界：（一）他所面对的现实世界；（二）他的生平经历和他每天的生活所形成的他的"自在生活"的世界；（三）他所创造的第二自然，即他的作品所体现出来的艺术世界；（四）他和他的作品所拥有和被接受的读者与批评家的世界。这四个世界是互相渗透、彼此交融、"象忧亦忧，象乐亦乐"、消长衰荣彼此制约着的；在本质上，这是一个浑然一体又彼此区别的整体，它构成一个"独立的世界"。作家自身在这一独立的整体世界中，具有他的主体性与独立性。这决定着他的创作意识、创作心理和创作个性。因此，要了解和描绘一个作家的艺术世界，就需要了解他的其他三个世界，而不能只是就其艺术世界求识其艺术世界。按照雷·韦勒克的说法，这属于作品的"外部研究"范畴。我以为这种外部研究，对于了解作品和作家的艺术世界，是必不可少和大有益处的，简直可以说没有这种外部世界的了解和研究，就不可能真正了解一部作品和一位作家。

倘若我们更深一层地追究，这里还有两个三相结构的文学观与文学研究观。这就是：（甲）对于文学，我们的整体概念应该是：（一）总体

---

① 原载《当代作家评论》1989年第5期。

文学；（二）比较文学；（三）国别文学（或民族文学）。（乙）对于文学研究，我们的整体概念应该是：（一）文学理论；（二）文学批评；（三）文学史。（甲）、（乙）两项事实上是交汇融溶着的，彼此包含又各自分离，它们本为同一个事物的整体，只是人们为了认识、理解、分析它，而设置、创造了不同的范畴、命题，以便透视和解剖。只是视角不同，并无本质区别。但这里又确实提出了各自的独特的、有分量的、有价值的要求，从（甲）项来说，就是把一部作品，一个作家，放到一个文学的时空广大系统中来认识与考察，即作品与作家不仅为自己的国家、民族文学所孳乳，也为世界总体文学所影响，而同时是两者的产儿与体现，与之有着难于分解而又可寻其迹的"血缘"关系；同时，作家和作品，也总是在比较中发生、产出而带着"遗传密码"和"影响刻痕"的，也总是在比较中被接受、认识和评价。比如金河，他所"最热爱的中外作家"名单如下：司马迁、屈原、李白、白居易、曹雪芹、鲁迅、郁达夫、冰心、巴金、沈从文；托尔斯泰、契诃夫、果戈理、屠格涅夫、肖洛霍夫、莎士比亚、狄更斯。他还说："总之，俄、欧、美现实主义作家中的风格厚重、深沉者。潇洒、飘逸的也喜欢。"①这个简略文艺理论批评的表格填写和说明，不就证明了他是如何在这"文学的三相总体结构"中成长、发展和创作及获得成功的吗？

这种金河的主观状况与客观评价，反映了一个作家和他的作品，与前面所说的"文学的三相总体结构"的关系，当然，更说明了从这种三相结构的大系统中了解和评估一位作家和他的作品的广阔需求与"操作难度"。也是在这种意义上，我深感不能妄称通人，自以为能来描绘金河的艺术世界。

从前述（乙）项来说，要品评一位作家和他的作品，要具备所列三个方面的修养和要从这三个方面来从事工作。品评毫无疑义是以某种文学理论为圭臬、为指导、为解剖刀来进行的；而文学批评的进行，无疑

---

① 见金河所填《创作心理调查问卷》中对"您最热爱的中外作家"一题的回答。此《问卷》是我为了进行创作心理研究写作《创作心理学》一书时，印发一些作家，请予填写的。在本文中，我在几处引用了这份《问卷》中金河的答题，我以为这是来自作家的直接材料，是随手写下的内心自白，无意识活动多，比之作家正经的创作经验谈要自然得多，甚至可信得多。

又会在"从抽象上升到具体"①的过程中，阐发一种文学理论，某些文学观点，从而形成一种属于评论家自己的"文学理论"（这一点在大师的文学评论中，比如俄国的别、车、杜，中国的鲁迅的评论中看得很明显突出），而无论是文学理论还是文学批评，同文学史是分不开的。或者以一种潜在的文学史的"史料"与"史识"为总体评论背景，或者以文学史的具体资料和一般规律来评价作家作品。在这三相结构中，当然侧重的是文化根基、艺术素养与理论装备。这是相当深广的武装。

二

我很欣赏王延才的一句评语："一条金色的河"（见《金河小说的审美特征》）。这也许是一个可以接受的对于金河艺术世界的勾画。我喜爱它给予了一个具体的形象，有色调、有动感，闪着光、流淌着，蜿蜒逶迤、曲折悠悠，有一种美感。这也许是金河艺术世界的一种形象？是的，我以为具有一定的准确度，它的不足是失之抽象，也缺乏实质性揭示。但它引导我们去思索和认识。

王延才在提出这个艺评短语之后，接着便评论了金河小说的审美特征，他做出了这样一些概括："在对历史的思索中，在对现实的观察中，常常有自己的独特发现，给读者是心灵的震击"；"让你觉得好笑；但却笑不出来——你的心有点痛"；"散发着生活土腥味儿的人物，不那么'高大''完美'，却别有迷人的风韵"；等等。这些评述，是比较准确的，令人信服的，因而也是可以接受的，是对金河的艺术世界的一种描绘。但我觉得它离开了"一条金色的河"这个艺术评语的形象，这不仅是因为以后的分析和描绘，已经进入社会价值和具体艺术特点的评估，而且失去了形象与色彩。我倒是觉得用那个艺评短语来概括金河的艺术世界的总体形象，更为合适和更有意义。我们把握一位作家的作品的总体风韵和艺术世界的特征，不仅是说明他写了什么和这些所写的东西有什么价值，更重要的是寻找到一种近似的描述语句来标示他的艺术世界，这也许更具有审美价值。

---

① 是马克思一个重要的哲学命题，我们向来重视"从具体到抽象"的认识上的飞跃，而往往忽视从抽象到具体也是一种认识上的飞跃。

三

关于金河的艺术世界，如果抛开"一条金色的河"这个总体形象的勾勒，而做另一种描述，人们就提出了这样一些评断：

> 如果给新时期作家分类的话，我会毫不犹豫地将金河归入"响派"之列。……所谓"响派"是指那些注重表现"重大题材"和历史具体性、近距离迅速地反映生活变革和思考的作家、作品；……这种区别（指"响派"与"轻派"之间的区别——引者）有点类似于我国古代文学中的"豪放派"和"婉约派"，现代文学中的"人生派"与"艺术派"。（方克强：《两极对位与散点透视：金河创作模式论》）

这位作者接着指出：

> 刘心武的《班主任》开新时期"响派"文学之先河，而金河则是极为典型的代表作家。他的小说创作，针砭时弊大胆尖锐，追踪生活及时敏锐，具有内容与现实的同步性以及较之于一般人的思考超前性。

又有人指出：

> 有人曾称金河的作品是"政治小说"，尽管这是在肯定意义上的概括，我仍然认为不够准确。因为，随着我们走进他的作品艺术结构的核心，就会清楚地看到，他的形象并不是汇聚到某个普遍的政治命题，而是通往典型的社会心理状态；越到后来，他挖掘社会心理的追求越自觉，所以，依我看称他的小说是"社会心理小说"更恰当些。但是，指出他的小说里有浓厚的政治意味却是有见地的。（雷达：《论金河的社会心理小说》）

在这里，我大段地摘引了两位评论家的评论，因为他们不仅阐述了金河的艺术世界，给予了一个明确的描绘，而且，基本上代表了对金河的评价的共识。如果我们把这种共识再加以简化，大概不妨做如下的归纳：金河是一位具有社会责任感和政治热情的作家，他又善于从此基点

出发，捕捉生活中的矛盾、变迁和问题，并且通过社会心理的剔抉与表现，而不是政治说教，来表现他的来自生活的深沉的主题。"他没有用政治意识代替审美意识"。这里还需要补充的是，许多评论家都正确地和强调地指出，金河善于思考、勤于思考，而且能通过思考得出不同于一般的、深刻或比较深刻的结论。所有这些，可以认为对于金河艺术世界比较准确的描绘，也是一种具有相当高度的评价。

不过，如果我们把所有这些属于这一范畴的总体评价，仍然看作一种政治价值和艺术价值的评估和认可，大概不为太过分，而且，是否可以进一步说，在这两种价值评估中，后者还是附丽于前者的，在一种潜在的价值意识和论证逻辑上，仍然是先肯定了前者然后论证其艺术表现成功最后是总体肯定。

因此，我们的摘引和概括，还需要补充。这种补充应该是一种深入，艺术评价的深入。我想，下面这样一些评论，应该是属于这种向艺术层次深入的例证。"把倾向和目的埋藏在艺术形象之中，让读者去发掘，去认识。这正是金河作品中的一大特色。"（陈玙，见《金河小说三人谈》）"他超越现实，征服生活，但绝不超脱，不空幻，在更深的层次上贴近了历史的命脉。艺术表现方面则较好地综合了传统与现代的长处。"（马俊山：《金河小说的艺术世界》）"金河的小说作品，不管是表现人物的社会行为还是社会心理，几乎都不是抽象的、怪异的说教与描写，而是结合着切实的生活，在十分平易真实的生活环境中展示这一切。"（李炳银：《情似胡马依北风——论金河的小说创作》）

这样的两个方面，足以构成金河艺术世界的构架。在这个构架中，评论家们，还各自补充了更多更具体细致的东西，它们使我们能够更全面地窥见金河的艺术世界，又更充分地显示出了金河艺术世界的风貌与色彩。

这里有几点可以说一说。一是金河的艺术世界的建构和发展，同十年来的新时期文学发展的趋向，是相一致的，他显然受到这个"文坛总趋势"的影响、启示和制约，这是我们在本文一开始所述及的文学总体结构同作家个体的关系的合理表现；二是金河的不凡表现在没有亦步亦趋地跟着社会与文坛的总趋势，而是既循着大势，又在同时保持着自己的独特性，有自己的视角、自己的选择和自己的艺术表现，因此他的作品在"伤痕文学"、"反思文学"和"改革文学"中既合大势，又不与人雷同；三是，与此相联系，他在探索着自己的道路，不趋时、也不动摇，而是思索、选择与发展。他在保持着他自觉地坚持的、评论家也一致肯定的"传统的现实主义"的创作方法的同时，既深入开掘，又吸收新的手法。正是在这个过程中，他走向成熟，形成了自己独特的创作个性和艺术天地；四是，金河的发展路径，在思想与艺术的内涵上，是由政治主题、社会问题而至人与人的心理，又更入于文化，即一般文化与人的文化-心理结构，也就是文化心态与国民性。这样几点，反映了金河的可喜的深向文化层次的提高与发展。而且，也预示着一种更远大的前程。

四

在评论中，还普遍地提出了艺术领域中长期存在的一个命题：理性与感性、抽象与形象、思想与艺术的对立与统一问题。许振强详细论述了这一点。他指出金河的智慧表现在"他能用直觉的法则去记忆一些充满魅力的细节"，创作时又使现象本身以"细部和直觉"的形态存在，并且"排除主观情感的立场"，"排除他人创作和理论对类似现象的判断，专注于自己对对象本质的描绘和展示。"（《理智的现象世界》）在谈到金河小说的哲理呈现时，许振强首先肯定了我国当代文学中哲理因素足以既制约又辅佐作品的价值；然后，他详细阐述了金河小说中哲理呈现的深刻与巧妙，认为金河的"艺术思考搅和着对时代和时代的人的价值判断，成为历史发展一个阶段的社会面貌以及社会心理的参照"，正因为金河的"社会意识浓烈"，所以他的"理性思考便愈深入"，"这样便可能和已经在形而下意义上生发出种种超验的形而上意义。"（《金河小说的哲理呈现》）概括许振强的意思，就是金河在生活中就以直觉的形式，以选择性记忆的方式，捕捉了充满魅力的生活细节、人物心理，在构思和创作时，又以直觉形象来操作，加以描绘展示，并且排除主观的、理性的、别人已做过的判断。这就是说，金河在整个创作过程中，在前创作阶段（"自在生活"中）、创作构思中和在写作阶段，都是以形象、以直觉为核心来展开和进行的，而排除了理性的直接参与和干预。正是这一点，金河取得了胜利，也是抓住了、体现了艺术创造的根本规律。

那么，为什么还有"思想大于形象"之议呢。从积极方面说，这是一种肯定。但从另一方面看，这也是一种含有褒义的批评，至少是认为思想之光盖过了形象体现。

　　为什么会有这种情况及这种情况说明了什么呢？我以为，根本的问题还在于艺术规律的作用。当金河是从生活的体验中、从形象的捕捉中、从心理的掌握中，产生了创作的冲动，是人物的形象和心理活跃于他的创作的思维与心理机制之中时，他的创作心理与所处理的素材，他的思想结晶与形象之提炼，均处于契合状态，这时，思想与形象是完全融会的，思想寓于形象之中，或者更应该说是形象——人物的性格、心理与行为（它们构成情节和推动情节发展）——之中就蕴含着思想。这时候，创作是一种流泻，如春江水满。在相反的情况下，或者是偶有触动，由形象的"初级阶段"迅即升入思索与思想的层次，然后进入创作；或者是产生了某种思想或感触，然后调用生活的积蓄、酝酿了人物形象，构筑了作品的架构。这是两种顺逆不同向的创作过程。形象与思想的优势与弱势之不同，也就由此产生了。我也是更为喜欢《大车店一夜》、《带血丝的眼睛》及《不仅仅是留恋》，感到那是一种最佳创作心态下的产品，顺畅流丽，物我契合。原因，我以为还有两点可以一提。第一，这种成功作品总是同作家早年经历的、最熟悉的、最伤心的、进入了自己的心理定式中的生活与人物有关；第二，其中许多东西已进入作家的无意识层，成为一种心理积淀，所以能够在构思与写作过程中，自动地、默默地出来活动，在作品中显现，引动灵感的爆发。

　　我们还可以再深入一步探讨这个问题。韦勒克和沃伦合著的《文学理论》中，在谈到文学中的哲理问题时，提出了一个命题："思想进入文学的真正方式"①。这一问题提得非常好。问题不在于文学是否允许有多少思想（思想容度）和具有什么样的思想（思想质量），更重要的事情，是这种思想，如何进入文学，即是否以真正"艺术的方式进入"？韦勒克从反面说道"倘若艺术家采纳的思想太多，因而没有被吸收的话，那就会成为他的羁绊"②。这里有两条界限：（一）多少；（二）是否被吸收？两者是互制的。都被吸收了，就不是外露、外在，就不显多；否则，就多了。没有被吸收，因而成了羁绊，也是多余。被什么吸收呢？被故事情节、人物形象、人物心理等。也就是说，思想融

---

① 韦勒克、沃伦著，刘象愚等译：《文学理论》，生活·读书·新知三联书店，1984，第119页。

② 同上书，第129页。

汇于这些"文学因子"之中了，也许倒过来说更科学些："文学因子"把"思想因子"吸收了、消解了、融会了。作家在创作过程中，在作品中，只是、只会、只需要着意于情节、形象、心理，就不仅有了形象而且也获得了、体现了思想。我以为金河的创作情况，正是表现出了这一点。《大车店一夜》类吸收、消解、融会得深透，《重逢》类则在这方面有不足。依我看，很可能前类作品是在金河的"自在生活"中已经自在地吸收、消解与融会了，当触发产生，它们从无意识层传进意识和调动、调整、组合、提炼，而进入作品。这正是符合艺术规律的"思想进入文学的真正方式"。

五

综合起来，评论家们确实从总体与细部上准确描绘了金河的艺术世界，给予了充分肯定、积极的评价和热情的赞誉；但是，我们自然感到了一种缺憾。这也是我对目前我国的文学评论现状在总体上的一种感受。我觉得对金河的评论，仍然基本上限于社会、政治、历史的价值评价，附丽于此或至游离于此而有一部分艺术分析，但这一部分也都是传统规范的。这无论是从欣赏、评论，还是从价值估定来说，都是一种缺失。如果从本文一开始所说的作家的"四个世界"来说，这种缺失，表现在不仅没有从四个世界的汇和一体化中来描绘作家的艺术世界，而且，在四相世界中，几乎仅及于第三个世界即作品的世界；而且这种"仅及于"又是仅及于一般艺术技巧，而未从更多的审美范畴来探索（此点后面评述），这对一位作家的艺术世界，是很难真正全面深刻细微地来进行描绘的。绝大多数评论论及第一世界，但也限于背景性评述或作为社会政治价值评断的对应物与度量衡来对待，而不是作为现实与作家双向渗透与主客交融的系统来论述的。

如果从本文前述的（乙）项三相文学评论结构来说，则仅及于文学评论，而于文学理论与文学史却缺失严重，除了少量旁证，未做正面论述，更未立足于三相结构来鸟瞰金河的艺术世界。

的确，方克强所写的《两极对位与散点透视：金河创作模式论》专题性分析了金河小说的结构模式，主要是指出了两种：两极对位与散点透视。这种分析是有见解、有道理的，符合作品实际的。不过，它还不是充分的结构主义文学批评的方式，而且这两种方式可以说是金河小说的两个（或两种）结构体例，还很难上升为一种"金河模式"。我倒是觉得金河有一种结构意识即"重逢结构"。这种结构意识，不仅是考虑创作时的一种布局安排、视角选择和情节组合（当然包括这些），而且，更重要的它是一种生活观和人生体验，一种对生活的掌握，一种把生活变成艺术的总体感受与方式。《重逢》是一种"重逢"，《带血丝的眼睛》是另一种"重逢"，《打鱼的和钓鱼的》又是一种"重逢"。"重逢"不断在小说中出现，不仅是结构形式，而且是一种生活内容"生活形式"，又是内容向形式、生活向艺术转化的方式和结果。"人生何处不相逢?"这里有生活的、命运的、心理的重逢，生活的变迁与命运的升降及心理变化、人生哲理、社会面貌，这些皆于重逢中蕴含与显现。金河从生活中发现了这种"原型"，又捕捉住了它，他一定深有所感，"于心有戚戚焉"，所以"取一瓢饮"，进入作品，且形成一种结构。他的本事不仅在于此，更在于他能选取一个合适的"切入"口，安排一种"重逢"扣——这些又都来自生活。而他的思想、人生体验也就以艺术的方式进入文学了。

李忠昌对金河的小说的心理描写，做了系统的、深入的、细微的剖析和论述。这种评议也是正确的、符合实际的。抓住了金河小说的特点，因而是有见地的。马俊山揭示了金河在后来的作品中，从个性心理进到了无意识层。不过，令人感到不足的是，这都还不是完全的心理分析学派的文评。因为这里对于金河的悬拟心理创造论及其多甚细，但是，对于他的创作心理却未做探索。这对于描绘作家的艺术世界不仅是最重要的，而且是先决性的，是"母题"。一个作家的创作心理的建构是极为复杂的，大体言之，生活环境（尤其是童年少年时代的）、生活经历、艺术习得、教育熏陶、师友影响是大而化之的主要方面，但特点在于他的特殊的生活经历与感受（生活经历中突出事件留下的心理刻痕），这表现为他的人生觉醒与艺术觉醒的程度、特质和"提纯"。金河这样表述了他的人生感受："人生是充满艰辛的，但仍然是美丽。人生应该是一个探索、创造的过程。一个人在结束自己生活的时候，应该使人感到缺少了什么，或者说，人应该留下自己的贡献给后来人。……为此，人应该积极入世，但又应有出世的本领。"这无疑是金河的创作心理的核心，它是总揽全局的，贯彻始终的，也是渗透创作整体之中的。金河本人曾经述及童年的生活与感受：

我出生在"胡天八月即飞雪"的穷山沟里，父亲是头上顶着高粱花的农民。读中学的时候，寒暑假回到家里，白天是生产队里的精壮劳动力，晚上围着煤油灯，给农民读《彭公案》《小八义》《三侠剑》之类……。直到现在，在我身上还有很多农民的思想、气质。农民的动静常常在我身上引起"共振"。（《话从"眼睛"说起》，载《鸭绿江》1981年1月号）

　　许振强还指出金河经历的特征："少于厄运而多于幸运"，"一次次命运的顺向大转圜使他成为他这个年龄段中的佼佼者"，"少于恶魔的牵缠而多于自信的伸展"（《理智的现象世界》）。这些，又都形成了金河的经历的特征及创作心理特征形成的生活基础。也许我们可以捕捉和揣测金河生平的三段"黄金时代"（不是就他人生价值而是就他对于创作心理形成的重要性来说的）：（一）在塞外穷山区、在"头上顶着高粱花"的父亲身边和农民群众中度过的少年时代和青春早期，"与民同乐"地一起欣赏中国传统的、民间的小说；（二）在"文化大革命"时期度过的大学时代；（三）许振强所说的"一次次命运顺向大转圜"时期的经历。正是这个时期的中国的生活、大环境和他个人的经历与小环境，在"此时此地"的各种特殊的刺激和他的特殊的反应、接纳和心理内化中，形成了他的特殊的、"金河式"的人生体验、世情感受和心理状态。这形成了他的心理特征；也构成了他作为作家的特殊的创作心理。他瞩目于农民的命运，与农民命运相纠结的干部的"表现"和变化，人生命运的升迁，等等。他本人由"基层"而"上层"，无论在社会地位与角色上，还是文化层面上，均是如此，变化顺向而迅速，又与时代风潮相通。这些，都决定他的思维择向与趋向，影响他的情绪、情感和心态。卢卡契说："人在日常生活中的态度是第一性的"，人是从"日常生活"的这个"长河"中"分流出了科学和艺术这样两种对现实更高的感受形式和再现形式。"①金河在这三段生活的"黄金时代"所形成的"第一性态度"影响和决定了他以艺术形式来感受和再现生活的形式。他就这样塑造自己作为作家的"这一个"的形象。他如此"饮"生活之流：他好沉思，而幽默出之，他不若经历坎坷的作家那样情感激荡而愤激出之；他从容剖析和表现人物的心理，而不是"来不及""迫不

---

① 卢卡奇：《审美特性》，中国社会科学出版社，1986，第4页。

及待"地表述人物的痛苦与哀伤。这是他的心理定式所决定的。这种心理定式，是一种心理上的"相似块"，"先结构"，它成为心理的过滤器和吸收器，从生活之流中的汲取和将素材化为情节构成作品，都受到这个定式与"相似块"的驱使，近之者取之、爱之、表现之；否则，拒之、舍之。我以为这中间可以寻觅金河的艺术世界的端倪与发展路径。

由此我们还进入作家的无意识层。真正的文学研究应该是关注无意识活动与意识活动的相互作用。作家的创作更重要的是受胎于、受制于无意识，起到调整、指导作用。成功之母，往往在于无意识或无意识与意识的有益的多次作用。前已指出，《大车店一夜》等作品，正是无意识及他的创作心理的作用，促使其成功（至少是成功的关键）。在这方面，我以为可以发掘的东西还有很多，而这种工作，对于总结艺术创作经验，对于艺术分析与欣赏，对于真正认识金河及其艺术世界，都是很重要的。

在评论家们的评论中，还分别地或同时地提到了金河的幽默、反讽、陌生化手法等，这都是好的评议，透露了新的批评意识的消息。但是可惜，一般都没有展开，更没有作为评论的"正宗"来予以运用。有的则只是一带而过。这里正有着一块文学批评的新的广阔绿洲，走进去，我们会收获丰厚的果实。马克·肖赖尔（Mark Schorer）说：

> 现代批评已经证明，只谈内容就根本不是谈艺术，而是谈经验；只有当我们谈完了的内容及形式，即作为艺术品的艺术品时，我们才是作为批评家在说话。内容即经验与完成了的内容即艺术之间的差别，就在技巧。[①]

这里把内容–经验，同完成了的内容、形式、艺术两者区别开来了，认为谈前者（我以为还包括只对前者做价值判断）就不是文学批评，而谈后者才是文学批评；他认为技巧是两者之间过渡的关键、手法和途径。这里的技巧是一个广义的用语，它包含所有使内容、经验得到完成，取得一定的形式，成为一个艺术品的思维、创造、方法、技术，以及一切相关因素，包括内在的与外在的。正是在这里展开了一个艺术天地与文学评论的美丽绿洲，是供我们运用各种理论、观点、方法来探

---

① 转引自张隆溪：《二十世纪西方文论述评》，生活·读书·新知三联书店，1986，第43页。

索和收获艺术之果。我们不妨大胆地做一点小尝试。

比如，如果从神话–原型批评来看，金河的小说中，确有一些由神话、童话、民间故事传说、寓言所传承和形成的文学原型、人生命题、意象类型，其中蕴含着中国人的心理积淀、人生体验、集体无意识和各类生活经验在心理上留下的痕迹。[1]比如《重逢》之于"人生何处不相逢""善恶报应"及其反题。《打鱼的和钓鱼的》之于"只许州官放火，不许百姓点灯"，《重逢》与《带血丝的眼睛》之于"二十年河东，二十年河西""人生一世莫忘本"，等等。这里，目的不在于找出对应的心理积淀、民族心态，而在于据此我们既可以推测金河的深层创作动机与激发点（有时可能是不自觉的），又可以寻找艺术魅力所在的答案之一部分。——正因如此，它能在心理上得到广泛的内心共鸣，从而具有吸引力与感染力。金河属意于文化心理探索和国民性批判，或者，他是有意和无意地找到了这种原型。

我们再从俄国形式主义与结构主义的批评来看。俄国形式主义重要人物舍克洛夫斯基的"城堡上的旗帜"的命题，就很有意味。[2]把生活的"故事"变成艺术作品中的"情节"，必然变形变色，陌生化与新奇化了，而重新组合并赋予新的意义与生命。作家自觉地运用此道而又运用得好、巧、妙，就能获得成功。陈玛曾惊讶于金河的两篇力作《大车店一夜》和《不仅仅是留恋》故事都是"听别人讲的"。陈玛憬悟到这是金河他熟悉生活。这是重要的和正确的，但更重要的是，金河把这听来的故事"封闭"在自己的心理王国之后，用自己具有特性的创作心理的特殊汁液加以酶化，使之发酵、变质、升华、提纯，最后以新奇化和陌生化（即第一不同于生活本身，第二不同于别人的经验和看法）的构思、重新组合与表现，而成为一篇有特质的、言人之所未言的作品。这当然已经不是我们日常所说的狭义的艺术技巧，而是我们在前者所说的广义的技巧了。

由此我也还联想到，如果运用新批评派的观点与方法来进行分析和

---

[1]　在中国的旧小说中、民间说唱中，蕴含着大量这种"人生经验""生活说教"。金河曾和农民一起欣赏这些民族文化–文学传统。

[2]　"艺术总是独立于生活，在它的颜色里永远不会反映出飘扬在城堡上那面旗帜的颜色。"（转引自张隆溪：《二十世纪西方文论述评》，生活·读书·新知三联书店，1986，第80页。）

描绘，对金河的艺术世界，还会发现其他的东西。新批评派强调本文的作用和地位，认为作品不是历史"化石"和社会"文献"，而是作家创造的一个独立的艺术世界，要求指向"诗"而不是"诗人"。本文为批评的出发点与归宿。设若我们在"四个世界"的通观意识指导下先进行了社会、历史、政治、文化、生平等外部研究之后或同时，又从本文内容来加以发掘，那么，对于作品的非语言学意义上的结构"语法"、对言语、对幽默、反讽等手法进行分析，不是也能多有所获吗？如果前面提到的关于金河小说中的幽默、讽刺、反讽纳入这个范畴系统中来剖析，大概所得能更多。这时候，这些艺术手段，就不再是因子、颗粒、某处某点有所表现，而是一种总体创作意识和艺术心理，是作家把"故事"化为"情节"、把生活变为艺术、把社会意识变为个性心理时的一种战略手段和意识形态化即强化了的艺术手段了。金河的作品在这些方面也是可以进一步发掘的。

荣格还指出过，文学不是艺术家个人凭空的创造，而是传统的产物。当然，这样说不应该忽视了生活的根本作用。但是，"生活"与"传统"处于一种辩证关系和互渗互制的系统之中。"生活"如果没有"传统"在作家心理上发生共鸣共振、导向和取值等中介作用，就不会被选择、吸收、使用，不会"入传"、"入画"、入故事或情节，作家会视而不见、听而不闻、过而不留。至于"传统"，包括极广，民族文化、民族心理积淀、审美习惯、传统母题、传统形象、传统人物类型、象征、意象等，均属此中。鲁迅小说中的月亮、丰子恺散文与漫画中的杨柳、燕子，这都是著名的传统艺术结构物（即吸引力、感染力与共鸣率的因素）；金河小说中的这种传统渊源与力量及他的特殊择取与巧妙运用，也都是呼之欲出，很可挖掘的。

我们也许还不妨从阐释学和接受美学的范畴和命题中，来理解金河的艺术世界。这主要涉及本文开始所说的"第四个世界"，但也关涉"第二个世界"和"第三个世界"。德国著名现象学哲学家海德格尔论证过，接受者不是以空白头脑被动接受，而是以"先有""先见""先把握"这种意识"先结构"去接受。用这一观点，我们可以从两个方面去捕捉金河的艺术世界。前者，即金河如何以其"之先"的意识"先结构"，从外界、传统、别人那里接受故事、人物、意象、象征、意旨、语言、叙述方式等，这构成他的艺术世界的起点。我们完全可以从他的作品中找到这种有意义的艺术渊源与创作激发。另一方面，我们可以从评论家和一般读者的"世界"中去寻找他们如何以意识"先结构"去解释和接受金河。这里也是一个我们还未注意的广泛领域，可供我们探索与研究之处是很多的。

另一方面，从接受美学的角度，我们还可以研究金河艺术世界的"空白""未定点"的形成和"空筐"结构问题。罗·英加尔顿提出文学作品的多层次结构中的"未定点"，沃尔夫岗·伊塞尔提出"本文中的空白"问题，这会构成文学作品的"空筐结构"，它是作者的一种有意或无意的安排，有如音乐中的休止、中国画中的空白、围棋中的"眼"，它是读者驰骋想象和思索的天地，是审美活动的空间，是艺术意蕴与意味的渊薮。伊塞尔说："没有未定成分，没有本文中的空白，我们就不可能发挥想象。"（《阅读过程的现象学研究》，转引自《二十世纪西方文论述评》，第198页）这里留下了模糊性、含蓄、朦胧的天地和审美的价值。同时，由此也逆推到作家创作时，创作心理中无意识、想象的活动机制与特质，作家的艺术手段的选择，模糊性在心理活动中的作用等问题。金河说：

> 我进入想象梦境的时候很少，为人物激动也很少，我总清醒地知道我在做小说，知道我的目的。
>
> 我有明确的创作意图。素材按创作意图整合，或者把掩盖了的东西实现出来，把与意图无关的东西删刈掉。

金河的创作状态，我们不妨做三点评价：第一，正是这种创作状态，适应了他的创作动机与构思过程，也适应了他的"问题小说""社会心理小说"以至于关心社会现实、提出自己触及矛盾的创作意识。这是他的艺术世界的特点与优点所在。第二，正因此，他问题抓得准，思考深入，有个性，结论深刻，发人深思。这也是他的特点与优点。但是，第三，这是否又同时产生了或者说派生了他的不足：说得过于清楚、明白、"干净"，因此缺少未定点、空白、模糊、"庞杂"，缺少"空筐结构"的优势。这样留给读者的想象、猜测、揣摩、索解、破译的空间就相对减少了；可能韵味也受到影响。这是否可以算是金河创作中的一个值得探讨及有待解决的课题呢？事实上，金河近年的创作，从问题、政治到社会、心理，以至于文化探索、国民性批判，在客观上和题材自身的取向性上，已经在艺术世界方面有所改变，其趋向即这种"空筐结构"的表现。相信随着这种趋势的加强，在社会心理与个性心理及在文化上的探索、追索、求解，他会更加向这方面转换，发生艺术世界的色调与风格的变迁。

当然，这种"未定点""空白"的出现和"空筐结构"的形成，都不是艺术手段上的"外科手术"所能解决问题的。那样做只能弄巧成拙。这种艺术世界应该是自然形成的。荣格把艺术创作状态分为两种模式："心理模式"与"幻觉模式"，并指出了它们之间的多种差异。其重要之点就是对于心理充分解释（前者）和无意识心理的呈现（后者）。金河的小说理应属于"心理模式"，那么，"幻觉模式"的优势或称特点何在呢？根据荣格所论，我们可以归纳为几点，即（一）故事建立在微妙的心理假定上；（二）作家在无意识状态输入作品；（三）这种输入是以纯粹的、直接的方式显示出来。概括地说，就是对象是含有无意识层次的，作家输入是有无意识在起作用的；而对象（素材）又是以"原型"状貌，纯粹和直接地呈现的。这样，故事、情节、人物就具有一种原生态的生动性、丰富性、多义性，以至难于索解和神秘性，这样，又会导致作品的吸引力和破译活动本身与破译获解之后的审美愉悦。我们看到，这一切是与对生活的熟悉和对素材掌握的丰厚相连的。我们是否可以设想，生活丰富的作家，可以从创作的"幻觉模式"中吸取有益的东西来补"心理模式"创作方式的不足或增加特色。正是在这之中，会由于生活的丰富和"原生态"状貌而形成"未定点""空白"。就这一点说，也许可以推想，如果金河在这方面多加琢磨，吸收新质，或者可以在"心理模式"的基础上，更有新收获？文化-心理结构探索的深化与艺术世界的繁荣也可更进一步结合。

以上所说，都只是我的一点随感式的说明，它不足以言评论，而只是想说，我们如果开辟这些领域和途径来研究金河，来描绘金河的艺术世界，也许能够所获更多、所言更深，而更重要的是，我们可以更好地来总结艺术经验，提高欣赏与创作水平，也从而弥补我们目前一般文艺评论的缺失。

1989 年 6 月 27—29 日

"重逢"：金河小说的原型意象①

——金河论

　　金河以一曲《重逢》，崛起辽宁，誉满中国。尔后，在他的小说中，这种"重逢"曲，又一次再次地奏响——在《金河小说选》的16篇作品中，含有"重逢"机制的就有12篇之多，占全部作品的75%。这使读者一再体味他的关于人生际遇、世事变幻的感怀，并接受其中所体现的一种意义世界。"重逢"，成为他的小说——人生故事——的一种"范型"，或者说，他的小说创作体现了他对于存在于人生之中的这种生活"范型"的感受与反应。

　　这里，蕴含着两重意义：一重是对人生的体察；一重是在艺术上将这种"人生体察"予以重构。在总体上，则体现了一种从人生体察到艺术表现之间的升华与经营，一种对于小说创作艺术魅力的发掘和创获。这也就是金河的艺术才华和艺术经验的结晶。

　　重逢，可以说是中华民族的一种远古记忆，是民族集体无意识的一种，是原型意象之一。在生活和艺术领域里都是如此。我国长期自给自足的农村生活，劳动者、经营者和所有者，都同土地山川田园紧密相连，几乎是"血肉结合"似的黏滞在一起。背井离乡，是人生大苦，世代安居于一村一乡，哪怕是穷山恶水之区，也是人生大幸，追求的生活目的。这样，乡土观念和"分离意识"，便成为民族心态中一正一反、一喜一忧、一趋一避的两种心理定式。加上地域辽阔，万水千山，一旦别后，重逢实难。因此，重逢在人生遭际中，就既显得艰难和珍贵，又常常是沧桑变异，人生变幻；不仅恍如隔世意态茫茫，而且常常是贵贱浮沉分道扬镳。昔日耕夫今为王，昔日贫富今颠倒，昔日恩爱今为仇，

---

① 原载《芒种》1991年第9期。

昔日同窗分轩轾，昔日友朋天地差，如此等等，令人产生无限感叹，恐惧或欣羡命运之神的捉弄与照应。这要算是稳态农业社会人生重要意义世界的内涵之一，社会生活特定图景之一（在现代社会尤其是资本主义世界一夜的变幻即可天差地别）。因此，中国久远以前便在民间文艺、口头文学和诗歌、戏剧中表现这一人生与艺术母题。如果仅从《秋胡变文》算起，也有一千多年了。而且形成了几种不同意旨和人生体验的类型。秋胡戏妻，马前泼水，秦香莲陈世美，薛平贵王宝钏寒窑相会，苏三王公子公堂相遇，等等，是爱情纠葛、婚姻变幻；《锁麟囊》之类的戏剧则是浮沉贵贱的人生蜕变故事；曹操关羽相逢华容道，则刻画了红脸美髯公的"不负恩"，于中渗透一种人生变幻无定之意。

由于这种社会的原因和艺术的渊源，后人的艺术创作中运用这种原型意象，就取得了一种艺术魅力的基础，因为它是民族的记忆和心理定式。由于同读者接受意识和期待视野的心理"相似块"沟通契合，因而在阅读行为中，自然而然地产生"视界融合"，被欣赏接受。

不过，金河的本领和我们所要赞赏他的地方，却不只是在于这一点。找到一种民族的以至人类的原型意象并非难事，甚至可以说此类意象，世人皆知。比如重逢便是如此。重要的是，在找到某种原型之后（对于作家来说，主要是发自内心地欣赏某种原型），发掘了它艺术渊源与素质之外，还能有四方面的创获：（一）变型：不是照抄照搬原型意象；（二）"现代处理"：灌注现代社会生活内涵；（三）新的体验：生发了自己独到的人生体验；（四）新的艺术处理、审美素质。

金河的运用重逢原型，在这四点上都有所发挥和创造。显然，他的"重逢"是具有现代性的，是镶嵌在现代社会生活格局之中的。《重逢》表现了"文革"前后，"红卫兵"与"走资派"地位命运心态之巨大变迁；《打鱼的和钓鱼的》讲述了人的地位变化之后旧地重游老友重逢的世情变化；而《不仅仅是留恋》叙述的是农村改革之后，两代人的换位和"不该恋旧者"的恋旧；《带血丝的眼睛》则倾诉了时代变异后"旧地未变人事异"的惨状及"该恋旧者"的既恋又不恋的复杂情愫。其他诸篇我们都能解析出这种意态情波。这就是对原型意象进行了"现代处理"之后的变形，自然也就是发挥。

当然，金河在这些篇幅不长的短篇小说中，并不满足也并未止于表述和倾诉如此种种不同处境中不同重逢时的意态动荡的情感波澜，他还透过这些，表现了一个另有其意的意义世界。《重逢》是许多人评论诠释过的，此处不论。《打鱼的和钓鱼的》在表现人事变迁中又揭示了"只许州官放火，不许百姓点灯"的世情；《带血丝的眼睛》中，地委书记吴一民的旧地重游与旧人重见，不仅倾诉了多重情感而且集中地申述了农民对于改革的热切期待；《贺老山的梦》则于多次梦里醒时的重逢中，透出了对于改革成果的肯定和对于政策是否会变的期望与惊惧；《白色的诱惑》中副校长和教师丁国梁的重逢河边，决定了丁的人生选择，也表露了他对终极价值的确定。我们不能也不必再解读其他诸篇，即足可体察到，在金河进行了"现代处理"后的重逢意象中的意义世界，已不是一般的婚变、情异等世态，而是**"文革"之后改革时期**的中国当代社会的人情世态与人心变异。他透过和利用原型意象的古老"范型"，却走向当代社会生活，描述它的跳动的脉搏与行进的脚步。这便是金河的现实主义根底与创作意识。

金河的艺术经营更表现在"重逢"这个意象不仅是作为原型而存在，并且进入了他的艺术结构层次。他有多种重逢类型又镶入不同结构之中，并且起到不同的功能单位的作用。有的是基本构架的**骨干**，有的是结构的**支架**之一，有的仅仅是一枝斜衬（如《市委大院的门柱》），有的是一种"**中介**"功能，有的却是"**借用**"形态（前者如《猫眼儿》，后者如《堵塞》）。重逢的格式有正面现实重逢，有梦中、回忆中重逢。还有"隐形重逢"，《神童》并无重逢故事，但叙述者（作家）对神童前后情况的讲述，隐藏着他们的重逢。这样，我们看到，金河并非以重逢原型意象为**逻辑**出发点，然后收罗编织了故事来填充，而是以对生活的了解思考为**艺术**起点，而以原型意象为**中介**，以他自己独有的人生体验为逻辑终结。也就是说，重逢原型是他从对生活的观察与思考中得出的一种人生体验，是他对生活中的这种"格式"的体察的结果。传统的旧时原型意象之中，凝聚着他自己的现时态的生活与思想结晶。因此，重逢原型，在金河那里又不是艺术的"元状态"，而是充塞着生活之声与时代之音的艺术形态。金河并非找到了一种艺术魅力的现成药方与"法宝"，他已经把对于生活的观察与思考，**深化**与**提高**到民族原型意象的深层与高度了。

1991年5月17日病中

关东文化一枝花①

——马秋芬论

马秋芬寻找和创获了自己的叙述话语和叙事方式。——这既是艺术上成熟阶段的一个标志，又是开辟艺事锦绣前程的序曲。这是一种在特殊语境中，用于描述贴切环境、风物、人物以至动物（"物儿"）及其心理状态的话语。由此，她也创获了仅仅属于她自己的叙事方式与叙述风格。风格即艺术形态。风格即人——人由生活与文化构成。由此她也就找到了她自己的从生活进入艺术的特有方式。这才是艺术生命的源泉。

她不是讲述。她也不仅是叙述。讲述和叙述都能构成故事，产生艺术，许多优秀小说是如此。但马秋芬的方式，是用符码体系体现出自己对环境、生活和人的感觉、感触和感受及感情。因此也就蕴含着她的人生体验。

她具有萧红式的叙述风格。她们都是关东文化土壤上成长的艺术之花。她们对于关东风情，对于关东人物，对于冻土地带的"龟裂的大地"和神秘的森林，对于小城和老村，以至于对于"狗们"、蝈蝈、大犴等，对于关东的状貌、声音、四季变换及气味，总之是整个儿的气氛，都有自己特有的感受与感情。

她也有萧红式的"女性作者的细致的观察和越轨的笔迹"，也有萧红式的"明丽和新鲜"，也是"力透纸背"地表现了"北方人民对于生的坚强，对于死的挣扎"。而且，她也具有萧红式的散文风格与抒情情调。这风格与情调颇为诱人。

但马秋芬不是萧红的复现，而是继承、变化与发展。或许是由于时

---

①　原载《芒种》1991年第2期。

代与生存境遇的不同，她没有萧红那份哀婉与忧伤，却多了一种幽默与隽永的风情。萧红凄艳，马秋芬豪放。萧红的凄艳中蕴着刚强，马秋芬的豪放中显出柔情。

时代和生活境遇的不同，铸成了她们在同一区域文化土壤上生发出的不同的艺术素质与审美差异。萧红立足于东北黑土地带的呼兰河畔，而马秋芬却跑进并在心理上扎根于更向东北而去的古老森林与古老狩猎民族之中。它古老到还残留着母系社会的遗迹。

萧红的"土生土长"与马秋芬的"外乡外土"造成各自的艺术特质：一个是发自肺腑的倾诉，一个是经历了"外在→内化→外射"过程的文化撞击、亲和与归顺。马秋芬由此便产生一种新的审美质地：疏离与陌生化。这是题材、生活、环境、人的性格与心态，甚至那些"物儿"（山村野兽）的性格与心态，所自然造成的，是这一切分离和混合的素质所构成和养育的。因此，这就自然成为一种文化构成，一种文化追求。马秋芬以一个生长于沈阳城的汉族女知青之身与心，并且经过现代城市文化的熏陶、北京大学这种高级学府的高层文化陶冶，以及她成为作家之后的人际交往中的文化交流，却没有顺此而进，而是"逆向"地追寻远地，苦苦跋涉（金河说，她的丈夫曾对他说：她差点冻死在山林），几番去到那边荒山野，收集、体验和叙述那里猎民的生活故事。这行动本身便是一种文化的追求。如果说当年萧红由哈尔滨逃出南下流落上海，为的是挣脱奴隶（亡国奴）桎梏而心向祖国，要创造奴隶文化（爱国与奋斗的文化），那么，马秋芬今日之所为，则是从一个更具现代性的发达的城市奔向一个更带原始性的落后的农牧文化，以前者之心，观后者之实，以前者之发达然而复杂与失落，观后者之落后然而单纯与稳实，在这文化落差中，去发现传统与现代的差异与优劣，决定取舍，来探寻人与文化从传统向现代化创造性转化的轨迹。我们不必过问马秋芬这种文化追求的自觉程度如何，但她的"逆向"行动和创造性的文学反映与反应，其实质却充分显示了这一点。

因此，在马秋芬小说中显现的鄂伦春民族山林狩猎生活及自然状貌的一切，都不是原始模样的呈现或鄂伦春民族自我观照的显示，而是马秋芬之"文化眼"观照之下的表现，是她眼中的这一切。这样，"这一切"也就具有了双重的疏离与陌生化：第一层次是"关东生活-文化-人"的"疏离"与"陌生化"于其他区域文化和关东文化圈内其他区域文化的所在；第二层次是马秋芬观照下取得的"关东文化-鄂伦春古老狩猎民族文化"，与其原始状貌的疏离与陌生化。

这双重的疏离与陌生化，就产生了读之令人产生的新鲜、新奇、新颖感，由此也就产生可读性、吸引力、感受性、升华与移情，总之，是一种艺术魅力。

但马秋芬的这种成功不仅止于此。她更重要的成就是创造性地形成了她自己独具的叙述话语与叙述方式。

她的这种叙述话语，是以描叙对象的客观实在为基础，以这里（关东和"关东的关东"）的群众语言为原料，经过自己的酿制加工而成的。她的小说的总体文本系统，是由这种叙述话语构成的。它的全部形式元素，音步、节奏以至韵脚、句法，意象，象征，都是山村的、猎人的、边陲荒野的、粗犷的、昂扬的；而且，她把语句、话语，凝聚、缩短、拉长、强化、扭曲、颠倒、俗化，活跃着她的所见，但更有所感、所想，更有评价，活跃着她的情感与思维。她的叙述本身就有可感性，就吸引人，富有诗意和诗的韵致。可惜我在这里不能多所列举。只请读一读《远去的冰排》《阴阳角》《二十九代人杰》吧，那里的山、林、兽、人、树、草，都是活的。她采取了典型的（而非走入邪魔的）陌生化手法，取得了艺术魅力的艺术效果。

马秋芬还用这种叙述话语的多重组合，编织了她的叙事构架和叙事风格。这里，"事"并不多，她的事件意识不强，不是用奇诡或曲折的事件来编制艺术，而是用诗骚意识来展现普通的事件：生活的细事、普通的婚恋和一般社会生活。她以叙事本身而不是以事件取胜。叙述如果以事件为突出点，引力与魅力在事件；叙述若以叙述话语为突出点，那就具有诗的引力与魅力。当然，在话语的"海绵"中却又含着普通事件的人生体验。它由此而获得生命。在总体上，她有一个自己的叙事"语法"。这是什么样的呢？我想解剖一下《二十九代人杰》以为例证。它是这样的："赖瘪子"（英雄遭难）→"擒兽王"（中兴鼎盛）→"金洞"（受挫、奋起而获胜）→"杨三十"（理想与希望）→"懒月"（悲剧结尾）→"假孕症"（不团圆）。这是一种几乎遍及全世界而尤其是中国式的，传统英雄故事的叙述模式。但马秋芬变形（也是疏离与陌生化）地运用了。在这个框架和"语法"中，暗含生活与人的命运——英雄经历的发展逻辑与意义真谛。苏百和（《阴阳角》）与杨二十九（《二十九代人杰》），以至"美人"——山木坤（《阴阳角》）和谷满（《二十九代人杰》）的命运都在这框架和"语法"中发展、呈现，诉说着作家本人对生活与人的观察，渗透并透露她的人生体验。

马秋芬的"英雄"至少有两个人是盲流，是从农耕文化进入采集狩猎（中间还隔着一个畜牧阶段）文化的，由华北大地进入关东大山林的农民；她的"美人"大都是丑女。这里，又可发现两点：（一）原型（民族文化与心理、人物与故事）；（二）原型的反讽。比如杨二十九的绰号为"赖瘟子"，多处令人想起阿Q。而这便使我们又"回过头去"，进入马秋芬的对于关东人文化心态的追究了。

她以以上种种成就，使自己成长为关东文学-文化的一枝花。

我不知道这种艺术剖析是否符合马秋芬。但我是这么接受的。

然而，这里还留下一些"谜"。我希望以后有机会再来讨论。

1990年12月

女性视角的人生欢欣与惆怅①

——马秋芬中篇系列②的意义世界和叙述范型

我试着来做的，第一，是解读一下她的小说的总体意义世界，和这个"意义世界"的意义；第二，是解析一下她的叙述范型，看它的成功之处和独具之特色何在。

---

① 原载《当代作家评论》1991年第6期。

② 这里指收集在《远去的冰排》中的五个中篇小说，和1988—1990年的《雪梦》《还阳草》《二十九代人杰》诸篇。

一个这样的"意义世界"和这个"意义世界"的意义

马秋芬在这一中篇小说系列中，描述了一个她从"外面"走进去的北疆塞外深山老林及鄂伦春民族的生活世界。

这里不乏生活的乐趣和爱情的欢歌。马秋芬用她的有趣味和有意味的叙述，描绘了这种生活并为它的**欢欣**吟唱了一首歌曲。但她同时，也是着力地抒写了其中蕴含的生活中的**惆怅**，和这种惆怅的意义。她的小说的意义世界的重心正在于此。但这惆怅与欢欣是同在的，是同一个"生活"的两面。

在总体上，她写了一个又一个不如意的婚姻，更主要的是，这些不如意的婚姻中的角色，又不得不，然而却是**自愿地**接受这种婚姻，过着这种生活。然而这种不如愿、不如意、"不得不"，却又是**有意义的、值得的**。他们都爱恋过，由爱恋而结婚。婚后的生活也还可以，并有了子女。他们踩着、循着人们都这么走着的人生道路，这么走来了。这么走着。然而，他们的爱恋也好、婚姻也好，都有两点特殊之处。一是他们的相遇和相恋，都有社会生活变迁的大背景，或者同时有一个意外的、突发的事件楔入。前者作为必然因素出现，而后者则作为"必然通过偶然来表现（来实现）"的偶然因素，而使他们爱恋与婚姻成为现实。二是他们的这种婚姻，以至家庭，又同样由于社会变迁的因素而遭到震撼，产生变型，出现新的问题。

这里我们看到马秋芬描绘的生活故事和意义世界背后的**社会因素**。她把她的故事框架、人物命运及他们的思想、情爱、愿望等，都建立在社会生活这个根基上；从另一方面说，也就是她的小说是从当代社会生活中择取的，是当代社会生活变迁的从某种角度来做的真实反映。这也就是她的现实主义精神的反映。

正是由于这样的社会背景，才产生了那不期而遇又不可避免的爱恋与婚姻；由此也才产生后来的爱情危机和婚姻与家庭危机。他们相爱时，曾经"不得不"如此，因而包含着不正常的因素，埋下了"定时炸弹"。

这里已经有一点人生"符码"的意味。婚恋大事，人生必经，浪漫的情感、审美的理想、生活的好梦，但都具体在一个时代、一个区域、一个人的此时此地的境遇这个"实地"上。因此，并不是真的梦，不是完全的理想，而是总有某种"不得不""无奈何"，因此是有"不理想"蕴含其中的。完全的美满并不存在。这个人生符码，其实也并不限于婚恋范畴，整个人生范畴皆适用。

马秋芬一而再、再而三地写了这种现实的、具体的婚恋，这就表明她发现了、注意了这个符码，并且用活生生的、具体的人和事叙述出来了。不过，这又不是抽象的符码，它不仅是由具体的人和事所陈述的，而且这人和事，又是在一个特定时期、特定社会事件中的特定地区的人群中发生的。人—社会紧紧相连。因此，这符码又是显现了它的现实主义精神的。但既经形成符码，也就具有其一定的抽象性、象征性、概括性，也就具有一定的文化意义。"人生实难，大道多歧"，古今哲人、学者、作家们用抽象和形象的哲理与艺术表达过这个人生符码，马秋芬又用她眼里的生活、心中的体验和笔下的艺术，**具体地**重现了这个主题。

这应是马秋芬所诉说的她的人生体验。因而也就是她提供的意义世界。她以这个"世界"对生活、对人生、对男女婚恋，做出了她的一"解"——一种解读。

这解读中带着一种惆怅！人生的惆怅。不过，这惆怅不仅是人生筹码的内蕴之一，而且是"人生之盐"，没有它，人生便没了意味。而且，正因为抒写了这一份惆怅，马秋芬的小说，也就更具审美的意蕴。钱钟书说"悲为美"，沈从文说"美丽总是愁人的"。惆怅本身给人生一种美的意味，而发现和写出了这份惆怅的文学作品，也就因此具有了双重的美：生活本身的美和美丽地表现了这生活美的作品的美。

现代观念中这个意义世界的文化含义与现实意义

马秋芬做出这个诠释的时期，正是20世纪80年代末和90年代初。这个时期的世界的和中国的文化语境是：西方在追求个人事业成就、追求自我享乐的人生旨趣的路上，经受了性解放的痛苦后果与家庭破损的社会灾害，开始出现对于家庭稳定的追求意向与社会行为，并出现对于追求个人享乐、放弃子女、妻子（或丈夫）、家庭的反思与反悔。《罪恶》和《明星秘史》两部电视剧的拍摄播映，特别是小说《多情爹爹》①在美国的畅销，在文学领域，从创作和接受两个方面，反映了这种状况。在中国则出现了复杂的情形。一方面是在婚恋、贞操、性问题等方面，带有封建色彩的传统保守观念与行为正在被否定（这应视为一种进步），但是，另一方面，又有一部分人"饥不择食"或选择不当地在观念和行为上步西方过往思潮的后尘。当西方当年的"嬉皮士"已经蜕化为"优皮士"，循规蹈矩地在干事业、搞经营、过日子时，我们却有一部分人走由"土皮士"（这是我生造的名词，其意义我想能让人明白）向嬉皮士或类嬉皮士转化。正是在这种内外文化语境中，马秋芬的小说系列，对人生做出了前面所说的她的解读与诠释。"不得不""无奈何"也罢，惆怅也罢，她肯定了她肯定的，否定了她否定的。她用她的平凡的人的平凡的故事，在寻觅生活的意义，更做出了自己的解读和诠释，提供了一个她基本予以肯定，我们也应该基本给予首肯的意义世界，给人们提供了一个值得思索的选择。这是我们重建现代中国人的文化-心理结构时，应该好好思索的课题。她提供的不是一个终极价值，而是向着这个目标走去的，一个中结价值，暂告一段落，生活之流还在发展，社会还在发展，人也在变，"且听下回分解"吧。

马秋芬不是作为一个土生土长者而是一个外来者进入这个世界的。她带着另一种文化心态进入这里，用现代观念观照这个世界。但她没有猎奇，也没有显示自己或嘲笑落后地去展示蛮荒与原始，也没有流露那种外来人的哀怜与悲叹。她以一种心的融合的姿态，描述了那里的大江、冰排、深山老林、暴风狂雪，那里人与自然与兽的搏斗，那里的人的朴素、憨厚、带着原始味的落后的生活，对那里的人，无论是猎人达提、达布还是农民六筐，是盲流苏百和还是花锹，是美丽的乌托、彩子，还是丑陋的山木坤、谷满，她都有那份感情，那份心。这是她的一种文化选择，她没有嫌弃、没有好奇、也没有居高临下，而是一种"异文化眼光"的观照，照出这里的大地、江河、山林、人物的光彩和心性中的可爱与亲和力。

边荒和山林中的人们在那种对于自然的崇拜和对超自然力的迷信中，在对于渔猎农耕的劳作及艰辛的日常生活的执着中，既表现了落

---

① 美国20世纪80年代的畅销书。它写了一个女演员为了情人奥利弗和他前妻的儿女，而放弃事业的追求，"拯救"了他的一家。

后、愚昧，却又包含着一个合情合理的内核和人类终极价值的合理因素：同自然的共生关系和保持友好亲和关系的必要，总体利益的一致，朴素自然的生活的安详与平静，而这些都是在工业社会、后工业社会被破坏了和失却了的，这里在深层上保有文化寻根的意义。

但马秋芬在她的作品中表现得最为突出的是她对生活和对艺术的真正的女性视角。她在边荒林海中，偏偏选择了这样的人和这样的故事，在她的故事中，女性总是占据中心的、重要的、关键的位置，她并没有特别去抬高她们（譬如，并没有歌赞她们的美丽，甚至说她们丑），但却自然地并不声张地写出了她们在家庭内、在生活中的**主宰性**的地位，这地位是在整个**生活结构**中形成和具有的，她们是稳定生活的主要因素；而且还自然地，也并不声张地写出了她们的淳朴、高洁、宽厚的心性，她们朴素的人生选择中所体现的意义世界，所体现的一种人生境界。

她表现了女性对于丈夫的宽厚，对于儿女的深爱和对于生活真实意义的朴素态度。所表现的不是被压迫出来的妻性，而是内在的伟大的母性和悟性潜存的"**女性**"性向，这正是现代女性文化精神的体现，然而中国传统文化中存在着一条女性文化因素的线索。这便又具有传统精神了。然而，这却又是**现代的**，因为这里不仅活跃着现代生活和精神世界，而且经受了回城、山外、"上海世界"的现代冲击。因此这是"见过现代世面"、排除了现代诱惑，超脱其诱引，牺牲部分现代生活而回到"原始"，只因为这"原始"中有生活的真谛——儿女。这是普通的，然而带有终极价值意义的真谛。不再是"女人以丈夫为职业"，但女性以儿女为"生命"。这是具有现代价值的。这里正蕴含着真正女权主义文学的根基。

她如何完成生活→艺术的飞跃：她的叙述范型

叙述话语、叙述"语法"、叙述模式、功能单位及其在作品中的地位与作用：这些基本因子，构成一个完整的叙述范型。每个作家都应该具有他所独具的叙述范型。每个作家只有当他的叙述范型在总体上，或者有某几个至少是一两个"因子"，是突出的、引人的、独具特色的，他的作品才能是引人的、成功的。

马秋芬的小说创作，在上述几项"因子"中，有几项具有特色，从而形成了她自己的叙述范型。这是什么样的一种范型？

她的叙述模式可以"规整"地纳入"英雄故事"的叙述模式。这种模式的基本构成环节和发展序列是：英雄出现→业绩显赫→遭难或受挫→遇救→中兴→最终成功（或失败）。中外神话或民间故事都基本上是按照此模式构成的。中间环节或有增减，每个环节的内容、情节、人物都会有差异，但基干不变。这已成为一个审美原型和意象原型。马秋芬的中篇系列，基本上都是按照这种模式的叙述行为。不过，她往往在"英雄"这一项中，代入"美人"，同时，她又把"英雄"受挫和"美人"遭难这两项交叉起来，由此而构成他们之间的爱情纠葛与命运浮沉。譬如秀石（"美人"）之落难（插队），遇六筐而得救（爱恋结婚）；在新形势下，秀石升腾（开店），六筐地位下降。《阴阳角》中的苏百和与山木坤之间，更有几重性的升降浮沉及由此而来的情感纠葛、生活危机。

当然，这里重要的不仅在于这种模式原型由于符合久远的叙述范型和审美习惯，因而具有吸引力和艺术魅力；更重要的还在于在这个模式中加进新的东西和具有自我独具的特色。马秋芬在这里增加进去的"马氏配方"是：前面已经指出，她往往把"美人"代入"英雄"项和以真正的女性生活观念与艺术视角来观察生活、撷取生活，以及提供了一个现代生活背景和现代社会框架，而且她又把这一切放置在一个边荒老林的自然区域与文化氛围之中，这就使她的故事具有了现代意味，是一个现代社会-文化背景下的"英雄故事"。

她还采用了变形的手法。除了"英雄"变"美人"这种角色变换之外，更重要的是，她的"美人"往往是"丑女"，至少**并不美丽**，她们的美不在她们的形体，而在她们的精神，一种坚韧、耐劳、足为生活主人的气质；也还在于她们那种对男人（不如意的郎君）的爱。这大概应该合理地推测为并非偶然，纵然不是**意识**地有意为之，也是**潜意识使然**。"美人"是丑女，这好像用一种符码在说：女人为什么非要长得美才好？美是女性的筹码、价值底盘，这就可怜。她的美，至少在重要性上，应该是精神上的、气质上的、生活能力上的、对男人的价值上的。这是一种内在的女性自尊。这也表现了作家的一种审美观念、审美理想和生活观念。

秀石对丈夫六筐的愚蠢与贪婪，只能是"她能对六筐说什么呢？"而且她在心里真爱的杨交通面前，一面愿"忘情忘我地迎上去，融化在他那热烘烘的气息里"，可是一面"却一把捂住了他的嘴：'你别说，什么也别说！什么也别说出来……'""真的，她浑身颤抖，她生怕他说出她盼的，她想的，或者她怕的，她怨的。"她这样做——也就是这样选择，是因为她面对的不是一个抽象的六筐，一个一般的男人，而是她的秀秀与石石的父亲，是一个完整家庭的另一半。"不管怎么说，这是属于自己的生活。"这里既有勇敢的抉择、果断的拒斥，却又有苦痛的惆怅与叹息。

山木坤在历经爱情的风波和身体的病灾之后，仍然和"走了神"的苏百和"过日子"，并且"带领苏百和出猎"；昕晖在抵御上海的繁华与美好生活的诱惑时，仍然想着改造一个"大山养育大的"粗野汉子花锹。这表现了一种具体的爱，一种无可奈何，却又是自觉自愿的，然而有发自内心的叹息和沉埋心底的惆怅的爱。

马秋芬在她的叙述范型中，在总体上和叙述过程中，都使用了反讽的手法和制造了反讽的韵味。他的"英雄"（苏百和、花锹、六筐，特别是杨二十九）都是"非英雄"，她的"美人"，都是"非美人"。尤其是前者（对男性）那种反讽在她的新作《张望鼓楼》中更有淋漓的发挥。但这种反讽并非否定，也不是批判，而是一种忍俊不禁，一种善意的揶揄与戏谑。它揭示了生活中或一种人的性格类型，其意义则是对生活的一种认识与理解。

一个具有吸引力的叙述话语世界

马秋芬锻炼并构筑了自己的一个叙述话语世界。她的叙述话语，不完全是叙述性的，而是表现性、呈现性的，面对她陌生的边陲老林的自然生态和风光，面对这儿的农夫猎户的富有特色的生活，她不满足于描述她看见了什么，而是用语言符号叙述了她的感觉、感受与感应，由此也就不只让读者"看见"什么，而且感觉到、感受到什么，从而也有所感应。她创造了一种自然语境和接受氛围，因而是凸现，并构成境界了。《远去的冰排》《阴阳角》《雪梦》《二十九代人杰》的开头，都是用这样的话语一下子把人吸引住的。而且，通篇都贯穿着这样的话语，使你在吞进话语时追随了故事，又在追随故事中，欣赏那种话语。那叙述话语自身已经具有了审美意味、审美价值。

下大雪的时候，天地间一切声息都隐匿了。静得发甜，静得惆怅。

——《雪梦》

这开头的叙述话语，不是含着叙述对象的感觉、感受和感应吗？不是还隐匿着她的话语世界和意境吗？

二十九代人杰的出场，如此：

杨白灯从林子里钻出来，从坎子底下走上来，从猎马背上跳下来，从狗群里冒出来，从野狼狐猪的嘴里，公犴母熊的胯下，从兽们腥臭的血泊中逃出来，斗出来，大败或大胜地赶回来。相熟的人们全都招呼他。和他齐肩儿的爷们喊他杨十九；小辈儿的叫他杨叔；青嫩的女人们热燎燎地吆喝他杨哥。他就哼一言哈一声，眼珠仁儿咣咣当当，不瞅男的不瞟女的，虚飘飘地嘹着天空。

——《二十九代人杰》

这是对人的描写，却是把人放进野兽、家畜和人群中去"表现"了，同时表现了人群。只有看完全篇才能领略此种开场的妙处。她对那些狩猎场面的叙述，都具有这种特点。

她把自然（云、天、山等）、森林野兽、猎犬、马和猎人及猎人的行为动作、心理等，完全融成一体，用凝练而生动的语言来描述，既有静景又有动态。这种语言同她的描述对象是对应的。

炕上的女人软软地躺在那儿，抬起无神的眼睛平淡地扫了他一眼。他迎住她的眼光又躲开，但他懂得这眼神，那里面早没有多少过日子的气力了，……

——《阴阳角》

……乌托看见这汉子脸上不阴不阳的劲头隐去后，黑溜溜的眼睛里透着和山木德，和林子里所有的爷们儿不怎么一样的味道。就像仰头看天，山木德他们的眼睛，是在林子外面看到的天空，宽宽的，广广的，有云无云就是它的全部存在；而这汉子的眼，纯是他娘的鬼眼！怎么像在林子里透过疏疏密密的林梢，露出一块弯弯曲曲的瓦蓝，深深的，远远的，那个透亮劲，撩着你老想看着它。

——《阴阳角》

这描写，凸现了在有病和娇媚的两个女性眼中的同一个"情人"苏百和的形象，和这个形象在她们心理上引起的波澜：这是连观照对象和观照者的内心存在都呈现出来了。还有甚多这种类型和性质的叙述，如"把一批又一批……外地客，……**撂在**这似雷不是雷，似雨不是雨的**响动里**，"（《远去的冰排》，指冰排滚动时的爆响）；"他似弹丸似的一路远去"，"给家人留下一个**沉重的成分**"，"那顶着露水珠的毛杏子眼，……掩不住山草山花那样的秀美，**风轻树摇那样的温情**"（《阴阳角》），"树冠织成一个厚重的天棚，遮住了……，**挤去了所有积存的心思**，只留下一片惬意"（《山里山外》）；"**静得发甜，静得惆怅**"，"人从那幽冥之处来到这世上也真容易，像念念那样，一个肉蛋**掉**在裤裆里，便从此**开始了人生**，从世上再回到那个幽冥之处，也同样容易，像达提那样，一个**趔趄倒下去**，从此没了歌，没了笑，没了形骸，没了恩仇和牵挂……"（《雪梦》）。这些，习惯所谓"形容"，已经不是一般的叙述话语，也不是一般的类比，它们是在呈现，有色有声，而且，用虚的来呈现实的，用实的来呈现虚的，以无声扣有声，以有声响无声，以有色与无色的交替形容来交换角色。在总体上，马秋芬用女性的艺术视角和细腻、柔顺、俊雅式的粗犷，时有幽默、并寓反讽的叙述话语，来讲述和呈现她的平凡人的平凡故事，津津有味。这是用成功的话语构筑的一个话语世界。

心灵观照下的沈阳精魂[①]

——评马秋芬的长篇散文《老沈阳——盛京流云》

很有兴味地读罢马秋芬的新著《老沈阳——盛京流云》。作为小说家笔下的沈阳，表现着一种生活的悟性和深沉的历史感，创造了艺术的

[①] 原载《辽宁日报》2002年3月7日。

成功和阅读的审美愉悦。这不仅表现在这是一位作家的大散文作品，而更在于她是以作家的心灵，选取了一个不仅特殊而且具有独特表现力的叙事视角。她的成功关键，在于心灵同创作对象的深层契合，而使作品达到了具有大气朴厚、雄浑气势的审美境界。

按照年鉴学派的历史观，历史的叙述是对于过去的事实的重构，这种重构必然加入了作家的主观认识和个人体验；而按照现代叙事学的要求，"叙事视角"对于叙述的成败则是决定性的。在这样两个方面，马秋芬都取得了可喜的、独特的成功。她大胆地也是巧妙地以五章"构件"，将具有几千年远古史和千百年古代史，特别是具有风云变幻、跌宕诡谲、峥嵘起落，在中国居于独特地位、产生独特影响的近代史的沈阳城，纳入她的叙事框架之中。这个"框架"是一幅大笔触勾勒写意画。它并不希求给人以详备的关于沈阳的知识，而是要让你跟随她的笔触，了解尤其是触摸和观赏众多城市中的"这一个"：在这幅写意画中，活跃着罕王努尔哈赤、大帅张作霖和少帅张学良、郭松龄和冯庸等这些各具特色的历史人物；突出而有特色地记述了努尔哈赤迁都沈阳、郭松龄反奉、张学良易帜、冯庸办学等著名历史事件；鲜活地呈现出城里中街、租借地太原街、杂巴地儿北市场的特色风貌；描述了二人转、子弟书、大口落子的"浪不丢"和幽雅文静，如此等等。在"观览"和欣赏了这些只有沈阳才有别处绝无的风光气韵之后，熟悉的人会点头说"是的，这就是沈阳！"不知者则会惊叹："绝了，这个沈阳！"这样，我们也就可以肯定地评估：马秋芬的叙事策略和叙述选择，是正确的、准确的，抓住了特点、显示了特色、写出了新意；在她的笔下，沈阳的神韵精魂备矣。

马秋芬的成功，还在于她正确而准确地选取了"怎么说"的方略上，以一位作家的心灵去叙述，特别是描写一个城市和这个城市的人的精神——灵魂：历史上的沈阳人，创造、建设了沈阳城；沈阳城又形成、塑造沈阳人：两者互相形成、塑造。在书中她有不少具体而精妙的描述。

当作家写到努尔哈赤和张作霖、张学良、郭松龄等历史人物，写到城里中街、太原街和北市场时，除了人物事迹、地理风貌的介绍之外，也还有他们和它们的精神-性格的描绘。把人与城市"归一"的描写，又侧重心灵-性格的勾画，这是马秋芬完成她的历史重构的重要而成功的"技法"。她以小说家的优势，写意与细描结合，用十分别致的笔触，为那些对沈阳城发展做出过突出贡献的关键人物，浮雕式地进行简洁速写与勾勒。那老罕王努尔哈赤力排众议迁都沈阳的决策；那张作霖运用智慧与狡黠、骁勇与阴谋的发迹史与经略东北；那张学良的勇敢易帜与建设新沈阳；还有郭松龄的反奉、谢荫昌草创地方教育、难忘的九一八事变、山东"黄县帮儿"的中街创业、杂巴地儿北市场的兴盛与罪恶；等等，都不仅写活了历史人物、写活了城市的历史，而且写出了城市的精神、人物的魂魄。她这样写沈阳的"城市之父"努尔哈赤与沈阳城：

> 老罕王阔步迈入沈阳城，把他的雄心勃勃的憧憬、他的豪情、他的气概、他的仇恨，统统都带进了这座老城，所以这座老城的气韵变得愈发雄浑苍健。……
>
> ……我相信老罕王应该是死而瞑目的，但他的一双苍鹰般的眼睛却不甘于安睡，一定是栖息在云头、在山端，久久滞留在沈阳的上空，他盯盯地凝视着这方土地，庇护着这方土地，慈目分分。
>
> 她写沈阳城市史上第二个关键人物张作霖：
>
> ……一混到市面上，他就显示出绝顶的狡黠机智，绝顶的乖巧圆滑，绝顶的豁达仗义，绝顶的心黑手狠。可是纵然他有千种豪情，万丈野心，他也不会料到日后二三十年间，他两脚一叉，在奉天城当央站定，竟然带着巨大的魔力，呼风唤雨、指点东西，将奉天城及至全东北，及至大半个中国，搅得飞沙走石，天摇地动，江海沸腾，在乱世舞台上，创造了一串串血与火、泪与歌的剧情。这剧情惊世骇俗、铿锵有声，在奉天城往事的原野里，留下他深而又深的脚窝。

这些描写都极富个性地勾画了极富个性的、于沈阳城的发展有着至关重要意义的历史人物。甚至写中街老地界，也一面细细地叙述"黄县帮儿"，怎样像今天的打工仔一样，从针头线脑中，一步步发迹，直到成了大款大腕。同时，又刻画了他们和沈阳原住民的互相融会，形成"统一的"沈阳性格。

关于北市场这个沈阳最出名也最有特点的杂巴地儿的描写，确实写出了老沈阳的"市井逍遥"。关于它的来历、它的兴起与发迹、它的突出特点与庞杂内涵，也写得富有特色和符合其自身性质与特征：

> ……一片大荒野，除了一个名字，其余什么都没有。……可是这名字却像是一块魔毯，一块可飞向金山银山的魔毯，给人展示了一个崭新的梦境。沈阳人属很务实的一类，一刹那间几乎什么人都想冲上这魔毯牢牢坐定，跟着它飞旋而去，寻找财富挖掘财宝，……你仿佛能感觉到那钱哗啦啦地一劲朝这猛砸，随着大雨拍地般地砸钱，一个个买卖字号，一座座楼房，像蘑菇似的，眼见就钻出地面，就摇摇曳曳长高长大，就排成行，连成片，不到十年的工夫，这里已是人山人海的闹市，成了东三省相当知名的杂巴地儿。

这种描写富有动态感地把历史"人格化"地呈现在我们面前，而且，感受到那种历史的激情，在繁荣背后裹着血腥与罪恶，创造了一个"市井逍遥"处，一个沈阳特色的市场与游乐混合的地方。

恰当地写入自己的经历，为本书增加了独异的色彩。而且这种色彩不是外在地敷施的，而是内在地与所写内容汇融契合地倾诉的：一个十岁女孩在曾经辉煌而今颓圮的沈阳城墙上游玩，听上年纪人的关于"风水轮流转"的历史兴废的感叹；写到九一八，就写一笔那同学的老糊涂的爷爷，整天坐在被窝里，"用哪儿跟哪儿都挨不上的话骂日本鬼子"，写沈阳的二人转、大鼓书，出现了自己在乡下茶馆听说书的情景；写杂巴地儿北市场，竟写到了自家那不争气的亲叔叔抽鸦片倒头的悲剧。……这些自身经历与情渗入，给历史记叙以亲切的感受和现实的体验，诱导读者进入叙事情景。

马秋芬依然运用她的娴熟的具个人特色的语言，来构筑她的"历史重构"。这种语言不是来自书本，不是来自他人的叙述，也不是来自规范的书语，而是来自民间，来自东北（尤其是沈阳）老百姓的口语，但又经过她的有目的选择、过滤和加工。加工使之"文"化规范了，更准确地表情达意了；然而未失去原有的豪迈、粗犷、铿锵而幽默的气韵。这种马秋芬锻炼出来的、富个人特色的叙述语言，其特征风韵魅力决定了《老沈阳——盛京流云》可以是一本具可读性的文学作品，是一本很好的有特色的向外推介沈阳的书，使"先人们如雪的精神恩泽，能够多一点沐后生"。

空谷足音"自然"颂①

——读刘文玉的《生命在歌唱》

　　人类的自然家园已经遭到破坏，每一项工业建设、每一个建设工程、每一步现代化进展，在人们不经意间和不注意防范的时候，"自然"就付出自身的代价，甚至是严重的以至于是万劫不复的可怕的代价，以服务于人类的目的。人类的现代生活方式也在拿自然做牺牲，去求得自己的享乐和畅快。然而，自然在被破坏之后，却不可避免地会给人类以报复。那报复的后果，几乎是人类难以承受的。这种"回返破坏"，正在威胁人类的生存。这成为人类行为的一个可怕的悖论：人类为了生存和幸福，去"向自然索取"，而在同时，他们却不得不收获由于破坏自然而带来的痛苦和灾难。人类必须走出这个悖论的怪圈。人类需要"走向回家的路"。其道路就是改变文化方向，转变思路和观念，改弦更张。其中，爱护自然、保护环境，是基本的重要一环。文学应该关注这个人类面临的重大课题，应该以自己特有的形象与情感的力量，去促使人们觉醒，呼吁人们改变自己的思想和行动。然而，我们目前除了极少数的作家和作品关注或者涉及这个主题外，"自然"和"环保"仍然处在文学的关注之外。

　　因此，最近由沈阳出版社出版的老诗人刘文玉的诗集《生命在歌唱》，就显得特别可贵。因为诗人以他充满激情的笔触，以深厚的历史感和热切的现实感，为自然歌唱，为环保呼吁。这不仅表现了诗人对于自然的关怀，而且，为我们的"文学环保"和"环保文学"献出了新成果，为诗歌园地增添了新色彩。

　　这部以《生命在歌唱》为题名的诗集，以它的全部歌唱，表现出一

---

① 原载《诗潮》2002年第2期。

面是诗人以自己内在的生命体验在歌唱，一面则是替自然的外在的万物生命在歌唱；两者是双位一体的，互相渗透结合的。这正表现了诗人关怀的深度。然而这种对自然的深切情感和关怀，实质上就是对于人与社会的关怀，是诗人的社会责任感的表现。因而，又表现了诗人的这种"自然关怀"的现实性和时代感。

诗人的这种对自然的深度关怀与热情歌唱，表现在几个重要的范畴之中。首先，"自然"是他歌颂的对象。他歌颂燕子的不忘"旧梦与旧好"、不"把昨天的一切都忘光掉"（《归来的燕子》）；他歌颂蛐蛐的歌声"传递的是安详的夜曲"、是"宁静的人生"（《蛐蛐的歌声》）；他吟咏"山背后的小花"默默开放（《山背后的小花》）；他赞赏"岩石上的小松树"的"根须把泥土寻找"（《岩石上的小松树》）；他歌颂蝉、萤火虫、大雁、青蛙、骆驼、谷子和婆婆丁；他还歌颂和赞扬水、雪、风和露珠，描述和呈现它们的自然属性，但更提炼出它们的精神和风韵。这里的自然，已经不是一种自在的客观存在，而是诗人带着主观意识下的、马克思所说的"人化的自然"。秉此，诗人表现的是"自然"，但同时是他自己，是他的"自然"感受与生命体验。

"自然"在这里还成为思考的对象，一种同当代社会生活、同如鲁迅说的"中国的人生"相密切关联的思想对象。并且成为思考之后的精神启迪。当诗人写到"燕子归来寻旧窠"时，不免发出人生感叹与社会呼求："飞鸟也懂得人间情谊，难忘主人的旧好。/人间啊，多唱燕子之歌吧！/归真返璞，不要把昨天的一切都忘光掉……"萤火虫使他想起"光明"和给予过光明的人："在人生路上哪怕只送你一丝光明，/也足以使人铭记永生。萤火虫啊，想起你就想起往事，/想起失落，想起伤感，想起温情……""岩石上的小松树"，对人们的指指点点"安然地不加理睬"，"仍然默默地与岩石为伴"，"不需要赞扬或同情"，"在岩石上寻找到生存，/扎下的根比钉子还牢。"而且，你告诫人们"万物都能生长，/只要能把自己的位置找好，/不要羡慕别的大树、绿叶、红花，/没有根基风吹就倒，日晒就焦。""岩石上的小松树"——成为一种"形象的启迪"和"自然的人化"。"自然"，经过诗人的情感与思想的加工，被赋予了人性与人间品性与品行，从而成为一种审美对象。而且，"自然物"这时成为诗人心灵的"对应物"，寄托了他的情思与人文关怀。《岩石上的爱情》则直接抨击现实："望夫岩上失望归来的女人啊，/化成了一块凝固的石头。/今天，她睁大眼睛，惊呆了/望着一群标致狂躁的女人。"在诗人笔下，"自然"是现实、社会、人生的对照物，"自然"的自然属性和"人化的自然"的属性，都成为比照人性缺陷、人生晦暗的"光亮"。

但在诗人的笔下和心中，"自然"并不是始终这么静态地存在，它只是一种被动的"对应物"和"寄托"。它抨击生活中一种不应、不能糟害然而却正在被糟害的人类行为的怪圈。在《忧患与思考》这首组诗中，诗人以对比的手法，表现了这一思想。"农村每株小苗都张开干裂的嘴/向城市说：水水水"；但是："桑拿浴在情欲中浊水横流，/新冒出的小浴池又打出了多少私井……/制污者金钱入账时，污浊的铜臭也污染了笑声"。水这个人类生命之源，被大量地浪费，本是洗尽污浊的水却被用来制造污秽和铜臭！而"绿色"这个美好的词汇、这个生命的象征，如今却"形象缥缈""在蔬菜中悄悄溜掉""'绿色大合唱'突然变调"；"我们吃掉多少残留的农药？它们在我们血管中蔓延流动"，"城市的浊水也排进乡间河道，/鱼儿上岸自杀，候鸟不来筑巢，守望着原野无尽的烦恼，/啊！我们将做何种思考？"这里，环境污染、生态破坏的景象和对与社会、人类、人生的关怀，跃然纸上。"绿色的思考"，这是生命的思考、人类的思考、社会存在与发展的思考。

诗人的笔下，"自然"成为一种象征。一种纯洁、高尚、美好、永恒的象征。人们在这象征中得到美、得到净化、得到启示，感受一种"精神复归"的向往和追求。"露珠"在太阳下发出不尽的光芒，"我忘记了冬天的寒风，/我忘记了秋天的严霜"。那"谷子"和"稗草"："金黄的谷子向人们报告收获时，/它们都把头低向大地，/几株夹在谷子中的稗草，/直挺挺高昂着头望着天际。"《甜的风》："风带着甜，甜裹着风，/撞上露水珠滴了满身翠，/路过无边的高粱地染了一身美，/然后又去推开每家的门扉。"《婆婆丁》："你生长在山坡野甸，/顶着初春的严寒，/任凭那风吹雨打，/最先送来了春天。"这些来自自然物的象征，有着明显而优美的意蕴，但又含蓄蕴藉，使人产生联想、亲近自然而回思人生与人性。自然是人之师。正如泰特罗在《文本人类学》中所说："自然行迹"与"自然景观"也是一种阅读对象和"人文话语"，诗人观赏和描写自然景物，也就是他叙述、倾诉"阅读"自然的收获和他内心的人文话语借客观景物而抒写流泻。因此诗中所写，虽是"自然品性"，实亦诗人的人生感悟、审美理想的表达和吟咏。

向自然的回归，对自然的亲近与喜爱，对传统的适度回归和经过"现代选择"的提取与顾念，是人类在经过20世纪成功与反思之后的"现代觉醒"，是治理、修正、弥补"现代病症""现代困惑"的两剂灵药。"走向'回家'的路"，是新世纪人类对"过度现代化"和"'现代性'出了问题"的思考所做出的选择——回归自然家园、回归文化家园、回归传统家园。这看似"倒退"的思维和行动，实际是人类深刻反思后的清醒的"现代选择"和可持续发展的方略。诗人敏感地感受并把握了这个人类文化新世纪走向，以他诗人的情怀和深沉的热情，优美地，充满乡土气息地表达了这种"新世纪之思"。

《思乡的心情》好像是"人类想念故土家园"，"走向回家的路"的象征。"听一声鸡啼，幼儿时的一串串童话扯进我的心潮，/听一声蛙鸣，/挤走了城市带来的喧嚣和烦恼，/住一下生我养我的土炕，童年的旧梦重新寻找，/闻一下大锅做饭的香味，/却不见白发妈妈上灶。"这里，童年和历史同在。历史不仅不可忘记，而且"历史"就活在"今天"-"现实"中。"现代"不可能也不应该取代"传统"。这种对于"童年"-"历史"-"传统"的怀念和记忆，有益于人们正确地对待"现代"。事实上，诗人也并没有停留在"历史"-"传统"之上，而是同时进入"一个新的境界"：他走出小院，望着满天繁星、望着百里稻田，他"听到一地蛙鸣"，感到"这是最动听的音乐会"："多么好的音乐啊！/在这声音中，小村这么安静，/蛙鸣中，成熟、富足/进取、温情……/小村有节奏地前进，/他们正安静地进入梦中，我走下池埂，/我轻轻走进村里，走进父老的甜梦中，/啊，我也走进了一个新的境界/走进新的高峰……"这同样以象征的意味，具象地表达了历史-传统-农村的演变、前进和发展。读着这些混合着、散发着北方泥土芳香的诗句，进入诗人营造的境界，我的理性思维与体认，得到一种形象的、感性的、情感的美好感受并得到具象化和深化，从而感受审美的愉悦。

美丽的思想必须美丽地表现。"自然"的美，无论是来自自然，还是来自"人化"，都必须美丽地表现，才能成为艺术，才能感染人。而诗要成为诗，要"美丽地-艺术地"来表现，则必须依赖语言，"语言是人类存在的家园"。但诗的语言，不是日常语言，它必须是用美丽的、艺术的语言来"说"（表现），才能成为诗。刘文玉的诗就是这样构成的。但却不是一般的"美丽的、艺术的"，而是有着他自己的特色、自己的创造的。他的语言朴素、自然、口语化、乡土化；是采自东北农村的、乡土的、农民日常语言的"土壤"，而又经过加工、结果选择，经过"酶化"和美化，才能开出诗歌语言的美丽之花。而且，不止于此，随着所处理的题材不同、表现的体裁不同，以及所要表现的思想、情操的不同，又对这种语言进行了"现代化处理"和艺术加工，从而形成不能完全用"乡土化"来概括的诗的语言。

> 一家公鸡打鸣一个调，/一家媳妇一家的俏，/谁家下的大酱谁家的香味，/过日子各有各的诀窍。

——这是前一种语言的"调""俏""诀窍"："土得掉渣"，"纯"乡土味，包含生活、习俗、语言，但经过加工、"纯化"，有一种质朴的美、生活的美。

对于"冰凌花"的赞美则是这样的：

> 你像万只飞舞的蝴蝶，纷纷地飘下，/是这样的洁白可爱，但，又匆匆地融化。/不，我要留下你，/留你在我心头，/你真是衔接我生命的冬夏，/永远是一束圣洁的云霞。

还有《雪魂》：

> 我珍藏了多少岁月，/惟恐春风吹来把它融化，/所以我总把内心化为冰冷，/为了使心中的底片永不退化……

这是后一种表达：语言是现代的、文化化的、诗化的、知识化的。

美丽是相同的；但各有各的美。统一而有差异。

海德格尔说："思就是诗"。思即诗，诗即思。"思"是诗的精魂；"诗"是思的羽翼、彩服、形态。刘文玉的诗句包含着"思"的精魂。——包含着关爱自然、社会、人类、人生（而且这些的前面都要加上"中国的"）的精魂；也包含着既保留着美好记忆、优良传统，又向现代化发展着的农村、农业、农民、故乡、故土的精魂。这是他的诗的语言的羽翼、彩服、形态包容中的现实意义和社会价值。海德格尔还有一个著名的深刻的"语言命题"："语言自己说话"。诗人掌握着语言、使用着语言，但语言能够自己"说出"作家未曾说的话。这是语言的本质，其中包含寓意、象征、意象、想象，也包含语言自身存在的历史、生活、文化所赋予的"潜在意义"。刘文玉的诗的语言，是属于这种语言，它们带着东北泥土的芳香，裹着北方农村的朴素、浑厚、粗犷，透着东北农民的实在、豪放、憨实和幽默。这些，都是刘文玉"酿造"出的语言–言语"自己说"出来的。

这既是语言来自生活的证明，又是语言是诗人"酶化"的结果。

时代风貌与艺术品性①

——《人世沧桑》序

新时期以来，文学界涌现了一批出色的中青年作家，包括掌握和运用各种文学样式的，如小说、诗歌、散文、报告文学等。徐光荣同志在报告文学领域，是这批作家中的佼佼者。他已经出版了数量颇为可观的报告文学集，其中有长篇报告文学集，有中短篇报告文学结集，还多次获奖。在十几年中，他从写诗转向写作报告文学，这个转变有其内在与外在的原因，我且留待后面再议。这里只想指出，在这不算长的时间里，他的创作成果是颇为丰硕的。如今他由壮年而步入中年了，创作上，表现于思想与艺术方面，都越来越成熟了。最近，又有报告文学集《人世沧桑》出版，甚为可贺。在书稿出版之际，他嘱我作序。盛情难却，自当应命，而我对于报告文学的兴趣和一点点读者式的关注，也使我愿意集中阅读一次他的这本报告文学集，并借此思考一些问题。拜读一过，略有所思，愿写出来，与光荣同志共勉。并求正于方家与读者。

---

① 原载徐光荣著《人世沧桑》，春风文艺出版社，1996年9月第1版。

一

新时期以来,小说、报告文学、散文的成就是比较突出的。20世纪80—90年代以来,小说则呈现衰颓之势,不是说没有好的作品,但已暂时失去了它的锐气和轰动效应;然而,报告文学和散文却有蒸蒸日上之势,从事这方面创作的人越来越多了,"越界写作"者也日见其多,文章数量也日见增长,而品类众多,为前所未见。然而散文创作可以"两分法"。一极是真正的大家和少数一般的作者或专业作家,确实写出了不少好作品,而另一极则出现了不少怪胎孽种,实为散文之耻。报告文学的情况则不同,它发挥了它的特长,以"时代尖兵"的姿态,及时地、多方面地、广泛而深入地反映了我国正经历着的几千年来未曾有的社会重新构造运动,描绘了它的进程,它的面貌,它的情状,抒写了时代的社会心态,刻画了各阶层的新的人物形象。它的及时性,也许可以用"时代–社会–历史的文学呼吸"来形容。报告文学的这一成绩是十分可喜的。我甚至有时想,好在这"后新时期文学"中有这一枝花绽开了;否则,今日之文学,如何向后人交代?当然,这是就报告文学的总体说的,就大多数说的。有的报告文学作家却是以另一种心、另一种笔、写另一种"文学",那是伪报告文学,也是伪文学。但是徐光荣绝不是这种报告文学家,他与这种作家是截然不同的,是对立存在的。他以他的热忱的心,热情的奔波,热情的笔,描社会变迁的足迹,时代发展的刻痕,各类人物成长的经历,他的作品,在总体上可以归入历史文献、社会档案和人物传记之列,而由于是以文学样式的品性出现的,它的艺术–审美价值,又使它这三种社会价值,融入了艺术价值之中。

二

我对于报告文学这种文学形式,带有一种偏爱的情感。这不仅因为我自己在青年时代就爱读报告文学作品,也写过若干篇这种作品,更主要的是,我感到文学作品作为社会的产物而又必然回到社会中去发生作用,在文学的"四个世界"[即生活(世界)—作家—作品—读者]的大循环中,文学的命运同社会–读者的需要和接受是分不开的。文学作品的总体价值，是在这"四个世界"中接受检验和最终评定的。这是世界文学史所证明了的规律。而报告文学在文学的世界中，则以它的新闻性、报告性见长，它可以及时反映社会的变革和运动，人们的情感世界与理性世界的动荡发展，新的世界与新的人生的行进。所以，"急于"反映时代或者说对于反映时代具有热情的作家，很乐于使用这个文学形态来"知人论世"，认为只有这样才能及时抒泄心中积蓄之知、情、意。这是就主观方面而说的。从客观方面看，急剧变化的时代，沸腾翻滚的生活，层出无穷的人物命运，也呼唤着文学及时反映它的存在，对它的"行动"与"世界"做出及时的回应。敏感而热情的作家，也就对这种来自生活和读者的呼唤和"要求回应"，做出自觉的回应，于是投身报告文学的创作，面对新的人生，面对沸腾的生活，做出文学的回应。我前面说到，徐光荣的创作转向具有内在与外在的原因。我以为，这里所说的一般"文学-时代"的关系，具体到和"人格化"地体现于徐光荣身上和创作活动中，正表现了他的投身这一文学浪潮中，"盖非偶然"，而是表现了一位作家的社会责任感，对生活的热情和艺术热情的"生活、时代、历史趋向"。这趋向是正确的，而且是成功的。

鲁迅在20世纪30年代后期，在听了冯雪峰关于工农红军的讲述及陈赓将军的具体描绘后，曾有意创作反映红军的艰苦伟大斗争和历程的作品，但感到未曾亲历，生活感受不足，便想到不能创作《毁灭》那样的小说，不妨写作像《铁流》那样的带有报告性的文艺作品，这说明文学及时地反映时代，需要一定的时间距离和亲自感受，而作为其特殊样式的报告文学，以它的新闻报道性的文学和文学性的新闻报道的这种品格，都可以在"及时"方面，在诸文学样式之前，而做出自己特殊的贡献。文学的历史也证明了这一点。就以中国现代文学为例。许多小说创作，包括当时曾经获得轰动效应的作品，在时间的淘洗冲刷中，我已经淡忘了，但是，我至今保留着对不少报告文学的鲜明的记忆以至于一份依然激动的心情和艺术感受。比如夏衍的《包身工》、范长江的《中国的西北角》、宋之的的《一九三六年春，在太原》、周而复的《白求恩大夫》、魏巍的《谁是最可爱的人》、徐迟的《哥德巴赫猜想》等，便是这样的作品。它们在当时既产生了轰动效应，又产生了巨大的社会影响，到现在则作为历史文献、社会档案而拥有存在价值，而作为艺术品，仍然葆有其欣赏价值。正是在这个意义上，徐光荣的报告文学作品，具有了它的可喜的社会、历史、文学价值。

三

纵观他的报告文学，正是以艺术性的历史文献、社会档案和时代之音的品性，反映了中国在改革开放以来所出现的社会重新构造运动，新的生活，新的人物，新的心性，新的成就，新的天地。我们从他的"叙事系统"中，看到了20世纪80—90年代中国的发展面貌之一个侧面。而由于这不是孤立的年代，它有来龙、有去脉，他所写的生活有源头、有去向，他所写的人物有着一生的命运，涉及过去与未来，所以，这"叙事系统"，就以"今天"为核心和基准，连着过去，展示未来。这就使作品具有了历史感，具有了纵深的生活与文化的厚度。

这里，我只能以《人世沧桑》来说明。我很赞赏这部报告文学集的题名。的确，大概在世界上，在中国历史上，再没有比当代中国社会与人生，更为突出而丰富地，广泛而深入地反映了"人世沧桑"这四个字的含义了。这是一个怎样广袤的土地、广大的世界、丰富的生活，复杂的人生的"沧海桑田"之变啊。一万部报告文学也写不尽，报不完。正因为如此，我们才要去写。当然，每个作家只能写他所能写的一部分。徐光荣写了他所能写的一部分。"弱水三千我只取一瓢饮"，他写的是商界、演艺界、文艺界、体育界，自然也还是这几界的某一些部分。作为一位作家"饮入生活"，是既自由又不自由的。在这两极的张力场中，决定其"文学行迹"之轨迹的是他的创作意识所产生的选择机制。我不十分了解徐光荣选取这些"报告对象"的行政上、事务上、职业上、人事关系上的因缘，但我从作品中却可以看出他如此选取的内在机制。而这是具有决定意义的。因为不管前者的诸种因缘如何，他的"内心机制"不予以积极的反应，就不会"选中"。选中了，写了，也不会写好。那么，这中间的"外在因缘"与"内在机制"的契合是什么呢？在表面上看，是"热点"。商业、演艺、体育，是中国新时期新生活中的大热点，其中纷繁复杂的悲欢离合、生离死别、成功失败、兴衰荣枯，总之，人世沧桑，是极为丰富的。作者之选此三界，便是又一个"盖非偶然"。"趋时赶热"，不免有时有微词讥诮之嫌。但是，作为报告文学作家，或者作为作家而写报告文学，不写生活的热点、社会的热点、人生的热点，写什么呢？难道以趋奉冷门冰点为重吗？自然不是的。倒是有写"冷门凉题"的，但这往往是出自作家的深意，即"冷"中、"凉"中蕴藏着现实和未来的"热"。而一般地说，报告文学是应"热"而避"冷"的。这里正表现了作家对于生活，对于社会进程，对于人心所向怀有的关心和热情。

的确，从徐光荣的作品中，我们看到了今天的生活行进状态和人物心态。艺术家（如：朱明瑛、李默然）在攀摘桂冠征途上的各种坎坷经历，马家军的健儿在夺取金牌的过程中的种种艰苦卓绝的奋斗，商业巨子在竞争大潮中的辛苦与欢乐，钢都公安干警为捍卫钢城的英勇拼搏，这都是一个一个生动具体的"人生"，这"人生"中的种种沧桑，是他们每个个体的经历，但其中都蕴藏着又体现着社会、时代、历史的深厚的内涵，因为他们都不是普通的个体，他们的"杰出"，使他们的"个体生活"具有比任何一般人更丰富、更纷繁、更复杂、更跌宕的内容，而其中映现了时代的变化、社会的变迁和历史的足迹。这样，报告文学就不仅"报告"了一些杰出的、成功的人物的事迹，而且以"滴水"反映了时代和社会，从而成为有意义的，具有艺术品性的历史文献和社会档案。

沈阳人，以至中国许多人都知道沈阳城先后耸起的商业城、中山大厦、中兴大厦，这是沈阳的骄傲，沈阳的象征，沈阳在改革和经济发展及现代化进程中取得的成果的物质表象和精神象征。它也标志着旧时奉天古城变成现代沈阳都会的物质成果。它的建成，具有历史的意义。作为一种文化成果，它们将具有历史见证的作用。徐光荣的报告文学《辉煌，从梦想到现实》对它们的诞生和"存在"进行了纵横展示，也就是把上述一切做了历史性的记载。这里还写到一些商业巨子的诞生。他们的出现更具有时代意义。他们是时代的产儿，是中国现代社会构造运动中产生的"新生阶层"。对于他们的初次兴起，做下记录，也许会是"首次记录"，因此而留存在中国商业史、社会史、城市史、经济史以至中国现代史上。

四

报告文学作为一种文学形式，必须具有文学性。然而现在不少这类作品，为了这个"文学性"却展开了一种离开了描述对象，漫天铺张的所谓文学描写，实际上成为一种啰唆、唠叨、掉书袋、耍笔杆子的卖弄和炫耀，不但不具有文学性，反而令人生厌，表明作者于文学的不通与不懂。然而徐光荣的作品，一点没有这种痕迹，他的作品喜人的特色即审美特征是：朴实无华。我想他不是不会耍点花枪、来一点伪艺术、伪文学，而是不屑为。这是他的一种艺术选择。这个选择是正确的。像《朱明瑛姐妹》这样的涉及三代人、众多人物的悲欢离合的故事，又出现在名人身上，一般来说是大可展示"文学才能"的了，但作者却是不事铺张，未做雕琢的，朴实地描述那颇具传奇色彩又满含人生悲欢的故事，而且这故事是"花分几枝"的，他也娓娓叙来，平实中寓有匠心。

但是，他的叙事范型，又不限于这样平凡的讲故事。他注意的是捕捉、描述、刻画人物的心灵。他笔下的艺术家、企业家、运动员尽管经历各异、性格有别，却都有一颗对事业、对成功的执着心，都有一种不怕挫折、顽强奋斗，不达目的誓不休的精神。这里，不仅有对这些人物的个人心性的描绘，而且，蕴含一种深沉的人生体验。作品的思想意义和教育作用也就于此可见了。

这里，我还想特别指出一点。有的报告文学作家，为要歌颂其英雄人物，都有二事会要大事铺张。一是对主人公本身的事实大加张扬，或者小化大，或者少变多，或者"浅"装扮成"深"，"一般"伪装"特殊"，甚至无中生有。更有甚者，有的作家竟把主人公的事迹变成了他手中的面团，不是依据主人公本身的真实来塑造他或她，而是依据自己的心意（也许正是歪曲对象）来"挖"出一个"英雄形象"。二是总要树立一个或几个对立面，把好人说得天花乱坠而把"坏人"则描得漆黑一团。这两种病，在徐光荣的报告文学作品中都见不到。他准确地去把握他的描绘对象，真实地描绘他所把握到的事实。至于"对立面"问题，当然，在每个人生活的道路上，尤其是在成功人物的征程上，坎坷之中遇"贵人"总是有的，而遇"坏人"也是必不可免的。但事情总是复杂的，在一人一事上可以说一点是非对错，但在一个人的一生和全部上，却不能因其在"一人一事"上的是非对错而做出一般性的总体结论。所以，其中难免夹有坏人；但多数是有缺点的人。因此，或要写，即写得真实、准确，限定在特定环境，特定时势，特定关系之中，不能以偏概全、以一当十；或集中一人，事情确有结论，或是非已有公论。

那种光听一面之词，不与"被控者"见面，只是凭主观地拿别人来垫背，拿别人当"垫脚石"，去垒高自己手中的"英雄"，是既不负责（有时竟是违法）的，又有违作家应有的艺术良心。此二病，在徐光荣的作品中没有丝毫表现。我以为这也并非偶然。这是一种慎重、负责，但更加是一种审美选择。对象自身，他（或她）的事迹、心性、品格、追求、成功，这本身就是美，朴实地去表现这种客观美、社会美、心灵美，就足够了，还用去添加、扩大、拔高、粉饰吗？他客观地呈现了朱明瑛、李默然等人的这种"真实的质地"，就已经获得美了。至于坎坷路上的"障碍"，或者主人公未曾具体说出，或者干脆全部略去，或者作者有意不涉及，在无损于事实的表述、主人公心性、品格之刻画和主题之表现的情况下，不去"捧起一个打倒另一个（或一批）人"，却也是一种审美选择。在维纳斯身旁没有撒旦的凶相也没有毒蛇，她不失为美人；甚至在罗丹的《加莱义民》的群雕中，也没有敌人的一兵一卒，不也表现了斗争中的崇高美吗？对比我前面所举的并非"抽象举例"而是确有其事的例子，我深感徐光荣的审美选择，既是艺术良心所使然，也是社会责任心的表现。

读过《人世沧桑》，写了这些，只是一些读后感想而已，不足言评论。权为序。

1996年6月28日

文学反映当代生活的新收获①

——读胡小胡长篇小说《太阳雪》

长篇小说《太阳雪》（胡小胡著，华夏出版社出版），以其及时地反映现实生活中的重大问题并由此而扩展式地反映中国现代化进程，而引

---

① 原载《鞍山文艺界》1997年第3期。

人注目。它不同于目前众多的"写现实"的作品那样，猎奇式、表面地或者否定一切地嘲讽式地映照生活，而是扎实地、地道地、"规范地"描绘了生活的进程，社会变迁的种种方面。它以一个计划经济的产物国有东建总公司和它的总经理陶兴本的命运为基点，以东建总公司同民营的九建公司为矛盾焦点，展开了市场经济体制在斗争中发展的状况，其中有对国有大企业的严重冲击——是"打击"，也是锻炼；是摧毁式的，又是"凤凰涅槃"式的催其新生。这便展开了当代经济-社会生活的一个重要方面的情状，而使小说具有了反映当代生活时代风貌的"社会文献""历史档案"的价值。

但作品的价值不止于此。在上述的斗争中，渗透了、裹挟了人事的、政治的、家庭婚恋的错综复杂的斗争，恩怨情仇交叉网似地镶嵌在既是同志、同事、同行、业务伙伴、竞争对手，又是父子、母女、兄弟、姊妹、夫妇、情人的关系之中。而每一个人都在这种社会伦理的交往与冲突中，既接受影响、冲击、吸纳理性与情感的因素，又展开自己的理性与情感世界及文化、心理性格的发展嬗变。在这方面，对于东建总经理陶兴本，东建二公司经理潘鸣放和陶的两个女儿初云、末雨，其妻和小姨子钱芳芳与端端，潘鸣放之弟卫东、之妹红旗，以及民营九建公司经理韦家昌，都从社会、经济层面和"家庭、伦理"层面及两者的结合上，给予了性格化的描写刻画，人物生动、真实、丰富、动人，尤其三位女性，写得艳丽清冷而又生活内涵丰富，是颇为成功的文学形象。这就使这部小说同时是一部"家庭、伦理"小说，而突破了习见的"工业题材小说""城市小说"的框架。因而在总体上，它就成为"社会、历史、家庭、伦理"融会一体的叙事小说，从而整体地又深入地，即深入文化、心态层次地反映中国当代社会现实和历史、时代的脚步。

作者在展开这样一个广阔社会、心态画面的叙述时，成功地采用了值得称道的叙事范型与话语类型。这种叙事意识的自觉和选择得当，是作者成功的关键。整个叙事是大背景、大结构、大气度的，这符合他所要反映的生活场景和内涵，但又是"大中有细小"，细的描写是在组合整体的每一个分体（即章节）中，是在人物的心理刻画中；由此，也就形成一种构造，一种有机的、系统的、纷繁复杂而又有序的"生活现状/文学反映"的二元整体的结构。我们在作品中看得到陶兴本父女、钱芳芳与钱端端姊妹、潘氏家族（父及三兄弟）各自的家史，还有民营企业主韦家昌的发家史，而这"四家族"的家史又是互相交叉、渗透、结合、对抗地发展的，并且这"史"的呈现是同步同层面地在"现代"的共时性陈述的。历史嵌入当前而出现。至于现实生活，则因人物心理在史的发展中的呈现而深入表现，而内在心理的深层内蕴，又以现实生活（包括行为）的具象表现而显露。这便构成外在/内在、理念/情感、行为/心理的内外结合的艺术效应。而人物也就都"在生活中"、"在自身的心理生活中"，从而活起来，有了生机与生气，是"活着的现代人"在书中走动。国有大企业的总经理、民营企业的大腕，现代女性和蜕变中的"传统／现代"二元结构的女性、政府官员各色人类，都活跃在读者面前，串演现代变革故事、社会言情故事和家庭伦理故事。这一多重结构的故事，又都是中国的当代的变革的转型的社会-经济-文化大潮的具体反映。

完成这一切的语言是经过锤炼但不造作也无斧凿之痕的顺畅自然、清晰明亮、富有表现力的语言，又时有抒情笔调，时有取"你——对话"形态插入"他——叙事"整体叙事构架的对话段落形态，时有适度调侃与讥讽。这是规范的文学语言，然而又打破了一般的叙事方式。

在人物创造上，陶兴本是中国"工业巨子、厂矿领导、企业家文学形象"谱系中新增加的一员，有当代特色。作为社会角色他失败了；作为文学形象，他却成功了。陶初云、陶末雨及潘红旗，则为中国"女性文学形象"谱系中增加了新的佳丽，她们美丽、活泼、顾盼生辉，具有现代意识，有新的时代气息和文化心态，是一种新的人物典型。

我们的社会正在经历几千年来未曾有的重新构造运动。但我们的文学对之反映得很不够。也有些写现实的作品，只取生活之流的泡沫，另有许多花哨的、阔绰的、灯红酒绿的生活场景、大款大腕明星之流的人物，但未得生活的内蕴。在这方面，《太阳雪》所取得的成就是很可喜的，值得重视的。

深入创作心理层次的解析①

——评宗元著《魂断人生——路遥论》

我怀着感动的心情，阅读宗元的《魂断人生——路遥论》（上海文艺出版社2000年3月出版，以下简称《路遥论》）；路遥的身影常常伴随着宗元的身影出现；每每在"阅读"路遥的人生和心境时，感到其中蕴含宗元的心路历程。这是因为，宗元同路遥具有类同的生活和心理经历–经验。评论家和被评论的作家具有生活–心理–情感的共同与类似经验，这是不多见的，这也是评论者的一个优势，并使评论具有一种特殊的色彩和价值。评论也是一种叙事。宗元评论路遥的叙事的著作，也是宗元的一个特殊叙事。这种"评论的'生态状况'"，决定了评论的取向和"路数"：指出作家的创作心理。这就使评论不仅具有特点，为一般的作家论所缺，而且进入到作家–作品深层次的解析。文艺是社会生活通过作家的心灵的产物；作家的创作心理决定其作品的一切"规定性"。诺思洛普·弗莱说："批评若不依靠文艺心理学的话，就无法将诗人与其作品联系起来。"（《〈诺思洛普·弗莱文论集〉·文艺的原型》）这种创作心理学的解析，对于作家为什么写"这些"，尤其是对于作家为什么"这样写"，不仅能够得到"心灵依据"的比较深沉而准确的解读，而且，对于作家–作品的一系列重要指标，如心理情结、人物形象、象征–意象等，都可以得到比较合理和可信的诠释。宗元之论路遥，正是如此。

---

① 原载《济宁师范专科学校学报》2001年第2期。

一

　　《路遥论》以一篇《我与路遥研究（代序）》，开始它的理论跋涉。从中我们看到学者-评论者宗元的艰难的人生历程。这是一种什么样的"艰难"哪！不幸的家庭、不幸的少年时代，经受生活和心灵的痛苦的煎熬，艰难地接受中等教育的过程，特别是困难的学习条件、优秀的学习成绩和不能继续学习的结果，使人深深伤怀。然后是流浪、艰难的求生，在不正常的社会条件下的不正常的生活："在那个阶级斗争非常冷酷的年代里，像我这类家庭出身的青年，婚姻与恋爱自然要从生活中彻底放逐，娶妻生子、成家立业这种最普通、最世俗的人生愿望已经成为我不敢奢求的妄想，即便是村里的残疾女子也不曾对我看上一眼。"但在如此艰困中，不曾放弃理想的追求、创作的欲望和学习的努力。最后终于在新时期来到之后，由于社会状况的变化，加上自身的奋斗，实现理想，走上大学的讲坛和学术研究的园地。这些在社会大背景下个人命运的曲折变化，如斯宾格勒所说的"大宇宙"控制下的"小宇宙"的变迁，其情景竟与作家路遥那样类同。这是一代人的共同的命运，其中"有着时代的眉目"。这样，研究者与研究对象、评论家与作家，便具有一种命运的、精神的、文化-心理的同构，彼此心相通、情相系，对世界与人生具有共识。故此，作者在这代序的最后坦诚地写道："要凭借自己对人生的经验与感悟同作家进行一次漫长的心灵对话"、评论难免"过多地打上个人的情感烙印，甚至会出现'六经注我'的现象"。从这篇代序我们不仅了解了本书作者的状况，而且，从中体察到本书内容的特征。为此，我们不仅对作者怀有敬意，而且，明白了他为什么会"这样地"来评论路遥。

　　为了撰写路遥论，作者除了"案头工作"之外，还进行了实地采访，了解路遥的生活道路，并为作家的艰辛生平所深深感动，触动了自己内心的苦痛记忆和情结。于是，采访归来，他的心情很不平静，一种强烈的责任感鞭策他尽快进入写作状态。通过采访，他对路遥的生存环境、人生遭遇与文化心理有了更加深入的了解与切身的体会，一个有血有肉的活生生的作家形象逐渐在他心中浮现。

　　这是一种既有理性思索，又有情感触动的写作的"情绪激起"状态，它不完全相同于一般的冷静客观的学术研究。这是本书产生的又一个特殊状态。这是一种含有一定的创作因素的状态。

这种主观状态，成为本书写作的成功基础，也是构成它的特色的原因。正是这种情绪激起状态，这种主体对象心理-情感的一定程度的同构状态，使这部文学评论-学术研究著作，在冷静的学术剖析中，蕴含着情感因素，具有吸引人和打动人的力量，而行文也时而笔锋含情、文词流丽，"稀释"了论述的理性和"沉闷"的浓度。

二

正是由于上述的原因，对路遥的论析从"沉重的人生之旅"开始。从《导论》开始，一直贯穿全书，作者论证了两个问题，也是从两个方面评析了路遥的"文学之路"：（一）路遥如何走上文学创作之路？（二）路遥怎样走着他的创作之路？前者从发生学的视角，诠释了路遥的文学觉醒与文学情结的基因和特征。这是构成一个具体作家的、如黑格尔所说的"这一个"（作家）的最早动因和"成长核"。后者则寻绎、追索了作家创作发展的路径。然后，在此基础上，着重分析了路遥的创作心理特质。丹纳在《艺术哲学》中指出，一个作家、一部作品的决定性因素有三：种族、环境、时代。宗元正是从这三个方面来解析路遥的。丹纳所说的种族应该是包含民族、宗族、家庭及个人的源自遗传和家族-家庭影响的秉性、思维与情感特征在内的。路遥出生于穷困陕北黄土高原的穷苦农民家庭，而且，少即过继到同样穷苦的伯父家，心灵受到双重的苦痛折磨。"从清涧到延川"，这是"预备作家"路遥心灵的摧折盖过穷困煎熬的滴血的历程：失去母爱和父亲支撑、离开生身之地、转换环境，寂寞孤独与生存困窘同在。他经受了海明威所说的"作家的最好训练"的"痛苦的童年"。这段生活经历不仅磨砺了他的性格，而且，锤炼了他的心理特质。"三岁看到老一半"。少年时代的，在特殊时代的特殊自然与文化环境中所经历的一切，形成了未来作家路遥的性格-心性基因。这是一颗具有特殊质地的作家创作心理的"成长核"和"矿石"，他等待生长和琢磨。以后，便是一系列穷困、饥饿、歧视、自卑、愤慨、奋斗、挫折等，物质与心灵的摧折与磨炼，像对"玉石"的雕琢，像蚌以特殊汁液包裹、浸润尘粒使成明珠。其间，有饥饿中被迫吃嗟来之食、叫人戏弄的屈辱，有"文革"时的激情与理想风帆的扬起和折断，有回乡后的孤独苦闷，有与北京下乡知青的失败的恋爱；当然，也有真正的友情乡情的温暖，也有信天游等民间艺术的滋养，和革命文学的陶冶。宗元以细致而动人的笔触，记述了这些事实和历程，并突出了主体的情感感受和心理应对，为后面的路遥创作心理追索与描述，奠定了事实的和理论的稳固基石。

在这个基石上，宗元指出：路遥在追求政治上的立功立业受挫之后，他那对于文学的爱好，便使他的事业理想和人生追求，向着从事文学创作和当一名作家的目标发展。而他的"在饥饿中体验人生"的经历，他的明敏的心性和艺术感受力，又使他能够一步步走上文学之途。这就形成了路遥的不同一般的"作家情结"——"创作情结"：它比那些仅仅出于对文学的爱好的同类情结，更强烈、更深沉、更巩固、更执着，也就更经得起风吹雨打；而且，这种情结，同他的济世立业的人生理想、生命追求，紧密结合在一起，"合二为一"，这使得路遥以文学为个人的生命真谛和终极关怀。他最后的确在文学追求中逝去。这不仅使路遥远远高出于那些"玩文学"者，而且，大不同于一般的作家。宗元的论析说明：强烈、沉稳、执着的"作家-创作"情结，是路遥文学成就的根基。同样，由于他的特殊的贫困农村生活经历，他的情绪记忆的积蓄，和主观世界对这一切的感受与应对，决定了他乐于也只能写这些生活和这样来写"这些生活"。宗元总揽路遥的全面状况，概括"作家路遥"的基本特征是"一位具有现代意识的作家，但骨子里依然是一个农民。"而他的小说人物系列便是"身处困境却要改变命运的农村知识青年。"宗元这种对于路遥及其作品的性质和特征的定位，是在具体地分析了具体的对象之后做出来的，因此是有根据的，也是令人信服的。宗元的分析，具体地说明了丹纳的"决定作家-作品性质三要素"说，在路遥身上的体现。宗元深入、细致地论述了路遥的"种族-环境"特征，黄土高原荒凉贫瘠的陕北农村的历史-文化-社会，贫困家庭的过继幼子（"生存空间的大转移"）。在比较研究中，甚至区分了与同属黄土高原作家陈忠实、贾平凹之间的不同。路遥所属的清涧，贫瘠而神奇，"因被割裂而异象突出"，"中原文化和草原游牧文化共同铸造了"人们的心理气质与性格："既善良又剽悍，既诚挚又豪放，既笃重又侠勇"。在这里，"充满着英雄血和美人泪，在保守和开拓的矛盾中，施行着创造性的进取和变革。"而贾平凹的家乡在商洛山区，属中原文化和楚文化交叉地带，封闭神秘的土地上，充满诡谲怪异传说，笼罩浓郁巫鬼文化恐怖气氛，清溪怪石、高天明月、狼吼猿啼、民谣故事，滋润作家心灵，引发缥缈情思。陈忠实则是关中文化之子。此处民风厚道、古朴纯正、心态保守。历来战云缭绕、英雄梦多，帝王陵、兵马俑，秦砖汉瓦、西汉石刻，多的是历史遗存和回应。最后，宗元总结他们的异同说：路遥豪放多激情，平凹温婉洒脱，陈则透露历史文化的沉重。他把历史—文化融进种族、环境之中，充实了它们的内涵与底蕴。

在"时代"一项中，对于中国20世纪50年代，特别是"文革"期间的社会状况，尤其是陕北农村的世态人情，以及它们在路遥身心中留下的深深的刻痕和路遥的心理应对，都做了详细的描述和精到的分析。比如，对路遥在饥饿、讥笑、自卑、苦撑中度过的中学生活，"文革"中暂时的"擢拔"和以后的蹉跌，揪心失望的恋爱，诸如此类等赋有个人特色的生活、心理经历，都进行了这种描述和分析，为以后的创作心理分析和作品诠释，确立了事实的和心理的基础。

三

《路遥论》对路遥的创作心理进行了透视。每位作家的创作心理，都由自己所特有的若干个情结所构成，这些情结则是由作家的特殊的人生经历和心理经验所形成的。路遥的特别具有特色的人生经历，形成了他的特有的重要情结。其中，除了前已述及的强烈的"创作—作家"情结之外，宗元还提炼了这样几个情结：（1）"自卑、压抑、超越"情结（简称"自卑情结"）；（2）苦难情结；（3）恋土—恋史情结。关于（1），宗元分析道，一方面，陕北的自然地理环境和历史文化，浸润路遥的人格结构，使之滋生、形成狂放、强悍和沉郁的精神气质。但另一方面，路遥自身的生活经历中，"沉重的生存压力与接踵而来的精神创伤却又在强化路遥的自卑心态"。而前者越是强盛，对压力的感受也越强，两者结合而产生的自卑感也就愈加强烈、深沉。由此产生一种强烈的自卑情结。路遥强悍狂放、沉郁争胜的性格，又迫使他抵抗自卑并极欲清除之，从而产生超越精神。这样便萌生、"创获"了路遥式两相对立统一的"自卑、压抑、超越"情结（"自卑情结"）。宗元指出路遥的"自卑情结"的积极意义说："从现实的巨大落差中产生的心理失衡便激发为一种顽强不屈的抗争力量，渴望通过对环境的改造，彻底改变目前的屈辱状态，自此，自卑感便转化为面向人生的倔强的进攻姿态。"这样，又产生了路遥的"介入"精神。由此，也就产生了路遥的创作特征。在创作激发和创作动机上，表现为一种挑战意识；要为人所未为，"建立起一种无榜样意识"。以"解放自己的精神，释放自己的能量"（路遥）。因此，路遥能不管文坛风气、风习如何，坚持现实主义的创作方式，不趋时赶浪头。并且，在创作实践中坚持积极进取精神和自我超越意识。

路遥这种"自卑、超越、介入"情结，还形成了他创作上明显而突出的审美指向和情感倾斜。一是路遥的从事文学创作是"以一种精神的方式介入社会实践"，他以作家的角色意识，"在虚拟的想象中展开政治家生活中的矛盾冲突，纵横捭阖，风云变幻，以纸上谈兵方式宣泄被压抑的政治抱负"。这是路遥作为作家很特殊的一点。二是，路遥在具体创作中，"不自觉地把这种自卑、压抑到走向自我超越的精神变迁"（"自卑、压抑、超越"情结）"投射到他心爱的主人公身上"。表现了一种典型的由"情结"到"创作"的创作心理运行机制。

关于路遥的苦难意识，宗元指出："苦难是路遥人生的主题词，苦难意识是路遥人格建构和创作心理中的一个非常重要的内涵"。但苦难又是生活对于路遥的一份"丰厚的馈赠"，是"路遥的最宝贵的精神财富，是成就一个作家最难得的思想与情感的操练"。这一点最重要的表现就是路遥由此出发，超越个人苦难的体认，扩大为对于整个社会与人类的苦难的关怀，对于人生世界的整体性的哲理感悟。这成为作家路遥的悲天悯人、人文关怀的强大精神资源。其次，在"个人性-个体性"方面，苦难情结是激发路遥创作欲望的内在动力；苦难由压抑走向超越，激发反抗的意志和力量，也使作家本人走向成熟，还投射到他笔下的主人公在作品中历经走向成熟的过程，从而使作品具有一种特有的"人生-精神格局"。

路遥的苦难情结，还与现实生活形成一种"双向逆反"关系：一方面是作家的苦难情结使他对现实苦难具有一种特别的关注与感悟；另一方面，现实苦难经验，又最容易激起作家的苦难情感记忆的复活，"从而，双方在心灵上形成了和谐的共振与天然的契合"。而这正是最佳创作状态，足可促使创作的成功。这正是路遥创作成就之心理渊源："路遥所建构的揭示人生苦难艺术世界中，始终灌注着一种来自作家心灵和情感深处的盎然的情绪和浑然一体的气韵，并在总体上对人生的苦难意蕴具有比较深刻的发掘。"此外，在小说的立意和选材上，在人物性格的塑造上，在灌注作品的情感体验和哲理思考上，都透露或潜藏着作家苦难情结的作用和灵感及想象的趋势。书中还特别指出，路遥并不以廉价的乐观主义给人物和作品以鲜花与美酒的结局，而是不惮谱写一首首悲凉的挽歌。这表明路遥"在意识深处对人类战胜苦难、战胜自身的某种不安与忧虑"，并"使路遥的小说蕴含着对人类终极关怀的幽远情思。"这是路遥的深刻处，也是成功处；这也是路遥创作心理中特殊的心理情结的胜利。

作为血统的农民儿子的作家路遥，有着浓重的恋土情结和恋史情结，乡土和其中蕴藏的历史遗存，养育了他，也缠绕着他，他"不自觉地对农村与乡土文化产生情感倾斜"。他关注农民的生存状态，关注农村的发展。他的作品的主角是乡村知识青年、姑娘媳妇、农村干部，是他们的命运浮沉。而且，表现了农村文化在城市文化面前的矛盾惶遽心态，以及在新时代的无奈的变化和主动的适应。这里，不仅反映了中国现代社会的变革状况，而且，"作家在恋土又恋史的二元困惑中，表达了对人类社会前行的殷切的祈盼和对于道德完善的真诚祝愿。"在这里，评论又由心理分析进入社会、历史批评，揭示了20世纪70—80年代中国现代化、城市化的艰难过程中，农村、农民的空间、心灵的带血的蜕变。这是对于路遥的有意义的价值判断。

诺思洛普·弗莱指出："每位诗人都具有个人的神话、自己的光谱带或特有的象征组合。""每一位诗人都有各自的独特形象组合。"① 《路遥论》揭示了路遥小说系列所创造的农村人物系列，以及独特的"象征组合"和"形象组合"。他们是马健强、孙少平、高加林这些同生活和命运搏斗，在城乡、传统／现代矛盾转换中浮沉的农村知青，在改革开放大潮冲击下颠簸行进的农村干部，在"传统、乡村／城市、现代"两极张力场中，表现出美丽灵魂的乡村年轻女性。路遥在这些"象征、形象"的组合中，表达的不是一般的农村现代故事，而是农村知青的爱情悲剧。这是路遥"表现现代生活的最主要的情节模式"。他在这个个人

---

① 吴持哲：《诺思洛普·弗莱文论选集》，中国社会科学出版社，1997，第84-85页。

的、个体的、生活故事里，蕴藏着浓厚的社会的、民族的、集体和时代的巨大内涵。"路遥笔下的爱情悲剧，既是社会悲剧，同时是性格悲剧"，爱情悲剧中富有"庄严的历史内涵"。路遥的现代悲剧故事具有悲壮、苍凉的情感格调和沉雄、崇高的悲剧美。所有这些论证，都正确、准确而富有见地，揭示了路遥小说的审美特征和美学理想。

在《路遥论》的整体论述过程中，透过大量的、细致的社会和理论的剖析，几乎是与路遥小说"平行"和"同步"地解读–论证了中国从20世纪50年代到90年代的社会变革历程，这成为一种具有相对独立价值的理论叙事。它既伴随着又论证了路遥的小说叙事。这里有两点值得注意之处。第一，路遥的小说叙事，在总体上构成了一幅中国现代化过程中，农村经济、社会和农村青年的一次精神炼狱。这是中国社会和中国文化从传统向现代转换的必经之路。比如路遥创造的高加林这个形象，比较早地传递出中国社会–心理这种变迁的信息。他所面对的理想与现实的矛盾，是历史必然要求及其难以实现而构成的冲突，"是传统文明在向现代文明的转换中必须付出的惨重的牺牲"，"因此，高加林的悲剧首先意味着对于社会的严峻批判"。这种论析，揭示了路遥作品的象征–形象组合的内在社会内涵和现实价值。第二，从神话–原型理论视角来看，路遥的系列长篇小说，应属于"神话–史诗"范畴。弗莱认为"神话就是原型。""当涉及叙事时我们叫它神话，而在谈及含义时便改称原型。"①宗元的分析正合于这种理论原则。形象和体裁都有原型——最早来自神话和英雄史诗。路遥的多部长篇小说，可以说是中国当代神话和英雄史诗。马健强、高加林、孙少平等，都是"向命运挑战的抗争者"。他们的一生，历经神话或史诗中的"神"与"英雄"同样的曲折命运，在这个过程中，表现出他们的性格。宗元的评论详细地揭示了路遥作品中赋予"原型"的社会、民族、历史、时代内涵，并且就它们的结构、艺术性态、美学追求等，进行了有见地的评析；而且，都深入到创作心理的层面来加以探究。

《路遥论》以《导论》《人物论》《艺术论》《比较论》四部分组成，它们有分有合，构成一个评论整体，但每一部分都有独特的集中的内涵，所论甚丰。我在这里只是提炼出书中的几个主要之点加以介绍和评

---

① 吴持哲：《诺思洛普·弗莱文论选集》，中国社会科学出版社，1997，第98页。

介，未必有当，并有遗珠之憾。只作为一种读后感写出，以求正方家和宗元同志。（文中引号内文字，未注明出处者，均引自《魂断人生——路遥论》上海文艺出版社，2000年3月第1版）

文学"高地"上的"跋涉"和"跋涉"中的"高地"创获①

——评《跋涉于文学高地：李春林文集》

《跋涉于文学高地：李春林文集》是一部学术内涵丰富、学术建树突出的文学论著，也是在文学理论上和研究领域上，具有一定开拓的论著。这部文集以三大部分论述构成，即鲁迅学研究、中国现代文学研究和当代文学评论。在这三部分中，其所论，均有研究视域上的开拓、思想与艺术上的独特的见解及研究方法的精到和学术语言上的规范。

鲁迅学研究是这部文集内容上的重中之重，其篇幅约占全书的三分之二；而其研究成果和学术水准，也足称本书的重中之重。这部分的研究，在学术视域上，可谓"一身四兼"，它首先是鲁迅学研究，同时当然也是中国现代文学研究，而由于其研究对象大多可纳入"鲁迅与俄苏文学"中，故可视为"外国文学研究"，从其研究领域和研究方法来说，更是合乎规范的比较文学研究。事实上，这些论文，有的被选入人大复印资料的《鲁迅研究》，有的则被选入《外国文学研究》，就证明了这些论文的"学术身份"。这一点，我以为正显示了其研究成果的广阔性和丰富性。

在20世纪80到90年代的10年中，中国现代文学研究和鲁迅研究，进入一个新的时期，不仅以其研究规模之大、研究人员之众多而堪称新时期；而且以其研究视野之开拓、研究思想之宽容和研究方法之新颖，

---

① 原载《中国图书评论》2015年第1期。

而足称新时期。其中，鲁迅研究之新开拓及鲁迅学的建立，是一重大表现和重要内容；又其中，鲁迅与外国文学，尤其是与俄苏文学的研究，又为一学术"重镇"；与此相关联，鲁迅与世界文学思潮尤其与现代主义的关系，也是重要的瞩目点；同时，20世纪初即有滥觞、20—30年代已有建树、而后却长时期"断档"的比较文学研究的复兴和重建，又成为一个重要的研究态势和界域开拓。这些学术新潮，反映中国的学术世界越过近代化和现代化的20—40年代和50—70年代的曲折反复、风云变幻的历程，进入了一个良性发展和与世界学术接轨的可喜的新时期。其中，对中国现代文学的重新评价和诠释，与之相连的，对鲁迅的重新认识与评价，包括"回到鲁迅自身"，甚至对文学的基质与功能的重新认识等，这些学术新气象、新气质，均"联袂"出现了。

李春林学术研究的路径和选择，均在这种大的学术背景中出现，是它的"个体"反映和回应，也可以说是他作为文学研究者的"弄潮儿"的优秀表现。他的鲁迅研究之可贵和可赞，正是在这几个重要方面，都把握了学术思潮的主流，既是乘时代学术之风帆远航，又能下功夫钻研，从而都有重要的建树，立下了"学术功劳"，成为了"学术风帆"给力的中青年学术群体中的一分子。这首先表现在他的研究领域的开拓上，而且不仅有开拓之功，并有建树之获。这一点，在人们对他的评论中，得到了公允的评价和赞誉。"新时期鲁迅与外国文学比较研究的三个代表人物之一"，他的《鲁迅与陀思妥耶夫斯基》是"鲁迅与外国文学比较研究的六部代表作之一"，"90年代'鲁迅研究领域十分活跃或崭露头角的'13位中青年学者之一"。这些赞誉和论定，对李春林来说，是实至名归，当之无愧的。

在20世纪80—90年代的既继承又发展的鲁迅研究中，在对鲁迅的重新认识和重新诠释中，鲁迅与世界现代派文学的关系，是重要的一个方面。现代派在西方兴起时，对于中国现代文学界本来并不十分陌生，甚至有所引进和有所"跟进"；但是，尔后数十年的发展历程中，现代派却被妖魔化，成为人们心目中的文学洪水猛兽。而一到新时期，中国人睁开眼睛看世界，却惊喜地发现"世外桃源"似的，"发现"了西方现代派文学，一时间翻译界忙起来了，移译多种西方现代派代表作品，有的甚至有点饥不择食；理论界也纷纷引进现代派各家学说和理论，学术界则合理地寻觅其在中国作家中的踪迹。于是仿佛发现新大陆似的，发现了鲁迅的散文诗杰作《野草》和它的现代性文学气质与成就。同时也寻觅到鲁迅之能够达此现代性成就，所受到的外国文学的影响，发现了尼采尤其是波特莱尔和他的《恶之花》对鲁迅的影响。不过，如果仅从比较文学来说，这只是一点影响研究的发现而已，这对鲁迅研究来说自然是一个新发现，但却很不够。李春林的研究，突破了这种局限。

"鲁迅与世界现代主义"，是上述研究态势中的一个新鲜而具深意的研究课题。新时期以来，已经有不少这方面的论著问世。李春林的研究，在其中立于重要的地位，在于他从宏观方面，而不是限于某个具体论题把握这一课题，进行深入探究。

先是本《文集》的第一篇论文《鲁迅与东欧传统现实主义文学》，它掀开了一角，揭示了鲁迅越过"传统现实主义文学"而进入"心理（现代）现实主义"的文学境界。这已经接近现代派的味道了，可谓揭示鲁迅文学世界的深沉内涵的先声和滥觞。

继之问世的《鲁迅与世界现代主义文学》，视界大开，内涵更加丰富深邃了。他从两个主要方面来揭示鲁迅的文学现代性创造的具体表现：第一，从时间看，他列举的世界现代文学演进时间表为1915年，卡夫卡的《变形记》发表；1918年鲁迅的《狂人日记》问世，而次年，伍尔芙的《墙上的斑点》才发表，1922年，乔伊斯的《尤利西斯》、普鲁斯特的《追忆逝水年华》之一的《索多姆和戈莫尔》、伍尔芙的《雅各布的房间》等一批现代主义代表作，先后问世。据此，李春林得出三个重要结论：（1）"鲁迅的创作几乎是与西方现代派文学大师同时起步的"；（2）鲁迅创作中的"现代主义质素并非受自西方现代派文学的影响，而是直接受惠于时代"；（3）鲁迅与西方现代派文学"主要是一种平行关系"。第二，从鲁迅作品的实际呈现看：《野草》"蕴含有突出的现代主义特点"；小说《孤独者》《伤逝》《祝福》，以及许多杂文（请注意：杂文），包括从《写在〈坟〉后面》到逝世前的《死》，都把"'死亡'问题提到哲学层面来认识"，并"通过对死亡问题的思索来体验和体现对生命本体意义与价值的进一步思索"。他还通过征引李欧梵的论证，指出鲁迅的古体诗"唤起的是一种焦虑和彷徨不定的情绪，它已超出了社会政治意义的狭窄视野"；其中有的诗，内容蕴含着"一种真正意味的'恐惧与焦虑'"；所以夏济安说鲁迅"看起来更像卡夫卡的同时代人，而不是雨果的同时代人"；李春林则改而言之："鲁迅不属

文学「高地」上的「跋涉」和「跋涉」中的「高地」创获

于古代而属于现代"。李春林接着还揭示了鲁迅回忆散文《朝花夕拾》蕴含的现代主义质素，比如其中与普鲁斯特的《追忆逝水年华》类同的思想情愫；在"哲思的返顾"中，"于行云流水般淡泊文字中，常显忧虑、焦灼、不安、沉思的深潭"，尤其对"死亡"的钟情，有九篇文章回忆或谈及死亡。这是"一位哲人对一切生命现象的观照"，鲁迅在"探索人的生命意义的过程中所发出的咏叹"。最后的结论是："在鲁迅各种文体创作中，都蕴有现代主义质素"。

在总体结论做出之后，还进一步探讨了鲁迅的现代主义质素与西方现代主义文学的异同。这方面的论述，则深化了鲁迅文本的现代主义文学质素的时代精神、"中国元素"和创造性、独特性。而更重要的是，李春林特别论证了鲁迅之所以能够不接受西方影响而创获其作品的现代性，是"受惠于时代"，这一论断十分重要。这就是说，作家之能够做出超越前人的文学创获，不是完全个人才智所决定的，而是接受丹纳所说的"时代的精神气候"的影响所致；当然，作家思想的锐进、心性的明敏、艺术性灵的超拔，则是个体的创造和奉献。鲁迅之为鲁迅，正在于此。故此，李春林这一论证和"鲁迅与世界现代主义"的平行研究，以及得出的结论，无论在鲁迅学、中国现代文学还是鲁迅与外国文学及比较文学的研究中，都是超越既有成果的、重要的、闪光的结论和成果。

"获得和创造文学的现代性"，是百年中国现当代文学艰辛历程的主要艺术诉求和思想归宿。李春林对鲁迅参与世界现代派文学的创造，在东方"首举义旗"的论断，自然应该进入鲁迅学和中国现代文学研究以比较文学研究的重要成果的积淀之中，而载入史册。

"鲁迅与外国文学"这一论题，向来有之，但由于历史的原因和认知的褊狭，其论域大体侧重于鲁迅与苏联文学的范畴内，即此，也大多局限于被窄化了的革命文学的界域里。"鲁迅是中国的高尔基"这一论断和"命名"，大约概括了其中的要义。新时期以来，这种褊狭的研究局面有所改变，论域扩大了，不过大都还限于"鲁迅与某某"的"关系研究"之中。正其时，李春林攻读硕士学位，在导师田仲济的指导下，确定了"鲁迅与陀思妥耶夫斯基"的论题。他很好地完成了这个富有学术蕴含的论题。《文集》中鲁迅与陀思妥耶夫斯基的比较研究和鲁迅与苏联同路人的研究，是两个重要的课题，也是李春林在此有所突破，有独到发现和阐释的领域。

在《两位"人的灵魂的伟大的审问者"——鲁迅与陀思妥耶夫斯基比较研究》中，值得首先提出的是，他指出：说"鲁迅是中国的高尔基"，不如说是"中国的陀思妥耶夫斯基"。这一赞誉称谓的转换，很有深意。可以看作一个"政治的、革命的鲁迅"，向"文学的、文化的鲁迅的转换"，其中还包含其他多方面的政治的、时代的和文学的深蕴含义。在这个转换中，李春林对中俄两位伟大作家也是"人的灵魂的伟大的审问者"，做了比较文学中的影响研究、平行研究及主题学研究。其中，主要并具有意义的是后两种的研究，即二位伟大作家思想-文学创获的异与同。"人的灵魂的伟大的审问者"，这是鲁迅给予陀氏的论定和赞誉，其中就暗含着鲁迅的接受和"倾慕"，从而显示了影响的隐机。至于他们的异与同，含着中俄民族的差别和高与低的文学差异。比如，他们都塑造了"精神胜利"的典型——阿Q和高略德金。但陀氏笔下的高略德金特点不突出，因此"却不十分成功"；而鲁迅笔下的阿Q，却是多侧面、很充分、丰富多彩。阿Q形象的社会内蕴和思想深度，也大大高于高略德金。前者的悲剧"有着更深广的政治意义"，"社会历史原因才是决定性的"；而后者，则"只是在维护病态的自尊心和自譬自解"而已。特别是"阿Q的精神胜利法，是与他的被压抑在内心深处的反抗火焰联系着的"。这就揭示了鲁迅笔下的阿Q的深广的中国社会-历史-文化及中国民族性的内蕴。再如，两人均工于刻绘人物的特异心态，但深广度和社会-文化意义却又有差异。比如"复仇"这个美学的重要主题，陀氏笔下的拉斯科尔尼科夫最终"活着，走向了神道"；而鲁迅笔下的魏连殳却是"死去，却始终坚持了他的人间抗争"。因此，"同是反叛的悲剧，前者是反叛者的反叛悲剧（反叛人道，皈依神道），后者是反叛者的牺牲悲剧（为反叛到底而牺牲）"。也因此，"后者心灵开掘得也就更深刻，光彩也就更夺目"。至此，李春林更进一步深入地指出：虽然二位作家都是使用棱镜片分析，但其手法却不同而分出深与浅、高与下："鲁迅是用凸透镜将那经过分析的光线聚合在生活溃疡的焦点上，使那人间的不平和痛苦显得更真切，使目睹者惊醒和感奋起来，立足于地上的斗争，以实现社会的解放。而陀氏使用的却是一个巨大的凹透镜，将一切都散射到天上，在天国里解决一切问题，是人在神那里得到解放。"就作家来说，则"一个是为了疗救，一个是超脱；一个是医生，一个是牧师"。这一长段社会的、思想的、心理的和艺术的分析，宽广、全面而深刻、独到，在比较研究上的平行研究和主题学研究及作家研究等诸多视域，都得到很好的发挥和深刻的结论，堪称学术的深思妙笔。

在"传统鲁迅学"研究的视域中，高尔基及其作品、法捷耶夫和《毁灭》、绥拉菲摩维支和《铁流》等是最受重视的"正宗研究"；而托尔斯泰特别是迦尔洵和梭罗古勃，尤其是同路人文学，轻则轻忽、规避，重则排除和批判，最多是一种侧面研究吧。李春林却越过这种研究视域和格局，来进行研究。但这不是猎奇，更不是"钻冷门"，而是越过政治层面和狭窄甚至存在误区的文学观念的，具有独自见解的选择。这些研究对象是托洛茨基、卢那卡尔斯基，特别是同路人文学。应该说，这种冷门研究的决策，就是比较文学研究中的深层面、高层次的研究。而其所获得的研究成果，更令人欣喜。使"侧面研究"，进入"正面研究"的视域和格局，这对于进一步认识和诠释鲁迅，揭示他的思想境界和艺术天地，具有独到的功力和新的视域。

在鲁迅与托尔斯泰、迦尔洵和梭罗古勃的比较研究中，得出了一系列重要的结论。其中重要而富有启发意义的有：在文艺服务对象、走向大众上，托氏的出发点是"基督教精神和宗法制农民思想"，而鲁迅则"已有朴素的历史唯物主义因素了"；托氏的"大众主体"是"宗法制农民"，而鲁迅的则是工农及其他下层劳动人民。两人均有"民粹主义"思想，托氏为"俄罗斯广袤的土地所养育"，而鲁迅则为"哀其不幸，怒其不争"的基本立场所决定，思想中既有"民粹主义"又存在反民粹主义倾向；鲁迅吸纳现代主义，而托氏则拒斥；"鲁迅着力于心诗（灵魂的诗）的冶炼，托翁侧重于史诗的构筑"；托氏"逆向发展现实主义"——在传统现实主义趋向式微时，"再现现实主义的辉煌"，而"鲁迅则是顺向发展现实主义，是现实主义与现代主义契合"。这一系列结论，不仅深化了托尔斯泰诠释，更重要的是深化了"鲁迅诠释"的内蕴。

对于鲁迅与"人性的天才"的人道主义作家迦尔洵的比较研究，得出的系列结论是："首先绝叫，以一身来担人间苦的小说家"迦尔洵，是"博爱和人道的底色"，而鲁迅却是"呐喊"，促人们改变"不争"、去除"不幸"，"主张将恶即行扑灭"；鲁迅与迦尔洵均持"永无消歇的自我诘问"，但迦尔洵的诘问，虽亦含着社会内容，"但有许多又与复杂的伦理与情感关系胶结在一起"，而鲁迅却"使爱情悲剧向社会悲剧辐射"，"诘问更呈现出多样性"；总之，一个是"强者的'呐喊'"，一个是"弱者的'绝叫'"。

梭罗古勃，一面是十月革命后与新政权格格不入、不见容于革命的非革命作家，一面却是俄国白银时代"惊人的天才"、著名象征主义诗人，其作品被赞誉为"一面做工精巧的镜子"；鲁迅对他十分赞赏，给予高度评价，但政治上却对之有清醒的认识和准确的评判。鲁迅认为梭罗古勃的作品的价值在于"憎恶现实""反抗现实""不满于现实"；但又不时运用梭罗古勃及其作品，"或规劝青年，或批判社会"，表现出一种批判态度。对他在政治上和艺术方向上的不能与时俱进及其难免的悲剧命运，鲁迅均有着清醒的认识，但对这位"死的赞美者"，却又"独有深切的会心"。李春林指出，鲁迅与梭罗古勃虽然都是"超拔的'死'的赞美者'"，但是，梭氏的"死亡观主要基于基督教和西方其他宗教及神话"，而鲁迅则是"基于生物学的人生观和进化论"，尤其"梭罗古勃对形而下的意义上的死亡的关注程度不如鲁迅"。特别是，"倘若说鲁迅对于死亡的形而上的赞美表现出他作为一位伟大的人道主义思想家的思索的深邃，那么他对于死亡的形而下的控诉，则表现出他作为伟大的人道主义作家的感情的博大。鲁迅的'二律背反'的死亡观，使得他超越了梭罗古勃。"这里，这种比较研究，又是进一步深化了对于鲁迅的诠释，丰富了鲁迅学的内涵。

更可赞誉和重视的是李春林的"专题比较研究"：鲁迅与苏联"同路人"作家关系研究。"同路人文学"，是一个充满紧张、尖锐独立的"文学与思想的矛盾体"，而鲁迅对它的认知、评论和态度，也正是符合客体又显示出自己主体的矛盾聚合体，从而显示了鲁迅思想与艺术思维的博大丰厚。李春林综合鲁迅对同路人文学10位作家的既欣赏、赞誉又保留、批判的态度，大体为：他们"那立场是一切立场的否定"，他们有一种与鲁迅"为人生"的文学相异的"为艺术而艺术"的倾向，赞颂"艺术至上"和"个人主义"，作品"充满了怀疑和失望"，他们所写的"革命"，"其实是暴动与叛乱，'是原始的自然力的跳梁'，于革命'未免有看不分明之处'"，等等。李春林对鲁迅关于同路人文学论述的这些归纳集粹和评述，是准确的，梳理了一个鲁迅的"评判"的系列和

"意义链"。而同时，他也把鲁迅的另一面，即赞誉和欣赏同路人文学的论述，做了准确有益的归纳集粹，揭示了其中的优长和"意义链"。这些内容是："它张扬文学创作的自我价值和文学之于人类的普遍意义"；他们"真实地写出了革命"，"表现革命所不可避免地带来'污秽和血'"，"指向了当时的革命的恐怖与黑暗"，写出了"新生与恶腐的对抗，写出了新生的牺牲与恶腐的顽固"，"写出了人性的丰富与复杂，对阶级意识不独淡化且相当模糊，对革命更不是一味歌颂"；他们主张个性自由与创作自由，"这种自由是不被任何政治所凌驾的"；他们不认同"革命后思想趋于单一与禁锢"；而其艺术手法"为当时苏俄的散文的叙事文学吹来了新风"；他们的讽刺幽默，是对"人性恶的一面的深究"，"亦可视为对斯拉夫民族性格的批判"；他们"身历了革命了，知道这里面有破坏，有流血，有矛盾，但也并非无创造，所以他决没有绝望之心"；"作品读起来自然、流畅"，它们是"非革命的"，但"它的生命，是在照着所能写的写：真实"；"其表现社会生活'并无偏倚'"，他们"能以洗练的技术制胜"，"内容和技术，都很精湛""非常卓拔"。

然而鲁迅慨叹，十月革命后，许多作家，包括同路人文学，"受到打击，俄国文艺突然凋零"，1920年实行新经济政策后，"造纸，印刷，出版等项事业的勃兴，也帮助了文艺的复兴"。但1924—1926年后，加强对文艺的控制，同路人文学遭到严重打击，其作家被查禁、遭迫害、被杀害，对此，鲁迅发出了"心灵深处的叹息，对当时苏联文艺界现状的愤懑"。李春林在后面鲁迅与纪德、苏联、共产主义的比较研究中，还指出，同路人作家后来不乏历经坎坷者，对此，鲁迅也表不满，"他追求个性自由（这是他与'同路人'作家相亲的原因之一），反对将人们个性全部抹杀的专制独裁"。他还指出："鲁迅对苏联式的共产主义已有所怀疑，至少情感上有抵触情绪。""从语风上不难看出鲁迅对苏俄政权滥用暴力的不满。"

这里评介的是鲁迅对于苏联同路人文学的论述，但同时就显示了鲁迅的思想境界和文学-文化胸襟，那是广阔、博大、深邃、精到的哲人大师和文化伟人海洋一样的胸怀。

罗曼·罗兰说过："从来没有人读书，只有人在书中读自己，发现自己和检查自己。"我们也可以说，鲁迅是在读同路人文学中，"读自己"，发现自己和检查自己。他所赞同和推介的是他自己所愿意和意欲去做的；他所批判和有保留的是他所要预防和摒弃的。所以，李春林的比较研究，实际上扩大和深化了"鲁迅诠释"，也是补充和增加了鲁迅学的内涵。

关于鲁迅与苏联同路人文学，李春林还特别指出了两点：一是鲁迅对同路人文学的欣赏、翻译和推介，在接受马克思主义世界观之后，依旧未变；二是鲁迅特别指出苏联经济和文化政策的宽严变化，决定了同路人以至于苏联文学的兴与衰。指出这样两点的重要意义在于，这说明鲁迅虽然接受了马克思主义，但他此前，已经接受了广泛的中西文化，有着深厚的思想文化积淀，他是具有广阔丰富的海德格尔所说的思想"前识"和"前设"的思想家、文学理论大家，马克思主义成为他的基本指导思想，但不能完全囊括他的思想天地和境界，而只能使他的思想更扩大深邃，能够容纳众多的进步的人类思想资源。同时，表现出鲁迅具有一种宽广深邃的文化胸怀，他拥护赞同宽容的文化战略和政策。这还使我想起对谩骂、否弃鲁迅的人们说辞的有力回答。有人攻击鲁迅"左"，现在这种批判日见趋重，而李春林揭示的事实却是鲁迅对"左"的文艺政策和思想的严厉批判与实际抵制，其情状，李春林甚至用了"叹息"特别是"愤懑"来表达；而有的人谩骂鲁迅是"流氓文风"，那就请看一看李文中所引鲁迅对同路人文学的译介评语，那种规范、达意、深沉、流丽和富于表现力的语言，难道有一丝丝流氓文风的痕迹吗？

在中国现当代文学研究中，李春林突出的表现和贡献是对于意识流文学和艺术手法的研究与评论。他对新时期中国文学中意识流的出现和表现，略带调侃地称为"东方的狡黠"。这种狡黠表现在："从善于折中，善于偷换概念，善于渗透，善于同化，善于似是而非、似非而是等中获取生命力。"他以此评论道：在新时期中国作家把目光投向西方意识流时，使用这几个"善于"，改造了西方意识流，也改造了中国传统文学，"并形成了'东方意识流'文学。"这是一个准确概括了当代中国文学一种现象，并具有理论意义的论断。他还以在这方面有独特和突出奉献的王蒙及其创作为例，列举了他的"东方意识流"式的6个方面的运用也是创造。这是李春林的中国现当代文学和文学理论研究的一个学术奉献，具有一定的理论创意。这也是他的比较文学研究的又一领域，也是又一创获。

李春林将此文集命名为《跋涉于文学高地》，我读后感觉内涵丰富、学术成果层次颇高，故加以"'跋涉'中的'高地'创获"续而合之，以为题，略述学习心得如上。

执着的生命追求①

——读石鑫德的微型小说集《生命》

一部近50万字共计250多篇微型小说结集而成的《生命》，通读之下，联想起作者的身世经历与作品产生的过程，不免震悚而感动。

他是一位煤矿工人，在艰苦的劳动岗位上，奉献了一生，使一己的生活，与共和国的繁荣发展融为一体，从而取得了他的生命的第一重价值，足可自慰而心安地闲度晚年。然而他却拿起了笔，坚持创作，从业余转变为"专业"。他一生坎坷波折，又为病魔摧折。但他自从17岁时为一本借来的《普希金文集》启开了文学的心灵，一种文学创作情结就深深地埋在了心里，他写作不辍，执着追求，直到年过花甲，虽为疼痛所苦，仍然站着写作，一篇篇微型小说问世，成果累累。他不追名逐利，"不求闻达于世"，只是一篇又一篇地创作出来，虽然间有发表，但多数手稿，他捧在手里，对老伴说："做饭时，引火烧了吧！"但是，老伴并没有将手稿扔进灶坑，而是藏在了箱柜里，女儿则为他整理出版。这才有《生命》问世，他从而获得了生命的第二重价值。这是一种执着的文学追求的硕果，一种执着的生命追求的质朴而康健的艺术之花。这表明他的创作活动就是他的生命的运行，他的存在方式。

的确，《生命》的作者，以热情和诚挚，关注着现实生活，一面以扫描掠影的"闪现一瞥"的方式，或者以"第二叙述系统"提供背景

---

① 原载《社会月刊》2000年第3期。

的效果，反映了改革开放、发展市场经济中的社会生活与实际人生。其中特别对种种不良社会现象、各种人生相，对在发财致富中人性窳劣面的表现，给予了揭露与批判。对于腐败的官员，他给予了尖刻的讥刺，可以说出现了一个"何乡长系列"，在多篇中现身的"何乡长"，贪污盗窃、横行乡里、鱼肉百姓、吃喝嫖赌，成为一种具有代表性的乡镇干部的典型。这一艺术典型的塑造，具有警世醒人的意义。当然，更多的是市井小民、农民渔夫、村女乡妇中的世象与人生，和他们中的好人、坏人与"中间人物"。《生命》以微型小说的形态，以极短小的篇幅（有的只有几百字），一段段、一节节、一缕缕地，及时地反映了社会的变迁，勾画了一幅连缀式当代生活图景：一个传统农业社会向工业商业社会转型，商品市场经济迅速、曲折并带着痛苦地生长；传统文化与国民文化、心理结构，向现代转换。其间，有社会与个人的进步、转变、发展与提高，也有污秽、腐败和沉沦。这一切，都呈现在、转化为日常的、家庭的、私人的生活故事，充满了喜怒哀乐、欣喜悲哭、悲欢离合，交织着成功与失败、发财与破产、崇高与堕落、英雄与卑下的人间悲喜剧。《生命》以"集腋成裘"的方式，构筑了一个北国沿海地区，在市场经济冲击下前进、发展、演变的，向现代化迈进的小乡镇的社会图景。在市场经济发展过程中，在权与钱的诱惑面前，在道德滑坡的社会情态下，在成功享乐的生活中，如何认识与体验人生的意义、生命的真谛？作品并没有正面表现和回答这些问题，但几乎每一篇作品，都蕴含了这个人生母题与社会主题。《何乡长抢命》《陈风催泪下》《八万》中的乡长的弄权、腐败、寄生，是一种活法、一种人生；《兄妹不同路》中何乡长的妹妹正派致富，是又一种活法；《争》则含蓄而深沉地鞭挞了"老余"对其父的至死无爱只要钱的人生哲学。而《青豆姨雇用了一个小童工》，则歌颂了另一种人生，一种奉献的施与爱的生命意义追求。几乎可以说一篇微型小说，就是一篇人生-生命小品。作者把他一生的生命感受与体验，浓缩之后，辐射于这些小故事和小人物的人生之中了。

　　《生命》中的作品，它们的立意是清新的，结构也严密，而且由于它的篇幅短，叙事便更严密紧凑。作者在这方面显得相当娴熟：他突兀起笔，直入故事核心，或者跳跃式行进，迅疾发展，写人则直入胸襟，三言两语，勾勒形象、揭示内心；然后，戛然而止，结束叙事、"完成"人物，这一切，要求语言、科幻、幽默小品等形式与手法的运用，也是"要素"和"手段"。看到这些，我不禁想：作为一位从小上学不多、一生从事体力劳动的老工人，要做到这一切，达到这个水平，这要付出多少辛劳。创作成为他的社会责任感实现的形式，这也表现了一种文学为人生的执着的追求。

生态文学的新收获①

　　提倡生态文学，增进人们的生态伦理观念，是文学的一个重要的社会职责和历史责任。最近，欣喜地读到女作家王秀杰的散文集《水鸟集》（辽宁美术出版社），该书着重书写了一个地区（盘锦）的自然生态境况，其中蕴含着深厚的生态伦理观念。我们从《水鸟集》里，读到芦苇荡、湿地、红海滩，读到丹顶鹤、天鹅、白鹭和大雁，还有其他多种候鸟。尤其读到丹顶鹤的种种：它的生命历程和生存习性，它的性格与癖好，它的纯洁与高雅，它的欢乐与痛苦。王秀杰用细腻的笔致，更以深沉的情歌，抒写大自然的风光和在其中生存的水鸟们。她写大芦荡之歌，写芦荡礼赞，写芦荡四季。她说"芦花是朴素的花"，是"顽强的花""坦荡的花""神奇的花""是我心中最美的花"，她"爱恋芦花"。她尤其钟情于鹤。她写道："我们夫妻与盘锦的仙鹤有着一份缘"。她写一篇篇吟鹤的文章，也是唱一首首颂鹤的歌。她写自己如何"与鹤结缘"，写鹤翔中华、辽天鹤翔、鹤类种种，写"鹤的迁徙"，写雨中探鹤和野鹤的归来，以至写《悼鹤》。但她不是单独地写芦苇、湿地和仙鹤，她把自然和自然之子们，都纳入"大宇宙"的怀抱，而且，还同人类和人类的活动，联系起来了。于是，一幅自然生态的图景，就呈现

---

① 原载《光明日报》2008年4月19日。

人们面前。而这一切，都与我们人类的活动和心性有关，和生存环境有关。亲近它们吧，善待它们吧，呵护它们吧。——我们听见丹顶鹤们的鸣叫；我们看见王秀杰用笔也是用心这样呼吁。这样，《水鸟集》就成为一本既是赞颂自然和自然之骄子（水鸟们）的歌，又是一本呼吁人们保护环境、保护生态的书。王秀杰以生态伦理观念为底，歌颂了盘锦大地的美好的生态，又吁请人们保护这正遭受戕害的生态。

王秀杰写出这本"生态文学之花"，不是偶然的。在她的潜意识里，以至于她的民族的、区域的集体无意识中，都蕴藏着深沉的对于湿地、对于广袤芦苇荡和芦花、对于仙鹤的爱恋和情结。这是她的散文创作的"水下的冰山"。她这样进行"我"的自述："我靠河而居""我是个苇乡人""我是一个环保主义者"。这种"主体的诉说"，透露了作者创作的底蕴。特别需要指出的是，王秀杰是在离开盘锦，离开苇乡，来到沈阳之后，创作了数本属于这种生态文学-环保文学作品的。这里有一种"回望故乡""眷顾苇乡"的情愫。而且，王秀杰的情结中，芦花与仙鹤，具有原型和象征的意义。她那一系列对芦花和仙鹤的赞美，其深层意蕴也是对芦花的平凡、朴素、坚强，对仙鹤的高洁、纯净、超脱的颂扬。这对现代生活中的紧迫、逐利、低俗的离心和对自然、水鸟、芦花的向心，体现了"现代对传统的依恋，城市对乡土的回眸，浮躁对沉浸的向往"。其意蕴，更深化了生态写作与环保文学的意境。

人间究竟有真情①

——试论刘文艳的情感散文兼及散文的情感元素

人间究竟有真情。/"真情是散文的生命"。

这样两个理念，前者是我在读刘文艳的散文集《一纸情深》的过程

---

① 原载《艺术广角》2019年第5期。

中，产生的；后者，则是刘文艳在《一纸情深》的《后记》中阐发的创作理念。

它们促使我以此立题，而试论刘文艳的情感散文，并进一步探讨散文的情感元素及其在《一纸情深》中的具体体现。

在陆续阅读《一纸情深》的过程中，不断地产生一种情感的激起和温馨的感受，那就是开篇所写的"人间究竟有真情"。这种情感的激起和温馨的感受，来自两个方面：私人的和社会的。就前者来说，我的"私人审美感应"是：平生坎坷，风雨载途、颠沛流离数十年，这种生活状况，所缺的正是人间温情和人间真情，社会生活且不必说了，即使是在家庭中，虽然是患难夫妻、困苦父子，同甘共苦、艰苦相携、彼此扶持，但多的是相濡以沫、相互抚慰的"患难情感的蕴藉"；而生活的拮据和困窘，却是缺少那种安稳、美好生活的情感温馨体验的。至于公众生活中，白眼冷脸，自然是一种常态。因此之故，不能不在感受《一纸情深》散文中的种种温情、件件真情时，油然而生感叹和欣羡：她是多么幸福啊！人间究竟有真情！社会生活多样复杂，人的命运不同，在鲁迅所说"中国的人生"中，芸芸众生，苦难困窘，多于温馨美好，这种状况，在一部分人群中，在他们的一定的人生时期中，是存在的。而对于缺乏这种美好情感感受的人来说，读《一纸情深》，感受人间温馨与真情，虽是"他人酒杯"，却也能够"浇自己的块垒"啊！——羡慕之外，也还感受到人间真情在，抛却私人的感受，以社会感情应和，从而爱生活、爱人间、爱社会。这种阅读效应，正是《一纸情深》的文学的社会作用和审美效应。因此，我的"私人阅读感受"，也就不完全是"属于私人的"，而是反映了部分的"社会反映"了。

说到"社会的"，还可以扩大而言，那就是当代社会生活中，亲情疏离、家庭破碎、情感缺乏、精神紧张、情绪浮躁，以及金钱至上、尔虞我诈等现象，是现代化过程中必然产生的负面效应，是人们瞩目并积极努力加以消除的。而这种情况的"感性世界"以至"理性世界"的积极寻觅与追求，正是温馨亲情和人间真情。因此，《一纸情深》，就是既从正面反衬了社会消极现象的不良，又从积极方面提倡和激起了温馨和真情的萌生。

我以为，这就为刘文艳的"真情是散文的生命"的命题，做出了实证。

我一直欣赏并常常引述美国古斯塔夫·缪勒在《文学的哲学》中，所表述的艺术观念："艺术不应被看作为艺术而艺术，而是为哲学而艺术。"事实上，无论哪个作者，在写作时，是有一种哲学观念隐在地激起创作欲望的，内心是有一种"哲思"要表达的，不同的只是自觉还是不自觉，或者自觉程度有高低深浅的差别。刘文艳写《一纸情深》，自然是情感驱动和"情感创作激起"状态，但是，她的内心里，她的创作意识和创作心理中，却是有一种"哲思"在起到潜在的、隐形的驱动力作用的。《一纸情深》中所有的散文，几乎篇篇是"诉情"，是所谓"情感篇"，不过她未曾做理性的表述。只有在《奶奶的幸福》中，她"偶然地"，也好像是"按捺不住"地抒写道："亲情爱情友情乡情都是幸福之源。""为他人做出奉献的欣慰，对他人进行帮助后的快慰，都是幸福的重要内容。"这不就是一种"哲思"吗？是一种生活理念、幸福观、价值观和人生观。正是这种隐在的"哲思"，为她的情感散文奠定了成功的艺术基础、潜在的思想性深度和社会性启迪。如果只有真情、只有情的倾诉，文章就单薄了，就浮泛而轻飘了，就缺乏感人的深度了。

这里便涉及一个"情感"和"哲思"、"感性"和"理性"的悖论问题。在哲学上、心理学及社会学上，在理论上，都把两者作为"两极"的"矛盾双方"来论列。这在学理上是需要的；但是，它们在实践上，却会在发展的极度上，彼此转换，表现出否定的否定的结果。这就是说，在情感发展到极致的时候，就凝聚、提炼、升华而至"理性化"了；而"理性"在发展到极致时，转化为一种情感，也就会"情感化"了。瞿秋白在走向刑场时，高歌一曲他亲手翻译配词的《国际歌》，从容面对死亡，那是怎样的一种情感表现啊，但这种视死如归的感情，正是献身革命、献身共产主义理想的"理性"的高度直至极致发展的结果，是理性的感情化了。尼采是杰出而独具特色的哲学家，他的哲思发展到极致，而出之于文字，却诗化了，也就是情感化了。一部《查拉图斯特拉如是说》，就是诗化-情感化的哲思录。屈原的"路漫漫其修远兮，吾将上下而求索"、李白的"屈平辞赋悬日月，楚王台榭空山丘"、李白的"朝辞白帝彩云间，千里江陵一日还"、李商隐的"春蚕到死丝方尽，蜡炬成灰泪始干"、鲁迅的"寄意寒星荃不察，我以我血荐轩辕"等，都是感性的、情感的、诗的内在感情的外化；但由于感情的极致的发展和高度的提炼，便理性化、哲学化了，诗句转化为理性的高度而优美的吟诵，成为爱国、求索、追求真理，文章千古而帝业虚空，事业文章顺畅、一泻千里，执着于事业创作而至死方休，以及以身许国、血溅汗青，等等这些理性的、哲学的、道德的心灵与境界的"诗性表达"，而成为古今传颂并育为中国人崇高心灵的基因元素。以此理，解读和诠释刘文艳的《一纸情深》，这些理论元素，她未必也不需要，在学理上完全把握并有意识地在创作中加以运用；她的创作实践，体现了这一艺术规律。这就是前面所说，她在《奶奶的幸福》一文中表达的"哲思"，即她对真情、幸福以至于人生的理性解读，在每篇散文中情感化地表达了。我以为，这正是她的成功之处：诉之以"情"，而归之以"理"。所以，在阅读她的散文中，屡屡读到娓娓地、絮絮地、缕缕地、细节化地，述说外公、奶奶、父亲、母亲（特别是母亲）、友朋、发小及海防战士、防毒警察和钟点工等时的，那种细致的陈述、场景的铺垫、细节的描绘，并不觉得絮叨、啰唆、烦琐或多余、累赘，而能够饶有兴味地读下去，甚至内心感奋、体验温馨地欣赏，就因为，哲思是情感化也生活化了。"哲思"，在这些细细的"情感叙述"中，是衬底、内蕴和"潜在叙述"。在这里，她获得了她的"哲思"："真情是散文的生命"这一"理性"的情感表达。我觉得，这也就是古斯塔夫·缪勒所说的"不断变化的文学风格就是艺术及其他一切文学活动里潜在的哲学变化的结果。"而我的解读，则属于他在《哲学的美学观》中，所说的"艺术被置于哲学中来观照"了。

《一纸情深》中抒写了种种情感、种种真情，作者所说到的"亲情爱情友情乡情"，还有她未曾提及的"自然情"，都一一写到了，但最主要也是最感人至深的是母爱，这也本来是人间真情中的最主要者，不过母爱的表现却有种种社会形态和个体显现。刘文艳的母爱不一般，因为她的母亲不一般。这位虽无文化的乡村妇女，却达到了高度的道德水平和思想境界。她大度、豁达、懂大体、识大局，把一生心血与大爱，献给了家庭、子女，但又不狭隘，她广施爱心、不褊狭更不吝啬，尤其是能够体贴人，宁可自曲，不亏他人。这是一位典型的、富有中国美好传统的贤妻良母。作者实际上是描绘了一位中国母亲的高大形象。从生活达到了艺术典型的程度。作者不止在一篇中抒写母亲、倾诉母爱，而且还在多篇散文中，顺涉母亲和母爱。读来很感动人。而且，她抒写了两个时代、两种一致而又不同的母爱：她母亲对她的母爱，和她作为母亲对于自己女儿的母爱，这里还涉及虽然一致但却不同的对于母爱的理解。在物质生活不算富裕、整个社会的生活水平还不高，又处农村的境况下，母爱中，物质的施与，具有重要的位置，是情感、母爱表现的物质寄托。而她的女儿却对这种物质的爱的表现，很不看重。她对物质及物质的获得与享受，具有一种高文化层次和道德水平的认识、理解和批判性认知。这是新时代、整个社会物质水平提高下的，具有文化修为的年青一代对于母爱的更高层次的理解。这方面，作者虽然着笔不多，但写得具体、到位，使读者看到、理解到一种新时代、新青年的新观念和新人生观。这一点，颇有教育意义和认知价值。这也回到前文所说的，"哲思"的潜在形态和功能。

《一纸情深》以母亲和母爱为"核心"，抒写了广泛的亲情和友情、乡亲等情感散文。这本散文集中，写得最多、最丰富、最美好的是母亲和母爱，但这不是普通的天性式的母爱，和一般的民间、乡村的普通妇女的母亲和母爱不同，这位母亲和她所施与的母爱，既是外在种种细枝末节的表现，又是深沉蕴藉而有思想的施与；既是私人、家庭内的母爱，又是广施博予、施及长辈、晚辈以至于他人的母性的和优良女性的爱。她心中充溢着爱与善与给予。所以我称其为《一纸情深》的情感诉说的"核心"，但不止于核心。她还写外公、奶奶、父亲、嫂子，写战士、钟点工，还写自然：红枣、绿柳、山花。即使是在抒写这些时，也会"顺带"地写到母亲和母爱。写孤胆英雄，"当他说到母亲时"，激动，"泪水就在眼圈里打转，说话的声音也有些哽咽。"写在雁荡山偶遇画家朋友在此写生，也会连及母亲、母爱：他画抱儿峰，思念80多岁老母，"眼里噙满泪花"。

《一纸情深》写这些"情感篇"，但不是一般地写，而是有故事、有情节，特别是有细节，还有场景和风光。而在抒写时，都含着温情，蕴含回忆、系念、谢忱和赞颂。其中，流泻着作者的议叙、评论、赞扬和价值判断与意义阐发。她既写了事，更表现了人。除了母亲的形象很突出，奶奶、外公、父亲、女儿及发小、战士、钟点工，也都留下了甚堪回味和记忆的刻痕。奶奶的"古典"朴素的美和美的心灵，外公的尊严，特别是对日寇的坚强不屈、刚毅，以及对乡亲们的忠贞；父亲同样的对日本侵略者反抗及对亲人们的爱；女儿的思想与价值观的现代元素和对母亲的真挚的爱；等等，都蕴含深深的情、诚挚的意、真心的赞。

即使是写青少年时期的同学，彼此在人生的道路上，"分道扬镳"，一个始终未能摆脱蛰居乡里务农的生活状况，一个则日益进展，成为领导干部。但彼此仍然珍惜往日的纯真感情，"发达"的不嫌弃老友发小，屡次帮助她；"居乡"的，也不"自惭形秽"，以最朴实的"礼物"赠送回报。而这礼物，则被视为"最珍贵的礼品"，留存着。

这些，使我想起接受美学中，关于"意义"的阐述。文学文本只提供了"原意"，而读者则根据自身的修养和生活经历，创获"意义"。我从《一纸情深》中领会到种种"意义"。释义学关于"意义"是这样说的："意义"："体现了人与社会、自然、他人、自己的种种复杂交错的文化关系、历史关系、心理关系和实践关系。"刘文艳的散文，正是体现了这样的"种种复杂交错"的关系。家人亲属、父老乡亲、长辈晚辈、发小旧友、素昧平生的访问对象、扶贫资助的农户以至于自然——美丽幽静的山村、红枣树、绿杨柳、山花等。而她在表述这些关系时，既充满了感情，又阐发着感情，同时，表达了她自身内在的情感诉求和思索。而且，进一步理解和阐释了其中的"意义"。我从这些陈述、记叙、描绘中，感受到她的思绪和情感、她的怀念和记忆，她表现了现代人在现代化过程中的一种既享用又惶惑的情意和心态：怀念故土家园，怀念自然和其中的花草、树木，冀望留得住乡愁，重拾真挚朴素的亲情、友情、乡情与人间情。这正是"现代人在寻找'丢失的草帽'"、在"走向回家的路"的表现。当我在阅读中，体察、感念、接受这一切时，我从中体验到刘文艳情感散文的哲学意蕴。她的对"种种复杂交错关系"的体察和抒写，正是实践着"为哲学而艺术"的文学创作的使命和意愿。

海德格尔有言，人们在说他人时，说他人的"话"，也在说他自己。"语言有自我陈述的能力"——不仅我在说"话"，而且同时"话"也在说我。我们从《一纸情深》中，也看到了、理解着、认识了作者刘文艳。她的灌注了哲思的"情感"、她的人生追求和生命体验、她的"待人接物"及她的家国情怀等。其实，我觉得这也是"艺术不是为艺术而艺术，而是为哲学而艺术"的一种体现。

至此，我想说，刘文艳的"真情是散文的生命"的命题，她以自己的散文，做了具体的、文字的、事实的论证；而且还证实：所谓散文的情感，是一种理性的升华，是理性极致发展而成情感化理性。因此，她不是一般的感情，不是泛泛的感情，不是浅层次的感情。所以，不是有感情的散文，就是好散文。

我在拙著《创作心理学》中，曾提出"感情家族"和"记忆家族"两个命题，前者为"情绪→情感→情操"；后者为："形象记忆→情感记忆→长时记忆"。情绪和情绪记忆是浅层的、短暂的、一过性的，甚至稍纵即逝的，而情感记忆则是深沉的、刻痕性的、进入记忆库的。形象记忆则是形象性的、鲜活的、活动着人的身影的，具有细节和场景的；长时记忆更是深入心灵、思维深层的记忆。我以为，散文的生命的"情感"，就应该是作家的情感记忆、长时记忆和形象记忆的融合并经过思想和生活经历的"酶化"。——"酶化"之后的情感记忆，就进入情操的高层次，那是一种思想–道德–人格魅力的境界。刘文艳的散文，正是她的具有特色的、她所擅长的形象记忆、情感记忆的产物，并且她明显地进入情操阶段和境界了。她的几乎所有的散文篇章，都充满细节——生活的细节、鲜活的场景、突出的人物个性化话语、行为和社会情感等等，惟妙惟肖、栩栩如生。至于那种仰慕、赞颂美德、崇高、人格魅力的"情操赞颂"，在她对母亲、外公、父亲及丈夫和女儿的抒写中，都表达出来了；尤其可贵和显现的，是她对于树木花草的赞美和咏颂中，直白地表达出来了。比如：

> 枣树开花与其他果树不同，一点也不张扬。没有梨树开花那么娇美如雪，"忽如一夜春风来，千树万树梨花开"，也不似桃花、杏花那么俏丽，妩媚惹眼。枣花开时不妖不艳，花与叶几乎同色，且花朵很小，不仔细看，甚至不会用花来称呼它。仔细看那花瓣、花蕊，也好像一个颜色，花蕊精小，如同顶着一粒小米，不贴近它，不会感受到它的芳香。（《红枣连心》）

又如：

> 兰花素有"兰君子"之誉。具有素心高洁、与世无争、不求闻达、不慕荣利的不俗之气。（《任是无人也自香》）

又如：

> 柳的柔而不弱，美而不妖，让人们特别与它亲近。

柳的最大特点就是生命力强。(《绿柳情思》)

综合这些陈述,将之融汇起来,就是:顽强的生命力、柔而不弱、不妖不艳、不惹眼、不张扬,不亲近闻不到其芳香,素心高洁,不求闻达、不慕荣利,与世无争,只是诚实而朴素地生活,默默地无私奉献。——这是刘文艳赞美、欣赏也是冀望的一种生活态度、人生体验、生命追求的高尚境界。这样,她的情感散文,就由情感进入情操,由文学进入哲学了。

所以,所谓"情感是散文的生命"中的"情感",不是我们素常所言的情感,而是"情感家族"中的高层次、深层次、道德层次的情感,是"理性"极致化发展而情感化了的情感;是"不是为艺术而艺术,而是为哲学而艺术"中的"哲思的情感"。

试论李仲元诗作的审美境界①

——读《缘斋吟稿》的一点体悟

王国维在他的《人间词话》中,提出了"境界"这一审美范畴;虽然是从品词中提出,但却已进入一般审美领域,成为中国诗学和美学的一个重要理论范畴,而被普遍接受和运用。王国维对这一范畴,评价甚高,谓"词以境界为上"。并发挥说:"有境界则自成高格,自有佳句",又以五代、北宋之词证之。他还列举"境界"之所涉理论界域说,它既是作品审美素质的客观体现;又是创作主体的主观表现,还是创作摹写对象的自然和自我的呈现。可见其适用度很高、适应界域很宽广。

我读李仲元先生诗,尤其通习、欣赏他的《缘斋吟稿》,便时时在心里冒出王国维所说"有境界"这一审美感受,而且,在品习过程中,

---

① 原载《沈阳工程学院学报》2016年第4期。

从以上王国维境界说所涉"客观—主观—主客关系"的三重关系方面，均有此体验。故拟定以"境界"为纲，试论仲元诗作；然而，岂敢妄论，抒写内心感受而已，算是一个类似中国古典诗词专业的在读研究生的读书报告吧。

一

我以为，在总体上，仲元诗作，给人以"有境界"的审美感受。

这应是论述仲元诗作审美境界的"第一义"。叶维廉在《中国诗学》中说，"中国的传统理论，除了泛言文学的道德性及文学的社会功能等外在论外，以美学上的考虑为中心。"我在读仲元诗作的过程中，心中时时升起的正是这种"以美学上的考虑为中心"的审美感受。当然，这种审美感受是在隐隐中体验到作品的道德性和社会功能的基础上产生的。但是，如果诗作本身不具备或者缺少审美素质，无境界，那么，即使有了前面的道德和社会性体悟，也还是产生不了审美愉悦，而味同嚼蜡。

我读《缘斋吟稿》的"阅读现场感受"就是时时感叹："哦，很好！有韵味！有诗味。"这就是具有了美学感应，有一种审美愉悦。稍微具体一点说，那感受，常常是隐然体味、体察到，一种中国古典诗歌的审美韵味，引发、回味和回荡着欣赏中国古典诗词时的那种审美感受。我以为这一点很重要，因为如果读以古典诗歌的体式写的诗，而缺乏甚至没有古典诗词的韵味，那就是失败了。这是一种审美记忆、审美愉悦的"相似性体验和感受"；是感受到"继承"传统的韵味，是诗作溶入了传统文学与文化元素，它们是民族性文化的注入和诗性外溢。

也是叶维廉所说，中国传统诗评，是"点、悟"式的，犹如禅宗里的公案的"禅机"："问：如何是佛法大意？

答：春来草自青。"

这很"模糊"但却如叶维廉所说："这是诗的传达，确乎比演绎、辩证的传达丰富得多。"

我以上所言，也是"模糊"的，但有着"模糊中的'丰富'"。这"春来草自青"，待静下来，细细品味，思索，寻觅，梳理，我提炼了这样几个方面，或曰范畴，以概括自己的感受，并借以论仲元诗。

二

"诗"与"史"、"地"和"思"的结合。

仲元诗作,多是诗与"史"、"地"和"思"的结合。这是他的诗作审美境界构成的第一要素、基本韵味。他的《辽海行吟》和《胜迹游踪》,皆具"由地理而历史"的属性,由于所咏者都是辽沈地区或全国的重要历史遗存或名胜古迹,所以均与历史"血肉相连",由"地"而"史",自然而然,所以其诗就成为一种地理人文志,或称"诗性地理人文志""地理人文的诗性表现"。由此,就使诗作具有了充实的内容,具有了"骨骼"。

日本学者松浦友久在论述中国古典诗歌中作为诗歌素材的山川时,曾经指出:"作为诗歌素材的山川风土",具有"题材的特性(或者属性)"①;诗人可以"在宏伟的时空里浮想联翩"。②仲元的诗作《辽海行吟》和《胜迹游踪》,正是这种以具有特性的山川风土为题材,在宏伟的时空里浮想联翩,而佳作连篇,隽语迭出。在《辽海行吟》中,吟咏的有辽河、浑河、医巫闾山、千山、望儿山、铁刹山、盛京城、凤凰楼、纥升骨城、龙城、辽滨古城、双州古城、、辽东长城、赫图阿拉城、永安桥、盛京四塔、昭陵石马、柳条边、大东沟、旅顺万忠墓、九门口、嘎仙洞、一片石等,众多辽海地区的遗址、遗迹、名胜,山川形胜地、风土人物情,仲元皆以史家之眼观照,在宏伟的时空里浮想联翩,思绪驰骋,笔墨挥洒,而成诗篇。

松浦友久在前引著作中,论述中国古典诗词与"史"的关系时,又说:"有两个'shi'的世界,十分显著地矗立在中国文学史上,一个是读平声的'诗shi'的世界,另一个是读上声的'史shi'的世界。对以五万首唐诗为代表的诗歌的爱好,和对以浩博的《二十四史》为象征的历史的珍视,这两点不仅在文学史上,即使从中国文明广阔的背景上考虑,也是非常重要的。"(《唐诗语汇意象论·中国诗歌的特点》)仲元诗作,正是没有停留在对山川风土的观照描述上,也不是仅仅吟咏自然

---

① 松浦友久:《唐诗语汇意象论》,中华书局,1992,第184页。
② 同上书,第176页。

风光而已，而是把重心放在对于寄寓、附着、蕴含在这些山川风土中的历史和文化及历史人物的史实和事迹，予以富于情感的吟咏。在这些诗作中，涉及众多的历史事件、历史人物、掌故逸事。仅在《辽海行吟》组诗中，涉及的山川古迹及其历史与文化的就有：辽西古生物化石、新乐遗址、红山文化、孤竹国、箕子墓、秦宫遗址、辽阳壁画墓、碣石等；涉及的重大历史事件主要有：曹操征乌桓、唐军东征、金之兴亡、李如松抗倭、萨尔浒大战、沙俄东侵、甲午战争、日俄战争、张榕就义、郭松霖反奉、九一八事变、八女投江、九三胜利等；涉及与辽海地区有关的历史人物就有：秦开、燕太子丹、薛仁贵、耶律阿保机、耶律倍、耶律楚材、张三丰、萧燕燕、萧观音、完颜阿骨打、徽钦二帝、王寂、努尔哈赤、熊廷弼、袁崇焕、皇太极、多尔衮、吴三桂、流人函可、高其佩、唐英、王尔烈、左宝贵、邓世昌、杨靖宇、赵尚志、张学良等。

试看这一地理名胜一览和历史人物名单，辽海地区的民族与区域特色，其与中华文明的血肉渊源，立可显现。这些诗作，每首的题注，都有提要性节略的历史人文资讯介绍，言简意赅。它们串联起来，就是辽沈地区的地理人文志精粹，可做辽海地区地理人文简编读。这当然使他的诗作，具有了"史"的元素，可谓"诗史简编"吧。这就使诗作内容充实，"骨骼"坚实，因而引人入胜，"有读头"了。

当然，如果只见山川风土的游历和历史的记述，仅有历史人文的记载，还不能成诗，不足称诗。应该还有对于"地"与"史"的"思"，才能成为诗。因此，在与"史"的结合之外，但也是同时，还要有"思"——思想、哲思的内蕴。海德格尔说得好："必须有思者在先，诗者的话，才有人倾听"①。如果缺乏对于历史的沉思，诗有什么意味呢？仲元对"史"，进行了"思"，而且是一种哲思，"有思者在先"，所以其作，有内涵、有韵味、"有境界"。这种"史"之"思"，有对历史事件和"历史人物"的评骘和诠释、感受和慨叹，所谓歌之咏之、赞之叹之。而这种赞叹、感应，是对于历史的"现在进行时"的感应，回顾历史、面对今世，有发人兴叹和启人思索的功效。

至此，需要进一步指出的是，仅仅这种"诗"与"地"、"史"和

---

① 海德格尔：《人，诗意地安居——海德格尔语要》，上海远东出版社，1995，第87页。

"思"的结合，还不能构成诗；而只能是"史"、"地"和"思"，用诗的形式来表达而已，有一点可读性，但缺乏审美素质。必须无论"史"还是"思"，均是诗意地抒发，以诗的语言陈述、抒发、吟咏，才能构成诗。仲元诗作，可以说都是以诗的形式和语言来表达、抒发和咏叹的，因此，构成诗的篇章。

综合以上所述，仲元诗以"地""史""思"的结合，又以诗的语言抒发，而成佳作。集中佳句隽语甚多，仅举数例以为证。

如《辽海行吟·杨靖宇》：

> 英雄抗战已无家，战罢青山战水涯；
> 但得残躯存一夕，抛头不悔救中华。

言简意赅，以清顺畅达的语言，极概括地表述了杨靖宇的光辉一生，特别颂扬了他的高扬的爱国精神和崇高的革命品德。

《辽海行吟·八女投江》也是如此：

> 弹尽江头已合围，回眸一笑死如归；
> 洁身绽化桃花水，朵朵红波带血飞。

以富于革命浪漫主义的笔触，歌颂了八位抗联女烈士的爱国情怀和壮怀激烈、视死如归的崇高精神。

其余如《胜迹游踪·谒岳庙》：

> 栖霞岭下辨忠奸，风雨千秋史最公；
> 论罪当年莫须有，奇冤大狱古今同。

用史笔之姿，悼忠臣、遣奸邪，寓诗意于史识之中。

如《胜迹游踪·塔克拉玛干大沙漠》：

> 平埌极望尽沙洲，沙草胡杨点点丘；
> 三十六王歌舞地，荒烟古道使人愁。

咏茫茫沙漠而能至此，令人激赏：绘沙漠自然之风光，发历史幽情之慨叹，寓意深沉，而语句自如流丽，卓然有古风。

此外，还有佳句堪数，如《辽海行吟·盛京城》："君问东都兴废事，荒城一角立斜阳"、《辽海行吟·玛哈嘎拉金佛》："长恨金身沉碧海，楼空月冷乱鸦啼"、《胜迹游踪·杜甫墓》："可怜万岁名垂史，风雨千秋寂寞园"等，都是"地"与"史"的结合，而后又进入"思"，更以诗的语言表达之、吟咏之。其中，深沉的历史感，蕴藉的现世情，含而不露，意在其中，委婉潜存，而具诗味。

三

"意在言先，亦在言后"。

王夫之在《姜斋诗话》中，论《诗经》中"采采苤苢"句说："'采采苤苢'，意在言先，亦在言后，从容涵泳，自然生其气象。"我感觉，仲元诗作，亦具这种"气象"，即"意在言先"，也"亦在言后"。所谓"意在言先"，看来似乎有点"主题先行"的味道。但此处所言"意"，并不能以"主题"一隅狭义概括之。这里的"意"，正是叶维廉提炼出的"点、悟"式概念，其内涵和蕴藏具有多义性。这就是诗人创作之前，在"创作激起"时，内心对于客观事物-对象的一种感受、一种外在和内在（尤其是内在）蕴含的体察、体验，一种意义追寻和诠释，这"意"比之"主题"丰富多了，意义也深沉得多。真个是"岂一个'主题'了得"。应该说，这种创作中蕴含丰富的"意"，必须在先，必须先行。否则，没有酝酿一种"意"在心中，何能出"诗"？诗作就会是单薄的、淡化的，甚至味同嚼蜡的。海德格尔所谓"诗"与"思"同在，古斯塔夫·缪勒所说"艺术不应被看作为艺术而艺术，而是为哲学而艺术"。这种把"诗"和"思"扭结，把"诗歌"和"哲学"相连的意蕴，就赋有中国诗论中的"意"在内，也就是古斯塔夫·缪勒所说的"沉思的自我意识"。

我以为仲元诗作的这种带着哲学意蕴的"沉思的自我意识"的"意"，显现"其意在先"，是很突出的。而这正是他的诗作具有内涵、具有意蕴的美学构和意境的主要方面。无论是他的长篇组诗《辽海行吟》《胜迹游踪》，还是题书画、念师长、怀故人、赠友朋的诸多散篇《题咏赠答》诗，以及其他诗作，均富于这种其意在先的"意"。比如《辽海行吟》组诗，所咏辽海地区从数十万或数千年前的史前，中经秦汉、魏晋南北朝、唐宋元明清，直至民国和当代，其中自然风光、历史

遗迹、名胜古迹、考古发现等，胜迹雄奇、事迹累累、人物众多、史实丰富，诗人仲元游走、参观、探幽、寻访，以考古家、史学家、文化学者兼之的身份，游目骋怀，考究、思索，发"思古之幽情"，引"现实之感叹"，感"人生与生命之意蕴"，那是一种多么广阔、丰富、深邃、多义的"思"之"意"与"诗"之"意"共生同在的意境呢，由此，到将此"意"注入"诗"中，或者说以"诗"将"意"抒发出来，那不就是海德格尔所说"'诗'与'思'的融合"，不就达到一种"有境界"的审美层次吗？

我欣赏仲元这种诗作的有"意"，同时欣赏他诗意地表现、表达了这种意蕴丰富的"意"。刘若愚在其所著《中国文学理论》中，说到境界时指出："每一首诗表现它独自的境界"，而这境界"同时是诗人的外界环境的反映与其整个意识的表现。"[①]我这里所说仲元诗中的"意"，即具有刘氏所说的这种"整个意识"的意义。

让我以择选的数例为证。比如《胜迹游踪·乘缆车大雾登峨眉》：

> 一笑上峨眉，佛光未见时，
> 迷津谁指点？雾路我心知，
> 毕竟无仙骨，思归意不迟。

又如《胜迹游踪·登凤凰山》："千古兴亡思不尽，龙城秋色满辽西。"《胜迹游踪·雨中含鄱口》："不见明湖青黛影，古今愁绪正茫茫"。《胜迹游踪·登青岩寺山》："滚滚红尘难到此，天风吹散古今愁"。历史感与史识兴叹、感物伤时，观照、思接"过去—现在—未来"，"史"与"思"皆具，"诗"与"思"结合，而成优雅可读之诗篇。

四

宏阔丰厚。

"山河具有山河土地方面的、历史方面的、文学史方面的特性属性"，松浦友久在前引著作中的这个见解，是可取的。中国这样历史悠久、文化积淀丰富精湛、古典文学长河滔滔且峰峦叠起的文化古国，在

---

① 刘若愚著，杜国清译：《中国文学理论》，联经出版事业公司，1981，第三〇一页。

这方面，表现尤其突出。仲元诗作所咏辽海地区的历史遗存、山川风土及国中其他重要名胜地，蕴含着极为丰富、广博、深厚的历史-文化内蕴，其地域广泛、宏阔，历史-文化积淀丰厚，从而构成他的诗篇内容的宏阔丰厚。《辽海行吟》和《胜迹游踪》两组组诗，所咏涉及：金牛山古人类、新乐木雕、红山文化，以至秦汉、魏晋南北朝、唐宋元明清、民国、现代；时间数千年，地域遍华夏。且摘句以见一斑。如《辽海行吟》中的《红山文化》："石冢神坛屹大荒，猪龙头角已开张；文明初起红山麓，太古鸿蒙见曙光。"《箕子墓》："牡丹峰下千秋冢，芳草幽花伴古贤。"《秦开》："谁是天荒初破手，南金应许铸秦开。"《燕丹》："一匕功亏咫尺间，饮恨长河魂不去。"《辽阳壁画墓》："一去泉台皆是幻，空余荒冢炫丹青。"《碣石》："碣石山前思魏武，临风一唱涌秋涛。"《三燕》："莫把三燕等闲看，百年豪气郁龙城。"《双州古城》："指点荒城何处是，松岗细草牧村牛。"《奉国寺》："几国兴灭伽蓝在，指证人间色即空。"《石经幢》："祖陵宗庙今何有，幢石空庭惹梦思。"《赵佶书画》："丹青误国无穷恨，风雪荒城老敝庐。"《金之兴亡》："雄起阿金安出虎，灭辽攻宋临江浦；沈州城上角声哀，大漠袭来银蒙古。"

在这些观地咏史的诗作中，有地理志，有人物记，有历史文化，地域宏伟视野开阔，历史文化丰厚。我们可做地理、历史、文化读本来学习和欣赏。而"饮恨长河""荒冢丹青""百年豪气""空庭惹梦""丹青误国"之句，昔日龙城地、今世牧牛村，城上哀角、蒙古来袭，这种历史的浩叹、今昔的对比和现世的感悟，又是多么隐而不露、意象深沉。

五

"高致""秀雅"。

顾随在《驼庵传诗录——顾随讲中国古典诗词》中，提出"高致"一语，立为诗词审美范畴之一；又提出西方文学审美中的"秀雅"（grace）命题，立为论诗词之美学又一范畴。他引《人间词话》中论"高致"语，以为既"入乎其内"，又能"出乎其外"，方有"高致"。又指出，"有书论西洋文学艺术有两种美：一为秀雅（grace），一为雄伟（sublime）。"他认为，"秀雅"，就是王国维所言之"优美"。

我从仲元诗作中，体察、体验到这种"既入乎其内，又出乎其外"

的"高致"的韵味；也体察、体验到"优美"即"秀雅"的品性。在前面数节中所述关于"地""史""思""诗"的结合汇融及其内容、表现的申述中，已经可见那种"既入乎其内，又出乎其外"的史咏，以及其"秀雅"诗性的表现。这里，再补充以个性化、私人赠答诗作中的表现。如《胜迹游踪·飞龙潭》："在山泉水从来净，一到人间便不清。"又如《胜迹游踪·烟雨楼》：

> 物换星移几度秋，繁华落尽水悠悠；
> 古今多少伤心事，细雨如烟独倚楼。

《题咏赠答》中诸作：
《病中吟》：

> 苦乐人生有限年，飘然归去落花天；
> 残躯愿化东山土，兰杜松筠伴我眠。

《过洮南·怀亡友》其一：

> 十年重过故人庄，衰柳萧萧旧草堂；
> 把酒呼君君不应，西风吹泪立斜阳。

其二：

> 荒堤野水暮朝潮，新柳青青旧柳凋；
> 白发知交几人在，洮儿河畔独吹箫。

《乙酉生朝》：

> 古稀过二夕阳天，白发萧斋守砚田；
> 老我涂鸦君莫笑，几人真悟笔头禅。

《弘一》：

> 敲诗舞墨扮风尘，红粉香柔四十春；
> 一削繁华空即色，寒山独坐写经人。

这些诗作，以高致的心态与立意，用秀雅的词句，表达了历史的兴叹、人生的感悟以至于生命体验，既有人生哲理之探究，又有深挚情感的抒发，也含着历史感的世事咏叹。我读这些诗句，连类及之、触己生情，既感其内容，又赏其佳句，很为其"秀雅"击掌。

仲元乃著名书法家，其书法书卷气重，秀雅之气扑面而来。原来人如其字，而诗亦如其字。这应是统一的艺术心性在不同的艺术形态上的一致表现。

六

现世关注与家国情怀。

仲元诗具有一种"在传统的诗歌审美规范中，蕴含现代-现实情怀"的品格。这是中国传统诗词的优秀的现实主义传统，是它的固有的崇高品性。唐诗宋词皆备。唐代李杜不必说，就是堪称"情诗诗圣"的李商隐，即使情诗中，也被读出现实政治，连《无题（相见时难别亦难）》，都有论者做政治性诠释。"诗言志"、词擅情，道出了中国古典诗词的这种审美品格的核心的和根本的渊源。这也就是徐复观在《中国艺术精神》中所提出的"中国文化的性格"在诗词中的具体表现。徐氏说：中国文化的性格"是人间的性格，是观世的性格"。此论甚恰。仲元诗作在这方面的表现，也是比较突出的，是贯穿于他的几乎所有作品之中的，是一以贯之的审美构成。这种人间情、现世情，是现实主义的核心内容，这正是仲元诗作审美境界的主观方面的表现，即王国维论境界所说"亦人心中之一境界"。尤为可贵的是，仲元诗，既有儒家之"关世"，又有庄子之"超脱"，而其审美之情趣与韵味，亦蕴于此。

我想，我不必再重复举例，在这方面的表现和成就，前面所举许多诗作，都可以为证。

究其渊源，我以为首先这和仲元是一位集考古家、史学家、文史学者于一身的诗人有关。这几个方面的学者之心，都具有几乎可谓"与生俱来"和"基本品性"的"现实关注"和"家国情怀"。基于此，仲元之诗的创作，从创作激起到酝酿成熟到下笔为文，是都贯穿着这种内容的创作动机和冲动的。于是诗作中，具有这种"现世性格"和"家国情怀"，就是很自然的了。

当然，"具有"固然是重要的；但更重要的是"表现"，即内心具有，诗作中又能够予以诗性的表现，才成其为诗。后者是比较难达到的。而达到者为"诗"，达不到者则降为非"诗"。在这方面，我以为仲元诗作，颇有成功的表现。

其诗氤氲着中国古典诗词的"气韵"，也就是一种特有审美素质。中国古典诗词，经数千年的发展，已经成为一种高度成熟的艺术形态-文学样式，体式、格律、对仗、音韵、词语，都高度成熟、"定格"。今人吟咏古典诗（旧体诗），不可能在艺术形态上去发展，而只能在内容上发挥——运用旧体形式而注入现实内涵。但这种"注入"必须在艺术上继承其审美规范和成熟、"定格"了的形式，其中包括体式、格律、对仗、音韵，甚至用语等。在这些方面，仲元都是比较讲究的，达到了相当的水平，有一种自然而然的表现。一是具有，二是自然，这就是一种诗歌创作上的纯熟表现。

比如《辽海行吟·开篇》：

> 辽海苍茫历岁多，英雄浩气毓山河；
> 邻翁欲问家乡事，听我闲吟醉后歌。

这种行云流水式浅白而顺畅的诗式，"似曾相识"，比如"借问酒家何处有？牧童遥指杏花村""闲坐说玄宗"之类；但却是"熟识的陌生人（句）"，有记忆中的"旧相识"，又是陌生的新陈述。审美的愉悦即由此而生。这里有继承，又有生发，是"旧雨新貌"，亦有"化腐朽为神奇"的意味。

又如《辽海行吟·高显古城》：

> 野草荒城落寞春，沙河依旧水粼粼；
> 魏家楼上苍凉月，曾照烽台荷戟人。

这种咏叹，也使我们升起"古诗意"的回味，又感受到其新意，而得到审美的愉悦。

又如《辽海行吟·纥升骨城》："五女峰高舒远目，清江一带一鸥飞"，《辽海行吟·萧观音》："番女多才貌似花，梅英兰蕊咀芳华；可怜为赋诗怀古，命断白绫耶律家"，等等，也都是具有这种从传统化出而又有新内涵、新意境的作品。

七

词语运用与诗的意象构造。

这里，我还想探讨一下词语的运用和诗的意象构成的关系及其作用。松浦友久在上引著作中还探讨过中国古典诗歌的"语汇意象"问题，他列举了诸多词语，认为是中国古典诗歌"基本的心象构造"。它们是："月光""羁旅""饮酒""闺怨"等。这个论述是有依据、有道理的。这是中国古典诗歌审美构造的特色与优点。我从仲元诗作中，也摘取了这样一些"传统诗歌词语"："千秋""古今""万古""荒城""落寞""苍凉""夜月""宗庙""泉台""风尘""夕阳""残柳""阳关"等等。这些词语构成一种诗性意象，一经映入眼帘，即进入心田，勾起审美反顾、回返感受，从传统词语中，引起审美的记忆和心灵感应，又从新作中的新的应用，特别是新的内容的注入，而感受一种新的审美愉悦和诗歌欣赏。

我特别想要指出的是，仲元诗作，那种意蕴哲思，具有人间情愫、家国情怀的"沉思的自我意识"，在诗中，时有表现，尤其那种咏叹人生、感应时势、"时序百年心"的情怀，能够以诗的意蕴表现出来，令人会心击掌。我且以《胜迹游踪》的若干摘句以为证。《鳌鱼峰》："鳌头一笑高千尺，莫叹人间路不平"。《黄山温泉》："愿借灵泉般若水，红尘洗却见真淳"。《九曲天水》："独坐幽岩禅定日，方知人世作人难"。《归途作》："人当逐利追名时，我在青山绿水间"。《鹅池》："寻常殇咏地，一序照千秋"。《飞龙潭》："在山泉水从来净，一到人间便不清"。还有《题咏赠答·题宋雨桂画》："纸上莫教狂狼起，人间到处有风波"。这些诗句，既有传统的继承与发扬，又有现实的感应和新意，读之令人从思想到诗意，都得到一种审美的欢悦，也得到一种深沉的人生感悟。如"人间路不平""灵泉洗红尘""山泉人间便不清""人间到处有风波"等，这句式和内蕴，是很令人深思体味而有所悟的。

这里，我以为最重要的一是"提炼"、二是"意象"、三是表达。诗人观客观之"景象"，感发而思，"提炼"一种"意象"，而后运用古典诗的意象性语言，化而用之，来诗意地表达，臻于一种诗的"境界"。

八

诗作艺术性、思想性与审美素质的产生。

至此，我还想试着从创作心理学视角，探讨一下仲元诗作的思想性、艺术性和审美素质之所以产生，也就是他的诗作的"境界"之所以产生这样一个问题。当然只是大体而言，在此无法细究。细究也非我的能力所及。

海德格尔曾经从最抽象、很哲理的角度论述"艺术品"的性质。他说"作品存在意味着缔建一个世界"，这就是说，一个艺术作品，就是作者创造了一个新的世界；当然，这个世界是客观世界的反映，但也反映了作者对客观世界的反映，并且反映了作者自己的世界。海德格尔在这个论题下，对艺术品，提出了两个有意味的论断：一个是艺术品是使世界"敞开"，也就是他说的"去蔽"；另一个则是"置入"："艺术的本质就是：存在者的真理自行置入作品"，"亦即在者的真理（the truth of beings），就在作品中发生。"①如果我们运用海德格尔的这个论述，来探讨仲元诗作的审美素质和思想性、艺术性的产生，亦即他的诗作的境界之由来，以及它们达到的成就，我想可以有这样一些认识。

仲元所到之处，辽沈地区及中国的历史遗址、名胜古迹、文化遗存，它们具有极为丰富的历史–文化蕴藏，但却是"封存"的、潜隐的、被种种原因"遮蔽"着，也是一般人所不了解的。仲元以历史学家、考古家、文化学者的深厚文史修养，观察之、游览之、考查之，有所得，然后加以海德格尔所说的"去蔽"，使之"敞开"，而后，又将自己的"意"，即知识、学问、思想、感悟，"置入"、灌注于诗作中，这样，就产生了、成就了他的诗作的别人未曾具有的诗的内涵和意境与境界。这就是我们平常所说的文化修养、学养，也是创作的底蕴。有此，才能写出佳作。

---

① 以上转引海德格尔论述，见海德格尔：《人，诗意地安居——海德格尔语要》，上海远东出版社，1955，第99，101页。

九

诗中境界的创作心理根源。

我拟再从中国人尤其文人、书画家和作家对山水的看法，即所谓"山水情"、甚至"山水情结"，以及他们对山水诗词的钟爱，谈一点感受。我在《安园读书笔记》中，有一段关于这个议题的一节笔记，现在先将它引用如下：

中国人对山水的看法和山水诗的产生、发展、写法、意境以及我们应该如何进一步分析山水诗？——从《中国山水诗的发展》（英，H.C.张著，孙乃修译，载《中外文学研究参考》1985.9）所得的启发：

（1）中国人对山水的看法：

崇敬山，因为山高耸巍峨，"万民之所瞻仰也，草木生焉，万物植焉，飞鸟集焉，走兽休焉，四方益取焉；出云道风，国家以宁"，所以山是静的，为德之崇高，仁者乃乐山，德为山，山为德。而水则是动的，水为智，智者动，乐水。而水是依附于山的。

（2）从对山水的认识与思考，进到形成"风景的眼光"，再进到对风景的寄情与描述。

（3）山与水构成一个动与静结合的万古长存、千古不变的"固体的稳固性与流体的流动性并置在一起的'自然'图画"，勾起人们对于暂时性与永久性的思考，产生对于山、对于水的种种情感、寄托、话语。

在魏晋时代，隐士盛行，吃香，他们总是与星、月、农舍、猿、风、松为伍，"这可以显示他们精神上的清脱"。于是诗，也总是同星、月、农舍、猿、风、松结缘，成为题材，而且成为内容、结构的主体。

我以为仲元的诗作中，山水诗的比重较大，他的山水诗也不乏佳作。这应该可以说，第一他"情钟山水诗"，第二他也心存"山水情结"。这是他的创作心理结构的特色和优点。而这种心理情结，所反映的正是他寄情山水，既仰山之"静"与崇高伟岸，象征仁者之"崇德"；又喜水之"动"和活泼灵动，象征智者之"睿智"；故可谓既秉乐山之仁者心，又具乐水之智者情。这就是前面所说的他的创作心理中的

"意"，亦即"整个的意识"。也就是创作心理中储藏着的境界。我想可以说，这个心中的"境界"，就是他的诗作的审美境界产生的总根源，也就是王国维所说的作者"心中的境界"。唯心中有此境界，方有诗中之境界也。

十

写过以上，犹记曾读仲元赠友人诗，更于今日得赏其客居三亚休假时的新作，于是接以上所述，更缀数语，既以终篇，又继上所述，再就知人论世与家国情怀二事，述说若干，以补前绪。

海德格尔既说"语言是存在的家园"，又说，语言"有自我陈述的能力"。这也就是说，"我在说话"，"话也在说我"，我在说别人的时候，那些说别人的话语，也"自我陈述"地说了我自己。仲元的赠友人诗作，固然都是在"说他人"，但也就述说了他自己。——述说了他的知人论世的标准、价值取向和"从他者身上反映的他自身的心性"。如他在诗中写道："清影徘徊人不识，斜阳柳径瘦蓬庐"（"遥寄文坛诸友"中的《王充闾》）。这是赞王氏"晚岁弘文乐隐居"的低调显世、高蹈为文的境界的，固然这是在称赞王充闾，但也显现了仲元自身的心性境界。赞张毓茂则是："曼倩诙谐成一笑，心中忧患几人知？"（《张毓茂》）这是赞誉一种诙谐之中隐忍着忧患意识的高人的显世之态，令人想起《世说》。当然其中也隐含着仲元自身的"处世为人之道"，至少是他欣赏的一种风格。"脱却官袍诚雅士，夕阳才艺岁寒姿。"（《林声》）则是赞赏林声的诗句。省老领导林声脱却官袍之后，许多年来，悉心支持文化事业，潜心书法、绘画、陶艺及散文的创作，且均成效卓著，颇获称道，故诗赞其为"雅士"，称道其"夕阳才艺"，更重要的这是一种高雅的"岁寒姿"。"晚岁隐居""岁寒姿"，都令人想起老梅青松的高洁。"书生艺气披肝胆，的是云峰顶上人"。（《董文》）这是赞许同道著名书法家董文的诗句，"书生艺气""云峰顶上"，既是对于以书法和诗作名世的董文的称许，也可看作诗人的自我标的。这些诗作都是仲元赞许他人之句，亦可为其自许。这里面都含着前面所述仲元的"意"，也就是他在赞许他人时，表现出的他自身的境界，也是诗的境界。

再看近作四首：《楚汉双雄（二首）》《悠悠我思（二首）》。一吟历史、一咏现实，皆见其家国情怀。楚汉双雄，项羽刘邦，一胜一败，仲元诗云："彭城铁骑声先夺，垓下孤军势已穷。子弟八千征战尽，愤王羞自返江东。"——项羽一世之雄，彭城本已先胜，最后却孤军势穷，乌江自刎。而先败的刘邦，却鸿门逃劫，得夺天下，归唱大风之歌。盖刘邦能"君臣帷幄风云会"。这历史的教训，令人深思。而咏今之作，以"悠悠我思"命题立意，即颇具韵味。所思者何？"世事浇漓窥未清，几人昏醉几人醒"，寓感叹于设问；先抃前事情状："凤鸾久咽黄钟毁，狐鼠横行瓦釜鸣"，转而歌颂今时："神州千古兴亡事，忧患能使劫后隆"，"喜见庙堂生惠策，欣逢文艺沐淳风。"进而由文艺而至军国大局："人凭法治究贪腐，国有军威御悔攻。政改临如仙羽化，不抛旧甲不成龙。"古风今意，思关社稷，情系苍生。此亦一境界：人生境界与诗的境界。

赏读仲元诗作的感受，至此终篇。但我一直担心，自己的这些"读后感"写出来，怕会陷入"强作解人""妄作解人"；说错了不打紧，若误读、误解了仲元的诗，那就很不好，有佛头着粪之嫌了。所以最后重申一下前面说的：权作一篇在读研究生的读书报告吧，做此观，我心里轻松一点儿。

注：此为原文，发表时有删节。

当代世界文化发展态势与文学艺术发展

——为省文联专题讲座发言提纲

第一部分

一、以电脑技术为动力的新的高科技发展与新的科技革命的到来。

总结20世纪的全部科技成就，开辟新的发展道路。

二、以电脑文化为龙头的新文化发展趋势，将引起空前巨大革命，引起人类一切方面的结构性变化：生产结构、产品结构、生活结构、"社会单元"结构、社会结构、人的生存结构，理性世界与情感世界、心理世界的结构性变化。

三、新的认知能力、新的理论、新的领域、新的方法，促使新的概念体系、新的认知体系、新的认知图景的产生。

四、对科学技术的反思，对科学主义、技术统治的反思。

百年反思：三个"三"——"三大家园"遭到破坏；"三大关系"紧张（自然、社会、人类）；社会生活的"三个倾斜"（"物质/精神、科技/人文、个人/群体"中，均重前者、轻后者）；造成"单面社会、单面人"。

要克服新技术的"prankenstin（它是一种人造出来却把造它的人吃掉的怪物）性"；要人性地使用科技和使科技具有人性。

五、四大科技部类共同发展：自然科学、技术科学、社会科学、人文科学。

六、对现代性的反思："现代性是否出了问题？"——对传统破坏过多；对物质与享乐的追求过强。羡慕鲜花与小草。调整人类文化方向：从"技术导向"向"文化导向"转化。

七、科学与自然魅力的再见。

八、新的思维领域、思维方向与思维方式、方法。

（1）对进化论的挑战；

（2）学会与偶然性共处，对决定论的怀疑；

（3）对理性的重新认定；

（4）从怀疑论后现代主义到肯定论与积极的后现代主义。

九、人类认知与心性世界的回归、复苏与创新。

所谓"上帝死了""人之死亡""作者已死""权威已死""文体已死""艺术死亡"等，一系列"死亡"之论，是部分质的蜕变，是置之死地而后生：死亡→复苏→创新。

十、人类新文化，新的人类文明与新的人性正在诞生。

人类文化的转型与重构；

创建新的人类文明；

人类重新塑造自我形象；

从"政治、经济、科技、城市、文化人"到"政治、经济、科技、城乡结合、文化人"的转换。

第二部分：文学与艺术发展的趋势

一、全人类新的艺术再觉醒的到来：开端与发展。

二、文学艺术观念的泛化与文艺同其他事物之间的交互"侵入"：改变彼此的质。

三、现代艺术的式微与质疑。

（1）纽约抨击"裸演"《仲夏夜之梦》；

（2）底特律取消现代艺术展（其中有"浴缸耶稣"）；

（3）荷兰当代博物馆：《伦勃朗2000》系列展（跨越千年）；

（4）伦敦《达·芬奇与文艺复兴工程师》（"启蒙精神和个性化的力量"）；

（5）波恩现代艺术博物馆，科隆东方艺术馆。

四、回归传统：传统的再发现、再认识与再创新。

（1）海德格尔：回到希腊，欣赏《老子》；

（2）小说与电影《廊桥遗梦》：双重的回归——回归传统恋情、回归传统叙事方式；

（3）法国"新小说之母"娜塔丽·萨罗特10月19日逝世（宣布新小说的时代结束），让·埃诺1999年获得龚古尔奖（题材独特，文字耐读，没有处心积虑地在写作上玩弄太多和蛊惑人心的现代花招）；

（4）美国"德国百年古镇"的纪念活动：回归传统生活方式；

（5）回眸东方：中国禅、印度瑜伽国外接受，庞德依据中国古体诗创造了美国现代诗，海德格尔倾心《老子》，中国画、敦煌古乐受青睐……

五、重评经典。

社会学："返回经典"；

音乐："回到经典世界"，"经典魅力"回归，补经典之课。

中国音乐传统的发现——湖北编钟。

曾经发展路径：

离开经典→批判、否弃、背叛经典→重新发现、再认识、再诠释经典→补经典之课→适度回归经典→在经典的基础上再创辉煌。

"还原时代场景，再造当时生活气息"。——温习古典；借取艺术元素来创新。

六、20世纪作品沉淀与经典化。

淘汰一大批、留存一小批；选出更少的文化作品进入人类文化总积淀。

七、20世纪创作与理论遗产的传承和发展。

接受美学与接受理论；

巴赫金：对话理论、复调小说；

文学人类学与本文人类学，叙事学，比较研究。

八、创作与理论的并行发展，具有同等价值。

理论、批评是具有独立价值的叙事；

泰特罗："阅读或诠释，实际上是在写作另一文本。"

米兰·昆德拉："理论小说"；

戴维洛奇《小世界》（*small world*）。

九、全球文化的形成和发展。

经济一体化、资源共享、文化大交流与传递。

罗马俱乐部报告：《增长的极限》"我们毫不怀疑，如果人类要开始新的进程，就必须有空前规模的国际上大力协同的办法和长远规划"。

十、21世纪：阅读/欣赏；创作与评论。

（1999年12月13日11:50）

当代文化发展态势与文学研究、文艺理论批评

——文学理论与评论及美学部分（提纲）

一、绪言

（1）人类正走进21世纪。

（2）人类以优胜于19世纪进入20世纪的态势，进入21世纪。

19世纪末，人类以经济发展、"社会憔悴、物质是趋"、精神危机的惶惑心态走进20世纪。

20世纪末，人类以巨大成就、巨大信心、巨大的希望，迎接21世纪。

二、人类文化进入一个划时代、划世纪并且是空前发展的态势，实现一次从未有过的转型

具体表现有如下一些典型的、实际的，也是象征性的现象，引起人们的注意：

(1) 以电脑文化为龙头，高科技突飞猛进地前进，新一轮科技革命到来：

锄头——第一个文明；流水线——第二个文明；电脑——第三个文明。文化习得—传播—传承的四次革命：① 语言→② 文字→③ 印刷术→④ 电脑。

(2) 全球信息共享，经济全球化，文化全球化。

(3) 人类认知能力空前提高和新的认知体系产生——"新的亚当苹果"出现。

(4) "三大家园"破坏，"三大关系"紧张，"三个倾斜"产生。

(5) 对科技的百年反思与批判：从斯宾格勒的《西方的没落》到丹尼尔·贝尔《资本主义文化矛盾》及法兰克福学派的技术批判等。

(6) 调整人类文化方向。

技术地对待世界→文化地对待世界。

科技导向→文化导向。

(7) 四大科学部类（自然科学、技术科学、社会科学、人文科学）共同发展与人文精神、人文关怀的加强。

(8) 后现代主义的出现和衰微、转型，积极现代主义的产生与向新形态转换——后"后现代主义"；从怀疑论的现代主义到肯定论的现代主义；积极的后现代主义（格里芬）；普遍性知识分子→专业性知识分子→普遍→专业性知识分子。

(9) "人类寻找丢失的草帽"，向古老智慧寻找现代灵感→人类走向"回家的路"。

(10) 回归：精神、文化、心理的回归；对传统的重新检索、发掘、整理、重读、细读、诠释与适度回归。

三、人类新的艺术再觉醒的到来

（1）在其他知识背景中与人类新知识体系支撑下，和由此产生的文化语境中，全人类性的艺术再觉醒的到来：开端与发展。

（2）文学艺术的泛化：文学艺术侵入其他社会部类与其他社会部类侵入文学艺术。

（3）文学观念的泛化。

（4）"历史"进入文学范畴和新史学派观念、理论支持下的文学研究与文学理论批评的新发展、新状态。

（朗松的历史主义原则；尧斯：在接受方面允许"重新发现"）

（5）21世纪：新世纪的阅读——诠释。

海德格尔"三前"：

垂直接受与水平接受 {
"前有"（预先有的文化习惯）；
"前识"（预先有的概念体系）；
"前设"（预先有的假设）。
}

德里达的本文理论：生生不息、永无止境的过程。

罗兰·巴特："读者的工作"。

（6）接受美学对于文学研究的导向意义与研究-批评视野的扩展。

未定点、空白点/空筐结构/"三前"/读者的工作/期待视野/接受屏幕/视界融合/诠释不足和过度诠释，等等。

（7）新的叙事的产生与新的叙事学的发展。

（8）文学研究、文学理论、文学史、文学批评的一体化。

（9）文学研究、文学理论批评、文学论著成为一种具有独立意义的与创作平等并进行对话的一种社会-文化叙事，是独立的文学存在，具有独立的价值：文学性与艺术价值。

它是一种与文学对话，与社会对话，不是文学的判官，也不是文学的附庸。

泰特罗："阅读或诠释实际上是在写作另一本文"。

在《20世纪文学批评》中，让·伊夫·塔迪埃说："20世纪的文学批评堪与文学创作平分秋色"，有人感叹道："超过文学创作，使它相形见绌"。

19世纪：内容批评；20世纪：形式、符号、技巧；21世纪：内容、形式结合。

（10）20世纪文学作品和文论部分地走向经典化，正式进入人类文化总积淀。

文学窥探隐含的文化深层内容。——"社会潜意识"，"文学讨论并评价人类行为的'密码'"；"文学给历史所增添的是文化要素，即反思与判断的要素"。"文学还把过去的纷乱的记忆塑造成某种特定的形式。"（佛克玛）

巴赫金：对话理论和对话批评。

叙事学、本文人类学、阐释学、文学人类学、接受美学；语言与心理学批评（文学心理学/语言学）。

四、关于中国文学研究与理论批评

（1）在掌握东西方文学、文化体系的基础上，以西方理论为参照系，以中国文学、文化为基础，以现实为立足点和校正系，用中国文化理论体系、观念、范畴、命题、话语、术语建立自身体系，展开研究批评。

（2）文学研究与理论批评，从"法官""判官"，降到了奴仆、吹鼓手地位和金钱、友朋的仆人，再进到独立人格与价值尊严的研究与理论的智者。

（3）加强内外结合的研究与理论批评。

（4）建立学院派理论批评。

（5）传统理论、西方理论、新兴理论的引进，结合一体的实际运用。

（6）总体研究。

丹纳的"三个总体"：作家的全部作品（总体）、作家群（总体）、社会（总体）。

（7）大综合-巨系统研究。

（8）比较研究与比较文学、比较文化研究。

（9）新的外部研究与新的内部研究。

（10）内外研究结合的研究。

（本文为省文学学会年会发言提纲，1999年11月10日）

理论的想象与抒情

一、关于理论思维的认识与想法

（1）理论对于一个民族的重要性；

（2）理论在每个时代的地位；

（3）理论思维对于一个人、一个作家的重要性。

二、世纪末的"三大反思"与文化转型

"大观念"—"大精神"—"大对话"。

（1）对自然的尊重。

（2）对传统的回归。

（3）对东方文化的重估：西方文化的"他者"、"通过孔子来思维"。

（4）对新的人性的追求。

（5）对新的人的生活质量的追求：回眸、寻觅、"回家"等，是21世纪，至少是当代的主要词汇，是当代人类主要心境的体现。

三、20世纪是文学的理论世纪

（1）先后出现的理论学派：

形式主义学派→布拉格学派→新批评学派→精神分析学派→心理分析学派→结构主义学派→后结构主义学派→解构主义学派→符号学学派

→接受美学学派→马克思主义批评学派→西方马克思主义批评学派。

（2）"三大遗存"与对它们的现代启用与诠释：

① 法国：朗松。

② 俄国：巴赫金（复调小说；对话理论；狂欢诗学）。

③ 加拿大：诺斯诺普·弗莱。

（3）关于文学理论-批评的论说：

① 文化人类学理论-批评。

② 社会-历史批评。

③ （向传统的适度回归）"传统-现代"统一观念。

④ 理论-批评的自我存在价值与独立自在性。

⑤ 创作与理论平行发展与对话理论-批评。

⑥ 理论-批评越来越成为独立的叙述系统。

　　乔治·布莱与日内瓦学派：文学是"人类意识的一种形式"，批评是"一种对意识的批评"；文学是"原生文学"，文学批评是"次生文学"，但却是"关于文学的文学""关于意识的意识"，是借别人的作品，探索和表达自己对世界和人生的感受与认知。

　　批评是主观的，但不是主观主义的。发现作家的"我思"，进行"我思"。

⑦ 中国文论的价值重估与现代诠释（刘若愚、叶维廉）。

（4）我们今天的批评。

① 仍然是批评的时代。

② 文学理论-批评的式微。

③ 创作对理论的藐视。

（5）辽宁理论-批评工作：

① 组织起来，活动起来。

② 理论、创作的交流与沟通。

③ 为文学评论树立自己的品格。

④ 关注文学的第三世界（读者）。

⑤ 关注全国文学动态；注意世界文学动态。

文学研究：新的广阔天地与学术规范

一、新世纪新的文化语境中的文学与文学研究

（1）"三大反思"与"三个适度回归"（略）。

（2）它们的"文学表象"（文学上的表现和被文学表现）。

比如：环境文学；爱情、家庭的"新生活化"；传统叙事；"他者"、生活方式。

（3）文明冲突：文化全球化与"区域化"的张力场中的文学与文学研究。

（4）文化多元化与跨文化传递中的文学与文学研究。

二、新的文学理论批评与"批评叙事"

（1）文学理论批评与文学研究的性质和位置：平行叙事。

（2）文学理论批评与文学研究的构成：构成因素、构造（结构）形态与表现形式：

①文学理论、文学批评、文学史、文学研究。

②四位一体，一主三辅，各有侧重，各有特点。

③读者批评（报刊批评）、学院派批评、作家批评、公众接受、专家接受、研究者接受。

三、艾布拉姆斯与刘若愚文学的"四相结构"观照下的文学研究

"四相"：① 作家—② 作品—③ 世界—④ 读者。

- 作家—作品—世界—读者（作家为主体）。
- 作品—作家—世界—读者（作品为主体）。
- 世界—作家—作品—读者（客观世界为主体）。
- 读者—作家—作品—世界（接受世界为主体）。

② 或者：世界→作家→作品→读者。

四、接受美学视野与框架中的文学研究

（1）接受屏幕与期待视野。

（2）"读者的工作"。

（3）决定性"前知识结构"：海德格尔的"三前"（前有、前知、前设）。

（4）从作品"原意"到读者领会的"意义"。

五、文学文化学研究与文学人类学研究

（1）文学作品的文化含量与性质、作用——"文化相"。

（2）文学的文化背景与状态、特征。

（3）文学向文化的输入与反作用。

（4）文学与历史中的"心态史"。

（5）文学中的文化物质生产系统（人类学、考古学）。

（6）文学中的"文化"意义生成系统。

六、文学研究的"另类"探究（政治学、历史学、社会学、传记学、语言学、科学等之外的研究含义和意义）

文学研究的非可研究性，即其非理性、非科学性、非规律性，非普适的诠释与解读，非规范的规范。

文学欣赏的主观性、主体性、随机性、随意性、情绪性、民族性与个性等。

模糊的与导向的；交流的历史性。

七、现代主义与后现代主义文学研究：理论的与创作的

（1）我们对现代主义的接触才开始，很初浅，还带着批判的眼光。这束缚了我们自己，限制了我们自己，阻滞了自己。

（2）后现代又来了。

然而我们又以为是西方人玩把戏，玩名词，调侃："'后'以后又是什么？后、后现代主义？"

这在阻滞自己前进。

① 后现代主义是存在的。尼采："上帝死了"；福柯："人的死亡"；它是"现代"的反省、反思、反叛、反抗，"对着干"。

福柯与哈贝马斯：现代性是一个历史错误及现代性是未完成的理想。

② 后现代提倡多元论，主张多样性，强调差别。

③ 后现代消解主体，颠覆理性，完全否定西方理性主义传统。

积极的后现代主义——格里芬。

④ 现代主义不满、不自在、不适应、不安宁。

后现代：力求适应，寻找意义和出路。

八、从经济、技术、社会层面的解放，到审美、艺术维度的解放及其注进文学研究的思想、艺术、审美的新内涵

九、对中国文学的研究的新领域、新内涵、新品格与新规范的推进

（1）突破中国文学研究的固有的传统领域、内涵、品质与规范。

（2）超越近代模式与现代模式。（对鲁迅、胡适、郭沫若、茅盾、翦伯赞、闻一多等的研究）

（3）吸取与超越海外华人学者的成果和模式。（海外华人学者的研究：刘若愚、殷海光、杜维明、叶维廉、林毓生，李欧梵）（他们的研究是"中→外→中"，有可取处，有误读，也有歪曲和错误）

（4）中国体系、术语、论旨为基础，吸取西方文论体系、术语与论诣，开辟新领域、新视野、新题旨、新论题、新内涵。建立新品格、新规范。

十、文学教学

综合素质教育，传统文化精神、文化心理性格的传承、研究论旨方法的传授，思维能力兴趣的培养。

本文为省文学学会年年会发言，2002年5月18日